基层
中国

社会转型期的
城市基层治理

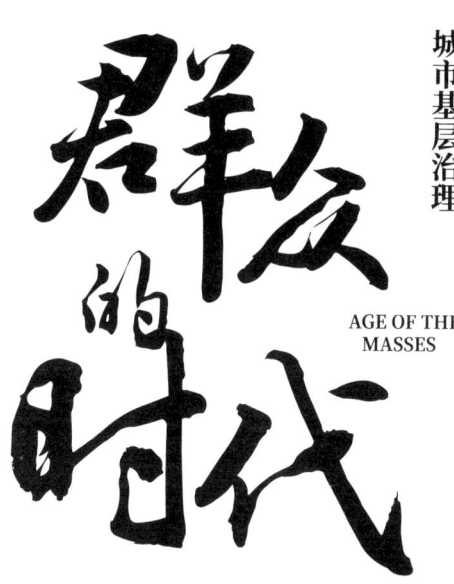

AGE OF THE
MASSES

王德福 著

人民东方出版传媒
People's Oriental Publishing & Media
东方出版社
The Oriental Press

图书在版编目（CIP）数据

群众的时代：社会转型期的城市基层治理/王德福 著 . —北京：东方出版社，2024.5
ISBN 978-7-5207-3763-0

Ⅰ.①群… Ⅱ.①王… Ⅲ.①城市管理—研究—中国 Ⅳ.①F299.23

中国国家版本馆 CIP 数据核字（2023）第 217886 号

群众的时代：社会转型期的城市基层治理
（QUNZHONG DE SHIDAI:SHEHUI ZHUANXINGQI DE CHENGSHI JICENG ZHILI）

作　　者：	王德福
责任编辑：	江丹丹　叶　银
出　　版：	东方出版社
发　　行：	人民东方出版传媒有限公司
地　　址：	北京市东城区朝阳门内大街 166 号
邮　　编：	100010
印　　刷：	北京联兴盛业印刷股份有限公司
版　　次：	2024 年 5 月第 1 版
印　　次：	2024 年 5 月第 1 次印刷
开　　本：	880 毫米 ×1230 毫米　1/32
印　　张：	11.5
字　　数：	214 千字
书　　号：	ISBN 978-7-5207-3763-0
定　　价：	69.00 元
发行电话：	（010）85924663　85924644　85924641

版权所有，违者必究

如有印装质量问题，我社负责调换，请拨打电话:（010）85924602　85924603

推荐序　把附近的"群众"组织起来

一

原子化的社会为现代城市人带来了高度的自由，但人人又似乎都在擦肩而过的都市社区中漫游。对于要构筑的理想化的社区治理共同体，群众有点盼望，又有点疏离。用学者项飚的话说，处在现代城市生活中的我们，"附近"消失了。每个人都成了孤立的个体，甚至冷漠的个体，而我们的基层组织想伸出手，却有点抓不住。"干部干，群众看"便集中体现了基层治理中干群关系疏离的状态，而这也意味着基层社会丧失了自我组织能力。

城市社区作为一个高度原子化的社区，基层干部经常既找不到可以动员的群众，也缺乏组织群众的方法。群众在哪里，如何组织群众，德福这本书基于全国多个地区城市社区治理的调研，为我们提供了找回群众和组织群众的重要思路。

城市社区类型多样，但整体而言，大多属于陌生人的社会，社区开放性高，人员流动性较强，邻里之间都不熟悉。相比于基于血缘地缘高度联结的熟人社会，陌生人社会由于居民之间缺乏有效联结的纽带，社会资本薄弱，不仅自发合作的成本高，而且难度非常大，这是城市社区治理的社会基础。缺乏社会资本的社区治理，意味着礼俗社会的规则无法发挥效用，既不能形成对社区治理中积极分子的社会性激励，也难以对社区中不遵守规范人员进行社会性惩罚。如此一来，社区治理遭遇各种乱象，必然陷入"看的人多，说的人少，干的人更是寥寥"的怪圈，即出现所谓的"社会失灵"。

长期以来，行政包揽是社会失灵的习惯性回应，即通过行政内部的压力传导和强动员来回应和解决社会问题，但面对范围广且琐碎的社区治理事务，行政包揽必然效率低下，成本高昂，容易导致行政有效而治理无效。德福认为，有效的办法便是把"群众"组织起来，将社会组织起来。

二

把"群众"组织起来，首要是识别出关键群体，让陌生人社区中的一部分人先熟悉起来。这一关键群体包括公职人员群体、在职党员、居民领袖等。公职人员群体、在职党员可以称为体制性社会资本，这一群体通过体制内自我动员，可以形成社区治理的重要力量。

目前，许多城市都推出了在职党员双报到的政策，这为激活体制内社会资本提供了制度保障。过去三年，公职人员群体、在职党员的就地下沉，不仅帮基层社区渡过了难关，更有效实现了公职人员、在职党员的社区化，即社区身份对公职人员和在职党员的再造。不过，我们也要看到，在职党员回社区报到政策并不必然实现体制性社会资本的生产，相反，我们更多时候看到的是基层组织的形式主义应对。比如，许多社区党组织总是千篇一律地组织在职党员开展捡垃圾活动，造成在职党员的反感，进而使他们逐渐丧失了参与社区治理的积极性。因此，激活公职人员、在职党员实现身份社区化的关键是要将其特长与治理需求结合起来，充分发挥这些宝贵的人力资源，比如参与业委会，做楼栋长，充当积极分子、意见领袖等，才可能带动身边的群众重建生活中的"附近"。

除了在职党员这一关键群体之外，活跃于社区中的一些居民社会组织领袖也是社区治理的关键力量。总体来看，城市社区居民社会组织的数量在不断增长，虽然以自娱自乐消遣为主的趣缘类居民社会组织占据主导，但志愿服务类、环境卫生类、纠纷调解类、居民自治类等具有治理性意义的社会组织也在不断增多，成为社区治理的重要纽带。不过，无论哪种居民社会组织，其领袖通常具备较好的群众基础，有一些专长，有热心，也可能有一定的公益心。即便是自益性较强的趣缘性组织，通过积极引导，也可能实现从自益向他益的转变，成为联系群众、组织群众的桥梁纽带，成为传递正能量、维持社区公共秩序的重要抓手。

三

把"群众"组织起来，需要通过资源输入激活居民自治，让居民成为社区治理的参与者。当前，伴随着城市社会治理的重心不断下沉，基层治理的资金、资源也在不断增多，比如许多城市都为社区提供了相对稳定的群众服务专项经费、社区公益金等，为基层社区治理提供了重要保障。成都等地也形成了一些资源输入激活自治的典型做法，但总体而言，多数地区基层治理中社区资金资源的分配与使用并不理想。

一些地方依然持行政包揽的思维，资金资源的使用从分配、决策、监督到评价完全是政府行为，政府虽然高效，却与群众无关。群众不仅成为看客，而且可能成为公共治理中的"钉子户"。另一些地方则是行政甩包，通过政府购买社会服务的方式让社会组织动员群众，为群众提供服务，但并未实现社会组织嵌入社区治理的预期效果。相反，基层组织却因此丧失了群众工作能力，基层组织与群众的关系越来越远。

资源输入激活居民自治，意味着每次资源的输入，从决策、监督到评价都是一次激活社区居民自治的契机。让群众参与讨论和决定一些社区公共性的事务，才能塑造社区居民参与的主体性。基层组织不能有怕麻烦的心理，把群众的各种需求都简化成服务需要，并用服务替代组织。群众工作本身是一项过程性的工作，在过程中产生干部与群众之间的联结关系。在这个意义上，群众工作的过程重于具体的结果，基层服务不能替代基层组织过程。

四

把"群众"组织起来，不能用诉求表达替代群众参与，而是要让群众协力解决社区小事。许多地方近年来都大大增强了居民的诉求表达渠道，比如通过12345市民服务热线快速反映，动员群众成为问题发现者、诉求提出者和效果评价者。但是，诉求有公私之分，有轻重缓急，有大事、小事和私事，基层组织需要将注意力和资源分配到提升群众的自我组织能力上，回应群众自我组织过程中可能遇到的困难和问题，而非过多介入群众自己可以办好的具体小事。

群众诉求表达不能替代群众参与，意味着诉求表达仅仅是一种表层性的形式参与，基层组织更多地作为协助群众协力解决小事的倡导者和资源链接者。基层组织需要做到到位而不越位，更多增强群众的公共责任，形成大事、小事、私事的合理边界。把群众组织起来主要是解决大事和私事之间的一家一户办不了、办不好、办不起来、不经济的小事，如此一来，基层治理才能发挥四两拨千斤的作用。

总而言之，把"群众"组织起来，本质是在新时期找回党的群众路线，扎根基层组织社会，提高基层组织社会的能力。让群众做群众的工作，让群众解决群众的问题，人人有责、人人尽责、人人享有的社会治理共同体的建设才得以成为可能。

五

推进基层治理体系和治理能力现代化建设是当前和今后一段时期的重要任务，基层治理能力提升的关键并非一定要不断地推陈出新。相反，很多时候需要下的依然是慢功夫，从群众中来，到群众中去，挖掘一个个积极分子，建立一个个组织，开一次次讨论会，如此方能久久为功实现基层常规治理能力的提升。

基层治理如此，学术研究也如是。为了理解城市社区治理和城市社会的性质，德福近十年来一直用脚步丈量中国的城市社区，他的足迹遍布大半个中国，寻访不同城市各种类型的社区，调研时间超过了1000天。他扎根一线调研，积累了大量论文、随笔和报告。这本书是他继《治城：中国城市及社区治理探微》之后形成的又一重要成果，而且秉承华中乡土派的学术风格，强调田野的灵感、野性的思维和直白的文风。经验的鲜活跃然纸上，却不乏社会的洞察力与思想的穿透力。

德福是我从硕士到博士一直并肩作战的同学，早年我们都在关注乡村社会和乡村治理，而后期也都从乡村治理拓展到城市治理。不过，他不仅比我转型早，而且已经在城市研究的道路上走得更实，迈得更远。相比于乡村研究，城市研究更多受到西方理论的影响，而从这本书可以看出，立足于中国国情与实践本位，他已经形成了诸多独特的见解，甚至一定程度上破除了一些似是而非的理论观点。

　　是为序，文中的洞见留待与读者共鉴。

陈　锋

2023 年 4 月 7 日

于北京工业大学文法学部

目 录

第一部分　党建引领

　　干部沉下去，党员站出来　/003

　　机关党员"双下沉"　/012

　　"双下沉"的问题　/021

　　党员代际差异　/027

　　支部建在小区上　/035

　　激活在职党员　/042

第二部分　社区治理

　　老旧小区的改造难题　/053

　　社区干部的烦恼　/061

　　被打爆的电话　/071

　　网格员的故事　/081

　　权力密集的社区　/092

让一部分人先熟悉起来 /102

趣缘组织的治理意义 /111

三事分流 /117

纾解小区之困,急需顶层设计 /126

社区食堂全能化 /132

第三部分　业主自治

公厕风波 /141

强人自治 /148

人格化自治 /161

社区性公德 /168

业主自治中的民主集中制 /174

破解高空抛物的治理难题 /184

社会治理共同体 /190

第四部分　城市治理

扬尘的烦恼 /197

综合执法进小区 /204

"创城"独角戏 /212

文明创建中的三重替代 /223

剩余空间 /234

垃圾分类要有耐心 /242

全周期管理 /246

基层治理现代化要树立正确用人导向 /251

第五部分　城乡交错

城乡治理交错区 /257

郊区新城 /265

城郊青年的阶层突围 /273

返乡，小镇新青年们的"价值觉醒" /281

小城市的希望在于稳定 /285

第六部分　对话"新社群时代"

都市新邻里 /291

社区团购与社区生活 /302

社区应在联结与私密之间寻找平衡 /314

中国式社区是什么 /324

城市物业矛盾正在集中爆发 /329

后记 /345

第一部分

党建引领

干部沉下去，党员站出来

治理"真空"

疫情防控期间，宜昌市点军区接管了一个非常特殊的社区防控任务。特殊在于，这个社区地理上在点军辖区，毗邻红村；行政关系隶属西陵区大坝街道，名为幸福社区[①]；居民则主要是大坝集团的员工，因此又被称为大坝生活区（以下简称生活区），此外还有部分买房或租房的其他居民。疫情防控期间，常住居民1020~1050人。

2018年年底，大坝集团与宜昌市政府签订社会职能移交协议，按照统一部署，进行央企办社会职能的剥离。按照计划，幸福社区将要移交点军区。移交这件事，社区居民已经知晓。像所

---

① 基于学术惯例，本书涉及的街道办事处和社区两级地名，均已做技术处理。

有单位型社区,特别是单位效益还比较好的社区一样,幸福社区的居民自然是不愿意被移交的。大坝集团是棵大树,社区背靠大树好乘凉,一旦移交,很多福利是要减少甚至取消的。所以,点军区此时接管,倒也不完全师出无名。负责去接管防控任务的,是以区某局黄局长[①]为负责人的工作队,工作队员来自区直几个部门,一共七八个人。

黄局长知道,她接了一个非常棘手的任务。棘手之处在于,她对社区情况一无所知,用她自己的话说,是"眼前一抹黑"。

情况是这样的,当时的生活区,正处于"治理真空期"。幸福社区的全部工作人员,都住在宜昌主城区,与上班地点隔着一条长江。新冠疫情发生后,市内通行封闭,社区工作人员无法到岗,这就导致这个1000多人居住的生活区,竟然陷入了没有基层组织的局面。就是在这种真空状态下,黄局长带着工作队来了。西陵区甚至都没有——可能也是没有办法——跟点军区进行基本的工作交接,比如,提供社区基本信息,提供党员和居民代表名册,等等。点军工作队的到来,让一度陷入"被遗忘""被抛弃"境地的居民非常激动,大家在居民微信群里欢呼:"终于有人管我们了。"

---

① 本书正文部分涉及人员的真实姓名,均已做技术处理。

破局成功

在"眼前一抹黑"的情况下,如何打开工作局面?若是平时,黄局长可以从容很多。先慢慢找党员和居民代表做个调研,摸清楚情况,再制订工作计划,然后再去落实。不过,疫情防控非比寻常,黄局长和工作队就是来救急的,她必须在最短时间内,打开局面。

最短时间是多长呢?半天。半天内,黄局长做了五步工作。当然,这是我给她总结出来的,真实情况当然不会这样步骤清晰。

第一步,通过熟人——私人关系——加入居民微信群里。

第二步,做自我介绍,"发了很长一段话",内容主要是"介绍我是谁,来做什么"。要是平时,突然一个陌生人在群里这样说,不被人怀疑是骗子就不错了,估计多数人都会当作没看到,不会做什么反应。这次不同,居民反响出乎意料地强烈,那句"终于有人管我们了",就是居民这个时候发的。

第三步,公布手机号码,上传工作证照片。然后,黄局长做出了一个关键性安排,"要求所有党员向我报到"。黄局长说,这下居民就更放心了,"如果是骗子的话,我找党员干吗?"党员这个名称,就是具有这样神奇的力量,神奇到它能立即在群众中获得认同与信任,哪怕平时生活中,党员们隐而不显,可一到关键时刻,党员就立即能够给群众带来一种可靠的力量感。

黄局长说，当时立即就有十多名党员私下打电话或加微信跟她联系。

第四步，迅速组建工作群，将党员和志愿者拉进去。有多迅速呢？一个小时。

第五步，赶赴现场，通知所有党员、志愿者在社区办公楼下集合开会。当时，跟黄局长一起去的，还有红村的一个村干部，是个小姑娘。这是黄局长到生活区开的第一个会，"到的时候，天都黑了，相互连面孔都看不清楚"。这个会议的主要内容，就是迅速建立起生活区的楼栋长队伍。黄局长现场安排，指定各楼栋长的责任区，要求各楼栋长散会后立即组建楼栋居民群，开始摸排信息。

回忆那天的事情，黄局长不禁感慨："那时候好勇敢，跟他们完全不认识，就敢跑来开会。""完全不认识"，可是却能立即获得党员和志愿者的认同，获得安排工作、指挥别人的"权威"。这背后自然首先是黄局长的官方身份，有合法性；其次，疫情紧急，居民需要有人来主持工作；最后，党员群体的组织忠诚也非常重要。组织忠诚与具体的组织关系没有关系，尽管这些党员组织关系都不在点军区，但完全不影响。

当然，时间仓促，黄局长有些信息掌握不准确。第一次安排楼栋长时，她甚至都没有考虑，也无法考虑——她甚至不知道谁住哪个楼栋——跟实际居住情况统一起来。后来，随着工作的展开，楼栋长队伍和分工制度日益完善。

工作队+楼栋长，黄局长在最短时间内，在一个处于"真空"状态的生活区，建立起了组织体系——破局成功。

组织财富

2020年2月7日，点军下沉工作队正式入驻，3月底撤出，前后历时一个多月。在这一个多月的时间里，一个完全不同于常态时期的应急组织体系，高效运转，出色地完成了防控任务。

组织体系的核心，是下沉干部组成的工作队。机关干部下沉，是疫情防控形成的非常重要的经验。机关干部下沉，要解决的首要问题，是如何与社区现有组织体系结合。结合得好，可以起到 1+1 ＞ 2 的效果。结合得不好，特别是机关干部身份地位高，反而可能给社区造成困扰。武汉市在最初一个阶段，就出现很多这种问题。结合的组织机制，是成立临时党支部，且由社区书记担任支部书记。通过党内组织纪律，实现队伍整合。生活区下沉工作队面临的情况则不同，生活区处于组织"真空"，工作队临时代替社区基层组织行使职能，也就不存在组织结合问题。也正因为防控期间，社区常规的业务性工作全部暂时中断，工作队也就不存在熟悉社区工作业务的问题。专事专办，特事特办，这是工作队的最大优势。

组织体系的基础，是党员和居民积极分子组成的楼栋长与志愿者队伍。生活区总共23个楼栋，先后有50多个人参与到这支队伍中。其中，60%是党员，非党员的居民积极分子，基本是大坝集团的职工。租户群体中，一直到疫情防控后期，才有两个人参加了一些志愿服务。黄局长发现，这支队伍基本上是40岁以上的中年人，其中又以刚退休的老同志参与热情最高。党员基本是大坝集团的，"最熟悉情况，有主场意识，觉得这是他们的家，应该站出来"，相比之下，租户们"总觉得他们是'外人'"。

这个组织体系是新的，参与人员也都没有任何社区工作经验，群众虽然有"终于有人管我们了"的期待，但真正实现组织与群众的密切结合，还需要一个过程。黄局长说，刚开始有一段时间"比较艰难"。一方面，防护物资非常紧张，只给楼栋长和志愿者每人发了1~2个口罩，让别人上门排查和送物资，风险很大，必然影响工作积极性。黄局长本人甚至连一个口罩都没有。另一方面，这些临时参与进来的志愿者，尽管都是一个单位的，但大坝毕竟是个大公司，平时居民间相互并不那么熟悉，做工作还是遇到了困难。

直到发生了一个关键事件。红村一名菜农要捐菜，量非常大，"拖了好几车"，有四五个品种。捐菜是好事，可好事不好办。黄局长说"当时很伤脑筋"，"品种要搭配，量要大致相当，不能让他们（居民）自己挑，还不能在群里通知，免得产生聚集"。如何高效、公平而又安全地分配，极大地考验着这个新生的组织体系。

他们采取的方式是，首先，到超市购买了几百个包装袋，将全部菜品分装打包；其次，优先保障老年人。楼栋长迅速统计所有70岁以上老人，然后分头送菜上门。优先给老人，这种安排一般不会引起争议。最后，按楼栋通知，其余居民每家派一个人来领取，保证每家每户都能分到。这种方式避免了人群聚集和现场失控。

志愿者中有一名摄影爱好者，对全过程进行了记录拍摄。分菜结束后，他将视频发到了居民群里，引起了居民的强烈反响，一时间群里全部是致谢、感恩。经此一事，工作队和楼栋长们彻底获得了居民的认同，楼栋长们"那种责任感就建立起来了"。这件事标志着新生的组织体系正式立足，并进入成熟运转阶段。此后的各项防控工作，按部就班，有条不紊。

黄局长说，疫情防控期间，楼栋长的威信全部建立起来了，"这个组织是个非常宝贵的财富，一定要坚持下去"。我很同意黄局长的这个说法。

常态化

工作队撤回后，楼栋长和志愿者依然跟黄局长保持着联系，有些人还经常给她打电话。生活区的居民，自发要给工作队送锦旗。按照规定，工作队是不允许接受锦旗的。但生活区情况特殊，送给工作队和个人不合适，就改成给点军区委区政府送了。

可以说，一个多月的防控工作，为后面的社区移交工作，打下了一个非常好的群众基础。当然，移交中的那些具体问题，也并不会因此就不存在了。

生活区的防控经验很有典型性，比组织体系健全的社区，更能体现"干部沉下去、党员站出来"的关键作用。从一无所知、一盘散沙，到迅速打开局面、建立组织，再到高效运转，一张白纸上，画出了如何组织群众的最美图画。

疫情是催化剂。在正常秩序中断的情况下，群众大量的生活需求需要有新的载体来承接，以换取他们自觉居家，既保障自身生命健康，也促成全社会的公共卫生安全。群众的需求，正是促使他们愿意形成组织、接受组织、认同组织的催化剂。缺少需求，就会变成"被组织"，就会出现普遍性的参与冷漠。常态情况下，也要去精准发现群众的需求，找到这个催化剂。

组织需要关键群体。群众需要的新的载体，可以是既有的基层组织，也可以是居民自发形成的临时性组织。即使是自组织，也需要有关键群体站出来。不要说疫情的特殊性决定了不可能让所有人都参与，就算是平时，也没有这个需要。组织，就是由关键群体主导的，然后所有获益的群众，都能给予关键群体以有效的激励回报。在陌生人社会中，关键群体主动现身很不容易，站出来之后，其积极性能否可持续更是难上加难。根本原因就在于，陌生人社会很难内生出有效的激励，大家都倾向于搭便车。

党员是个特殊的关键群体。他们是已经被组织识别出来的人，识别的标准，就是不混同于一般群众。党员也能够不完全依赖社会内生的激励，党内激励和纪律约束已经足够有力了。党员在关键时刻，总是被要求站出来，并且是能够主动站出来的。疫情防控，再一次证明了这一点。

如何将"党员站出来"常态化呢？这些年，许多地方都在探索，通过在职党员双报到，试图让党员在"八小时之外"也能够"站出来"，但实际效果并不好。党员在常态时期的"站出来"，往往变成了做志愿者，到社区搞服务。这种方式一方面很容易形式主义化，另一方面并没有真正体现出党员和普通群众的根本区别。党员去做的事，可替代性太强，群众需求性却很低。党员"站出来"，必须跟社区中群众最迫切的需要结合起来。

现在，一些地方找到了这个结合点，就是让党员参与到业主委员会等自治活动中去。我认为，这个方向是对路的。不过，关键时期的"站出来"，毕竟是阶段性的，要做的事情也比较单纯。常态时期的"站出来"，却是漫长的，要做的事情比较琐碎，但很复杂，其实更能考验人。

机关党员"双下沉"

下沉全覆盖

湖北省委十一届七次全会提出,要建立机关企事业单位党员干部常态化下沉社区制度。也是在这次全会上,湖北省提出构建"1+1+N"的制度体系,推进省域社会治理现代化建设。

机关和在职党员下沉(后文简称"双下沉"),是武汉和湖北在抗击新冠疫情中取得的重要经验。当时,湖北省新冠疫情防控指挥部要求,各级机关企事业单位在确保日常运转的前提下,安排不少于三分之二的党员干部下沉到社区(村)。全省共有10995家机关企事业单位包保联系27345个社区(村),58万余名党员干部下沉社区(村)。机关党员干部下沉,极大地充实了社区防控力量,提升了社区应急治理能力。

疫情防控已取得决定性成果,将"双下沉"这一应急经验常态化，固化为制度，也是题中应有之义。从目前公开的信息来看，"双下沉"将在范围上实现"三个全覆盖"，即机关企事业单位全覆盖、社区全覆盖、在职党员干部到社区报到全覆盖。同时建立公开承诺、服务计时、党组织和党员双报到考核评价制度，推动机关企事业单位的党组织和在职党员干部深度参与社区治理，帮助社区和群众解决实际困难。

湖北要推动"双下沉"常态化，符合这些年中央一直强调的推动社会治理重心下沉。关键是，通过何种机制来实现常态化的下沉。

从现有信息来看，常态化下沉机制大体上是比较可行的。三个全覆盖，意味着所有机关单位都要与至少一个社区建立稳定的对接关系，所有的在职党员也都被强制要求向社区报到，所有的社区也都将有机关单位和在职党员来下沉。公开承诺、服务计时、考核评价制度，就是对党员报到的制度约束。

下沉机制

机关下沉和在职党员报到，本身并非新鲜事。从前者来看，一直有共驻共建、对口帮扶等制度。不过，以前确实没有实现全覆盖，制度约束也不强。最重要的是，远没有实现深度参与社区治理。共驻共建和对口帮扶，大多简化为给社区提供些资源支持，还不一定是制度化的。我在绍兴调研时，一位社区书记说：每年都要去找共建单位"化缘",由于单位行政级别高,社区书记每次去都有巨大的心理成本,好的情况下,一个单位给个三五万元,一些清水衙门,可能只能给几千元意思意思。除了资源支持,还有些单位会跟社区一起搞些活动,比如学校向社区开放操场,医院派医生去义诊。不能说完全没有意义,但意义也大不到哪里去。

从后者来看,在职党员报到实行已久。一些地方也建立了制度约束,社区要对在职党员报到情况进行评定,评定结果作为党员所在单位年终考核的参考。但是,实践起来效果也比较有限。一是在职党员参与社区治理有限,基本就是定期或不定期地到社区做些志愿服务,比如捡垃圾,参与些宣传活动。二是社区与在职党员关系不对等,社区党组织难以对在职党员进行有效约束,评定也基本就是送个顺水人情,社区没必要为难他们,毕竟这些人中有的还是单位领导干部。

湖北将要建立的下沉机制,有两点突破,一是做到了全覆盖,二是建立服务计时等制度约束。不过,究竟执行效果如何,恐怕并不那么乐观。

全覆盖面临的一个关键问题是,如何在机关单位与社区之间建立真正有效的对接。机关单位的资源是不均衡的,社区情况也千差万别。社区都希望下沉到自己那里的机关,要么有权,要么有钱,最好全都有。如果正好是个二线机关,清水衙门,那必然会出现下沉效果的差异。这也是一直以来的对口帮扶制度难以解决的问题，可以说，只要下沉的主要内容是资源支持，就永远存在不均衡。另外，社区在职党员数量也不均衡，有的数量多，有的数量少。党员数量多的，必然会引发社区活动机会竞争，难免僧多粥少。不均衡，也是一种不公平。一个解决策略是，进行周期性调整，风水轮流转，雨露均沾。但是，过于频繁的调整也有弊端。长期稳定的对接关系，可以使机关单位更好地熟悉社区，了解社区问题，也有助于提高下沉效率。稳定，就会存在配置不均衡；流动，又要面临效率损失。两难。

制度约束恐怕执行起来，又要流于形式。用制度来约束在职党员的参与，面临两个障碍，一是前文所说的，社区与在职党员关系不对等；二是制度反而会激发党员的机会主义行为。制度要求里面，越是定量化程度高的，越会成为党员最容易去完成的，但也恰恰是很难有深度的。比如，服务计时，几乎可以肯定，必然会变成党员跟社区工作者一起捡垃圾，搞宣传，做活动。这些事情的时长最容易拉长，关键是做起来难度最小，又便于拍照留痕。可这种参与对社区治理到底有多大意义呢？关键是没有发挥在职党员的比较优势，还有点浪费人力资源。

常态化难点

推动机关单位和在职党员深度参与社区治理，目标很美好，但要真正实现深度参与，按照现在的下沉机制，比较难。

要实现深度参与，关键是要搞清楚，社区治理的关键需求同机关下沉可以结合的点到底是什么。换句话说，社区治理中到底哪些问题，必须通过机关下沉来解决。

从现有思路来看，机关下沉预期要解决的，是社区治理资源不足的问题。资源不足，又被理解为人力资源和物质资源不足。疫情防控期间的机关下沉，确实也主要是在这方面发挥了巨大作用。

社区缺资源，是个真问题。贺雪峰教授总结基层治理存在一个层级不对称原理，表现就是基层权小、责大、资源少。权力和资源向上集中，治理责任则通过属地原则层层下压。不过，缺资源不假，但是否一定要通过机关常态化下沉的方式解决呢？我们需要对这个问题做一些辨析。

要注意到，缺资源是相对的，而不是绝对的，是应急状态下必然出现的阶段性紧缺。所以，机关下沉能够短时间内迅速扭转局面，效果显著。常态时期资源紧缺的原因有所不同，是相对于繁重的行政任务而产生的完成任务能力的不足，根本原因在于行政任务越来越多。如果这个问题不解决，那下沉再多的资源，恐怕也只会水涨船高，被稀释掉。

当然，行政任务多，有其必然性。城市在快速发展，社会治理的复杂程度不断增加，政府要提供更完善的公共服务和更有效的公共管理，自然要增加很多职能。必需且合理的行政任务，从来不是负担，社区工作者也从来没有把这类工作当成负担。真正成为负担的，是那些形式主义任务，是社区工作者不得不完成，可是不知道工作意义为何的任务。疫情防控任务非常重要，要面临上级的问责督导压力，要面对群众的一些冷言冷语，还有人身安全风险，但社区工作者做得很充实。在武汉和宜昌调研时，社区工作者回忆起来，都充满了职业自豪感。做基层工作这么多年，他们第一次获得了如此高的成就感，为什么？因为他们从工作中获得了意义感。社区负担重，根本原因就在于承担了太多跟社区关系不大、没有意义的工作任务。如果能够把这些工作清理出来，取消掉，那社区的资源紧张程度就会大大减少。现在一些地方搞事项准入制度，目的是给社区减负，但实践效果不一。多年前在南京调研，市里把市区两级针对社区的检查评比全部取消，一下子减轻了社区很多负担，效果明显。可准入制度就比较尴尬，民政部门负责准入制度的执行，怎么可能对其他平行部门进行约束呢？

除了自上而下的任务造成的相对紧缺，还有自下而上的内生需求产生的相对紧缺。自下而上的需求，就是居民对社区提出的服务与管理需求。这些需求有的比较大，像老旧小区因为基础设施老化、不足产生的问题；有的问题还比较激烈，比如商品房小区业主与物业公司的矛盾；更多的问题则是些日常化的琐事、小事，比如垃圾分类、绿化养护、宠物饲养、噪声扰民，等等。这些小事琐事，可以通过社区组织居民，以自治的方式加以应对。但自治并不意味着能够完全自主解决，很多事情涉及执法问题，社区也好，自治组织也好，权力有限，很多问题就解决不了。居民的问题解决不了，或者解决不好，或者长期拖延，居民就对社区有意见，有怨气，社区工作者就有压力。他们有心无力，职业挫败感就更强。再加上自上而下的无意义工作太多，当然就会加重对自己"责大、权小、资源少"的感受。

因此，机关下沉，关键是要去弥补社区权力不足的问题，去提高社区解决问题的能力。

深度参与

如果是提升社区问题解决能力，那么常态化的人员与资源下沉，就可以采取比较灵活的形式了，没有必要变成制度化的要求，比如，非要每周到社区坐班，或者非要完成多少时间的社区服务时长。

也就是说，不要教条化地理解下沉。下沉，不是说非要把人派到社区去，这种形式主义要求没有必要。下沉可以理解为响应，或者叫注意力下沉。注意力下沉，就是在对上负责之外，增加对下负责的要求，就是改变部门只向基层派任务的做法，变成响应基层要求，尽部门之责。最典型的，就是北京的吹哨报到改革。

"吹哨报到"改革最创新的地方，就在于赋予了街道社区调动职能部门的权力，增加了职能部门响应街道社区治理要求的责任。职能部门的人员和资源，可以仍然集中在自己手中，这样便于统一指挥调度，但要随时因应基层需要，在需要下沉执法的时候，及时到场，而不是推给属地管理。

武汉市2019年开始施行"民呼我应"改革，其中一个重要内容，就是建立以街道为单位的"吹哨"制度。在武汉沙西社区调研时，社区书记说明显感觉现在能够叫得动区里有关部门了。叫得动很重要，只要能够叫得动，就说明已经实现了真正意义上的下沉。机关下沉，重点就在于继续完善这样的制度。

这样的机关下沉，就无须机关全覆盖。毕竟，与社区治理关系最密切，掌握解决基层问题权力的，主要集中在几个关键部门。对这些部门，理应给予更高的要求。至于其他部门，即使要下沉，也要注意区别要求。其实，其他部门能够做到少向社区分派任务就很好了。

机关下沉中的在职党员报到，也是一个亟须突破的方面。我以为，没有必要要求在职党员参与社区服务。不能把党员等同于一般的志愿者，何况这些服务意义不大，社区治理中最需要在职党员发挥作用的地方，不在服务上。

在职党员真正要发挥作用的，一是做群众的组织者，二是做公共规则的捍卫者。所谓群众组织者，就是要作为关键群体，在社区内各种形式的群众文体组织、志愿组织、自治组织中，发挥核心作用，特别是要成为业主委员会等自治组织的主导力量，承担起社区各种内生公共事务自主治理的领导者责任。所谓公共规则捍卫者，简单说，就是带头交物业费，带头服从停车管理，带头遵守宠物饲养等小区自治规则，等等，这些都是社区治理中的主要内生需求。好钢用在刀刃上，在职党员群体也应该在这些事情上，不混同于一般群众，也不混同于一般志愿者。如果这个群体能够真正发挥作用，那社区基层组织也就有了将群众组织起来的最有效的中坚力量，在职党员也就真正实现了深度参与。

如何对在职党员的深度参与进行制度化的激励与约束呢？这才是建立机关下沉制度最需要探索的突破口。

"双下沉"的问题

主要问题

在抗击新冠疫情中,机关党员干部下沉社区发挥了关键作用。为巩固抗疫经验,提升城市社区治理水平,湖北省在全省推动在职党员常态化下沉社区工作。初期,党员下沉工作的出发点是好的,在职党员参与社区治理,也有助于教育党员干部,密切群众联系。但是,实践中许多措施要求存在脱离实际、无的放矢的问题,形式主义现象普遍,继续强推可能适得其反,建议组织部门对该项工作进行全面调研,实事求是进行评估分析,完善下沉机制,使其真正适应社区治理需要。

党员下沉工作当时已经持续了几个月的时间,实践中暴露出的一些问题,基本印证了我之前的判断,总结起来,大致包括以下几个主要问题。

（1）参与效果差。党员下沉社区后，能够参与的事务，且便于积累时长，达到考核要求的事务，往往都是一些体力活儿。最普遍的是巡逻和打扫卫生，然后是帮社区完成一些入户走访统计工作，比如当时正在进行的人口普查。这些工作本来都有成熟的应对方式，没有党员下沉，照样可以完成。这些参与表面上属于社区工作，给社区帮了忙，实际上回避了社区治理中的关键问题和深层需要。

（2）人力资源浪费。在职党员都是拥有某方面专业特长的人，都是国家财政供养人员，是宝贵的人力资源。目前的下沉工作，让他们牺牲工作时间，去做基本没有什么技术含量，与专业特长无关的体力活儿，完全无法发挥其比较优势，是对人力资源的巨大浪费，本质上也是对国家资源的浪费。

（3）人员分配僵化且不公平。党员按照居住地下沉，必然出现社区在职党员数量的不均衡。由于房屋分配或购房等先天因素，很容易出现在职党员按部门、行业甚至收入水平的社区集聚，这些社区往往是基础条件、工作条件较好的社区。相反，那些基础条件差的、更需要人的社区，可能在职党员数量反而更少。按照居住地进行僵化的人员分配，只会进一步加大社区资源禀赋差异，造成进一步的不公平性。党员分布不均还会造成参与机会的激烈竞争，武汉两个邻近社区，A社区有上百名党员，B社区只有不到三十名。每次A社区在党员群里发出活动通知，100多名党员都要挤破头争抢，僧多粥少，影响了下沉工作本身的严肃性。B社区则经常找不到人。武昌区某中心街道，辖区内省直机关密集，省市区下沉党员数量达到1.4万人，下沉的工作队59个，其中一个社区就达到了1700人，而邻近的另外一个街道，下沉党员数量只有不到4000人。因为数量太多，该中心街道和各社区当时的中心工作，就是"搭建平台载体"，做承接工作，说白了就是要制造机会，帮助下沉党员完成任务。基层压力巨大，不堪重负。

（4）考核要求形式主义严重。实践中，党员最关心的就是20小时的社区服务时长。定量化指标化的指挥棒，只会助长机会主义行为和形式主义策略。比如，增加不必要的小区巡逻，本来是物业保安人员的工作，但因为便于拉长时间，就成为基层普遍的做法。有些在职党员早就参加了小区业委会，或者成为居民中的意见领袖，能够在居民需要时积极发挥带头作用，或者通过正式或非正式方式，向社区提供合理化建议。这些参与正是我们认为的实质性的深度参与，然而，由于很难量化和评估时长，甚至党组织并不将这些参与认定为社区服务，导致无法得到组织认可。坦率地说，这种考核要求只会滋生和恶化形式主义问题。如果考核要求和考核形式，无法与社区治理特性及其对党员参与内容和形式提出的要求有效结合起来的话，那必然脱离实际。

（5）有损党员形象。疫情防控期间，党员干部身先士卒，冲锋在前，做的都是老百姓亟须解决的工作，获得了群众的高度认可，密切了党群干群关系。然而，现在的党员下沉，为了办事留痕，不得不去做很多表面文章，排着整齐的队形，拉着横幅，各种拍照，做的却是捡垃圾等简单得不能再简单的工作。长此以往，党员干部疫情防控期间好不容易积累的好形象就要被全部透支掉了。

两对关系

上面只是简单列举了几个比较突出的问题，而实际存在的问题不止于此。之所以产生这些问题，主要在于两点。

一是混淆了应急工作与常态工作的差异。疫情防控是应急工作，特点是事务单一，任务明确，时间集中，党员下沉解决了应急需要同社区人手不足的矛盾，且应急工作不计代价，不惜成本。常态工作的特点是事务繁多，细小琐碎。照搬应急经验到常态时期，就会产生"沉下去，做什么"的问题。这个问题应急时期不存在，但常态时期就必须搞清楚。如果对常态工作缺乏有效分类，特别是在当下基层形式主义工作泛滥，甚至压倒真正的群众工作的情况下，急匆匆沉下去，很有可能就是把党员从机关赶到社区去参与那些形式主义工作，必然浪费资源，也无积极效果。

二是混淆了志愿服务与参与治理的关系。尽管组织部门的文件，给予了在职党员结合自身特长，参与社区各方面工作的多样化选择空间，但是20小时的量化指标的指挥棒一出，只有志愿服务一项最契合考核要求，这实际上就是把真正参与社区治理简化成了社区志愿服务。在职党员降格成了志愿者，专业特长、职业素养等人力资源优势简化成了普通劳动力，献计献策成了做体力活儿，只能去锦上添花，无法雪中送炭，没有参与到社区疑难险重的工作中，无法同社区治理的痛点、难点真正结合起来，也无法同群众最急切的现实需要结合起来。

几个建议

如果这项工作还要继续坚持下去的话，也应该尽快调整和完善相关要求，其中以下三个方面是特别重要的。

第一，为防止党员下沉工作中形式主义问题的继续蔓延，适当调整考核要求，尽可能减少甚至取消量化指标要求。

第二，调整党员参与事项，淡化志愿服务等体力活儿要求，强化参与治理的要求。参与治理，就是在小区物业管理、业主自治、居民议事合作、居民维权等事务上的参与。应该对党员形成既统一又有差异的要求，在按时足额缴纳物业费、饲养宠物、高空抛物等小区和社区基本公共规则方面对全体党员提出统一的底线（基本）要求，对能够积极带头参与居民议事，以及主动承担社区领袖等公共责任的党员，要有单独的激励措施。要真正使广大党员成为社区治理中的积极分子，成为促进派，而不是促退派，是遵守和捍卫公共规则的积极力量，而非破坏规则的消极力量。

第三，探索制定党员参与社区治理指导性文件、手册或清单。明确若干"一票否决"事项，比如破坏小区公共规则的行为，参与甚至带头组织有违公共利益和公共秩序的群体行动，等等。提出若干参与事项的目录，比如担任楼栋长、居民组长、居民代表、业委会委员，参加各类文体活动或自治类群众组织等，参与居民议事、社区协商等，探索在职党员参与社区党组织生活的形式。核心是引导在职党员成为居民生活事务合作的积极组织者、主动参与者，成为社区基层组织在群众身边的可靠助手和联系桥梁。为此，必须实行更具弹性、更加突出群众评价、更加适应社区治理需要的考核机制，真正实现党员下沉的深度社区参与。

党员代际差异

在武汉新湖社区调研时，社区涂书记说党员的党性差异很大，七十岁以上的老党员最高，二三十岁的年轻党员也不错，中间四五十岁这一代则次之。涂书记的分类很有趣，值得讨论。

背景：还建社区

新湖社区是位于武汉近郊的一个还建社区，集中安置了附近四个村的4000多村民。受区域开发进度影响，四个村处于半拆迁状态，都还有一半的村湾没有拆迁，一半的村民没有安置。因此，村庄建制依然保留，农民身份没有改变，新湖社区就形成了村委会和居委会并存的二元体制，他们自称为"双轨制"。

"双轨制"也表现在党组织建设上。社区成立了党委，但社区党委与各村党支部没有组织隶属关系，社区党支部和各村党支部，都直属街道党工委。社区党委类似于区域化党建的形式，目的是希望以党委统筹各支部，特别是希望四位村支书能够按照党内纪律，支持社区书记的工作。为此，社区书记、居委会主任兼任党委书记，四位村支书都是党委委员。按照党内规矩，委员自然应该"听"书记的。可惜，跟区域化党建成立的联合党委一样，这个组织本质上只是个工作协调机制，而非实体组织，并没有什么党内权力，形式上的"书记—委员"关系，改变不了他们在街道党工委之下的平级关系，党委发挥作用也就非常有限。更何况，村支书们都是久经村庄政治洗礼的老同志，涂书记在他们面前是小字辈，"法理"上无权指挥，"情理"上更要礼敬有加。

一无法理权力，二无情理优势，可工作上又不得不经常跟四位村支书打交道，涂书记能采取的唯一办法，就是跟他们搞好私人关系。涂书记是田村人，算得上是田村走出来的青年才俊，跟村支书的私交也是好的。我们在调研期间，让涂书记帮忙联系村支书和老党员访谈，他给安排的就是田村的，足可证明关系之融洽，其他村就不好说了。

2020年4月3日，我们应邀再去调研，了解疫情防控期间的社区防控工作。按说，疫情防控是最需要配合的，可实际上"双轨制"变成了各自为战，谁的孩子谁抱走，社区负责的只是由不到两百户的560个人形成的买房租房群体。人员摸排、生活物资保障都是这样，分得很清楚。

可见，社区党委最多是个议事协调机构，实行的是一致性规则，任何一方都有一票否决权。那么，作为一级党组织，社区书记是否有权调动社区党员呢？答案是也不能。因为党员组织关系仍在各村党支部，与社区党委没有丝毫关系。

党员代际差异

社区要管理和服务4000居民，不能只靠社区两委那几个人，还需要帮手。最可利用的帮手，首先是党员。可惜，187名党员，绝大多数都可以不服从社区党委支配，这就尤其需要党员讲党性了。党性，就是一种觉悟，一种超越个人利益考量的超越性。普通人讲人性，讲社会性，关心个人利益，挣钱养家，过好日子。面对社区管理要求，能够配合，不违反基本的社会规则，就不错了。党员不同，党员当然也有人性，有社会性，但党员之所以为党员，不混同于一般群众，就是有党性，有点超越性。党性也就是先进性。在新湖社区这样一个特殊的体制里，党员讲党性，很重要的一条，就是能够超越组织关系的局限，参与社区公益事业。党性强的人，经常向社区反映一些建设性的意见，参与社区组织的议事会议，不光表达个人诉求，更重要的是代表群众反映问题，还积极出谋划策，帮助社区把工作搞好，把社区建设好。力所能及的时候，愿意出来做些公益的事情。

当然，并不是说，在组织关系原则下行事的，就不讲党性。有点本位意识，也很正常，但如果发展到本位主义，就会有损社区公共利益，党性自然不强。涂书记说，很多党员平时不起反作用就是好的了。实际上，恰恰有些党员会起反作用。比如，不服从小区停车管理，带头违建，毁绿种菜。社区去管理，还会遇到各种抵触。其中有些人，非但自己不配合，反而还会利用其在部分群众中的号召力，带动其他人，一起不配合。

党员的党性觉悟，自然是有个体差异的。不能指望所有党员党性一般高，否则大家都成优秀党员了。党员群体也会有分化，而且党性差异不仅仅是个体化的，还有一定的群体规律。老党员和年轻党员整体上党性觉悟较高，中年党员次之。他们的党性差异，除了前面说的，还典型地表现在对社区公益事业的参与上。老党员在参与时，会表现出非常高的责任感，用涂书记的话说，就是"无比开心、无比激动"，表达意见也能够做到讲大局，出于公心，而不只是反映自己的诉求。我们访谈其中一位69岁的老党员时，他说做代表的要"责任心强点，爱管闲事"，还说"代表要起作用，不起作用当什么代表"。代表中，大多数是七八十岁的老同志，三十多岁四十出头的只有个把。年轻人要上班，这也是客观原因。疫情防控期间，年轻人的作用就体现出来了。这时候，老同志是高风险群体，当然不能让他们再出来。新湖社区就招募了一批志愿者，一共10个人，平均年龄32岁，其中就有几个党员。

党性的代际差异，跟党员发展机制关系很大。老党员大多是在20世纪90年代及以前入党的，很多七八十岁的老同志在新集体时就入了党。那时候,发展党员关键看个人在集体事务中的表现,必须比一般群众表现出更高的劳动积极性、更高的集体觉悟,才有可能入党。他们中的很多人,还曾经做过生产队长、村民组长,有长期参与村庄公共事务的经验。很多人的思想还保留着鲜明的时代印记,他们评价干部,还习惯用"毛泽东思想"去衡量。比如,有的老党员就认为涂书记"还有点毛泽东思想"。就算是二十世纪八九十年代入党的人,也是要在村庄工作中表现好的。那时候,村里工作有两项重要任务,一是收粮派款、计划生育,二是组织群众搞好农田水利建设与管理。这两项工作都是能够考验出一个人的思想觉悟的。换句话说,只要是通过村庄公共事务考验出来的,就基本上是具备一定集体观念、有公心的人。

进入 21 世纪以来,特别是取消农业税以后,一直到党的十八大以前,十几年间也发展了一批党员,但这批党员的发展机制发生了重要变化。一方面,村庄工作大大减少了,很多中西部农村甚至普遍出现所谓悬浮化。没有公共事务的考验和检验,如何判断一个人是否具备超越一般群众的思想觉悟呢?难。另一方面,武汉近郊农村普遍进入了征迁开发期,征迁工作同以往的工作相比,最大的不同就是利益巨大。村干部要完成任务,有时候就难免需要一些灰色利益激励,而且村一级的权力斗争也会因此激烈起来。这种情况下,在任者就有可能把党员发展权私有化,变为拉拢自己人,扩大自己的支持面,从而保证权力稳定、攫取更多私利的手段。这个时期，恰恰又是党员发展高峰期，每年每个村都有几个党员发展名额。所以，一些投机分子就会混进来。时隔多年，即使村庄权力已然发生更替，但党员结构也已经不可逆地改变了。

党的十八大以后，党员发展被严控，村庄工作也在悄然转型。从新湖社区来看，社区党委是从一穷二白的基础上建成的，在发展党员上，自然更多地从有助于推动社区工作的角度考量。社区工作不同于村庄工作，主要是生活化的小事，没有征迁、美丽乡村建设等大任务。生活化的小事，考验出的人的觉悟，是能否遵守社区规则，能否积极参与社区组织的一些公益活动，用当下的词，就是是否愿意参加志愿活动，这是社区的党员发展机制。这次疫情防控工作，10名志愿者，就有几名在涂书记的动员下，表现出积极的入党意愿，成为火线入党的发展对象，涂书记对他们充满期待。他离不开那些老党员，老党员们毕竟在群众中有很高的威信。他也需要自己的子弟兵，对一个安置社区来说，新的社区规则的塑造，毕竟需要一个漫长的时期，在这个过程中，尤其需要这些能够影响中青年居民的积极分子。

重建识别机制

新湖社区的党员代际差异，在全国都普遍性地存在。党员党性觉悟的代际差异，反映的是党员发展的问题。党员发展的时代差异，折射出的是基层治理逻辑的演变。

现在，农村党员发展面临的最大困境，表面看是人口外流后，缺少青壮年发展对象，实质上是村庄公共事务发生巨变。自从取消农业税费，村级治理已经很长时间缺少重大的公共事务了。党员发展一度缺少合适的识别载体，一些地方将经济能力作为重要指标，从那些新型经营主体、乡村能人中发展党员，希望这些带头致富的能人，将来也能够带动群众致富。然而，经济能力与党性觉悟并不存在必然关系，特别是经济能力较强所表现出来的慷慨、奉献，有时候并不容易与"收买人心"区分开来，实践中就容易出现富人治村后，虽然村庄获得了一些发展机会，却出现富人垄断村庄政治机会，普通群众普遍陷入政治效能感丧失的问题。这实际上背离了党的群众工作宗旨，即将群众动员起来，让群众自己解放自己。

近年来，精准扶贫、美丽乡村建设等重大任务开始全面推开，确实增加了识别和发展新党员的机会。但是，这些任务在实践中往往会产生程度不等的形式主义问题，很容易脱离群众的实际需求，甚至与群众利益发生对立。这与原来的村庄公共事务有根本不同。以前，村庄公共事务是内生的，是与群众切身利益紧密相关的。因此，那些能吃苦能劳动多奉献的人，在长期的生产生活实践中，是能够被群众识别出来的。换句话说，这些党员是先在村庄生产生活实践中获得了群众认可的人，然后党组织再将其吸纳进来。现在，村庄中缺少这样内生的群众识别机制了。党员识别，就成了组织识别。组织看中的，当然是那些能够配合完成任务的人。可积极配合完成自上而下的任务，并不必然获得群众认可。这就会发生组织上属意的人选，群众却不一定认可。以后成了党员，也难以对群众产生示范带动作用。

群众识别与组织识别能否通过村庄公共事务治理结合起来，是决定党员发展质量的关键。乡村治理的巨变，使得二者的结合越来越难。在城市社区中，这样的结合就更难发生。毕竟这是个陌生人社会，居民间的日常生活互动太少，缺乏通过长期互动进行识别的基础。最能够识别出人的事务，是小区物业管理。可是，目前社区的党员发展机制还未能与小区治理结合起来。所以，城市社区的党建，形式主义问题更加严重。

重建群众识别与组织识别的有机关联，是基层党建的第一要务。

支部建在小区上

近年来,各地都在探索党建引领社区治理。2020年10月底到宿迁调研,我发现当地的做法很值得研究,有不少很有特点的创举。

"三位一体"

宿迁提出要健全完善"社区党委(总支)—网格党支部—楼栋党小组"三级组织体系,推动基层党建网与社会治理网"双网"深度融合。单从字面上看,这个提法与现在许多地方的做法并无本质差别,不同之处在于,在许多地方还主要停留在纸面上的时候,宿迁已经将其落实到实际工作中,并且已经实践多年。

宿迁的做法主要包括以下几个方面,其中核心的一条,就是"支部建在小区上"。

(1)建立小区(网格)党支部。长期以来,城市最基层党组织都在社区一级,这些年有些地方提出要把"(党)支部建在小区上"。从我们的调研来看,宿迁市至迟在2018年,就普遍成立了住宅小区党支部。提出"双网"融合后,小区党支部与网格党支部基本融为一体。由于小区规模不同,网格一般是400户左右,二者并不完全融合。在我看来,实际上没必要以网格为单位建支部。住宅小区是一个完整的生活单元,也是城市基层治理的基本单元,以小区为单位设立支部就足够了。从实践来看,小区支部书记大多是由社区两委干部或工作人员兼任,当然,这个人在社区还有分管的常规工作。比如,我们访谈的惠园小区党支部书记董书记,就是社区党委候补委员,主要负责社区党建工作。此外,也有小区党员出任支部书记,但这些党员并非普通党员,也不是在职党员,而是原来的村民小组长。让这些人担任小区支部书记,是宿迁仍处于城乡社区治理转型期的产物。

(2)设立党员楼栋长。宿迁小区业主自治长期施行业主代表大会制度,这与《江苏省物业管理条例》(以下简称《条例》)的规定有关,《条例》第十二条规定,业主户数超过三百户的,可以成立业主代表大会,代行业主大会职权。业主自治的研究者和实践者都知道,城市商品房小区普遍都在千户以上,召开业主大会面临极高的组织成本,这也是阻碍业主自治的一个现实困难。《条例》的规定,尽管只是说"可以",但从宿迁的实操来看,各小区普遍选择了业主代表大会形式。业主代表,跟楼栋长基本上是重合的。社区先要逐户上门,征求业主对楼栋长的意见，通过这种方式选出楼栋长，也就是业主代表，再由他们选举产生业主委员会。业主代表大会很有可能面临业主对其代表性和合法性的质疑，但在宿迁调研期间，并没有人对此质疑，至于将来会不会有人跳出来质疑，我感觉是有可能的。设立党员楼栋长，就是在既有的楼栋长体系之外，再由该楼栋的在职党员担任楼栋长。宿城区有的小区就干脆两套体系并行。最理想的，是党员楼栋长与居民楼栋长重合。但如果实在无法通过居民选举实现，就只好并存。

（3）建立"三位一体"小区治理制度。所谓"三位一体"，即小区党支部、业主委员会和物业公司。三方都有集中的常设的办公地点，一般设在物业管理办公室。"三位一体"也就是党支部介入小区治理的具体形式，目的是形成三方主体的协作。从我们去过的小区来看，无论是社区还是物业，以及业委会成员，对"三位一体"的评价都还是比较积极的，并非想象中的流于形式。

内生结构失衡

宿迁探索的党建引领小区治理，我以为抓住了要害，实现了小区内生治理结构的再平衡。

所谓小区内生治理结构，就是由数量众多且分散的业主、少数人组成的代理人组织——业委会以及物业服务公司三方构成的结构。这个结构是非常不稳定的，实践中会陷入普遍性的合作崩溃。原因有两点，一是三方关系具有模糊性。名义上，业主和业委会接近委托—代理关系，物业与业主则是更典型的基于合同的委托—代理关系，实际上却没这么简单。业委会表面上是业主选举赋权的，执行业主大会决议，代表业主管理好小区事务。但是，由于业委会属于无偿工作，相当于委托人是零成本的，而代理人则承担了很多成本，这是其一。二是业委会要基于小区公共利益行动，必然要约束少数业主的不当行为，比如不交物业费、乱停车，等等。被约束的业主并不认为业委会有这个公共权力，反而会结下"私怨"。

也就是说，业委会既没有作为代理人的合理收益，也缺少委托人集体让渡和赋予的公共权力，其代理人身份其实并不那么完整。业委会到底是什么，业主到底怎么认知和处理与业委会的关系，并不那么容易说清楚。从物业公司与业主的关系来看，基于合同形成的委托—代理关系似乎并无争议，问题在于，物业服务工作中，也涉及对业主行为的约束，而业主基于合同形成的"物业是我雇用的"观念，同样不支持物业公司有这样的公共权力，但实践需要物业公司必须这样去做，这是关系模糊性造成的另一个困境。

还有一点，就是三方行动能力的不平衡。物业公司作为一个组织化程度最高的市场主体，其行动能力是最强的。业委会是由少数人组成的，最多11个人，组织起来形成一致行动也并不那么难，一致行动当然包括同物业结盟，侵占业主利益。相比之下，业主群体却是个体化的，小区动辄上千户，也就有上千个业主，业主间又是陌生的，社会资本几乎为零，一致行动能力也是最差的。这就会产生"双向弱约束"：物业和业委会与上千个业主的交易成本太高，一旦业主中出现数量较多的不合作者，物业和业委会就几乎无能为力；同样地，业主也无法有效监督物业与业委会，单个业主只能用不交物业费这样简单粗暴的方式抗争，但这种抗争对于小区公共利益毫无益处。

再平衡

内生治理结构的不稳定性，其实就是三个主体间的力量不平衡，是社会失灵的表现。有些地方探索让社区两委介入小区日常管理，本意也是要平衡这对关系。但是，社区规模太大，社区基层组织直接介入辖区内众多小区的日常管理，效率必然不高。宿迁在小区一级设立党支部，就相当于社区向小区派出一个日常管理组织。党支部的组织性质很有趣，尽管名义上只是个党组织，似乎只有做党务的权力，实际上，在中国的政治文化中，社会自然将其认同为代表党和政府，具有天然的合法性、权威性和公信力。这恰恰是物业、业委会等组织都不具备的，也恰恰是小区治理最缺乏的。调研时，我们访谈到的几位物业经理都说，党支部书记就是代表社区、代表政府的，九园小区某物业公司经理说,"小区是一艘大船,党支部就是掌舵的","业委会跟物业会搞无原则对抗,公说公有理婆说婆有理,遇到矛盾,找不到第三方平衡,现在,党支部就是这个第三方,而且他还代表党委政府"。也就是说,党支部因为跟既有的内生治理主体都无利益关联,就成了自带权威性和公信力的平衡者、协调者、仲裁者。

党支部并不介入小区具体的管理事务,党支部书记多数是兼职,其精力分配上还是以社区分管工作为主。名义上,党支部书记被要求只要社区没有事情,就要到小区坐班,但实际上坐班并不多。董书记说他每天上班前都会到小区转一圈,小区有什么事情,物业经理和业委会主任可以跟他电话联系,需要出面时他再过来。是不是真的能够做到每天转一圈,其实并不重要,但这种灵活性还是大体符合小区治理需要的。小区日常化的事务都比较细小琐碎,也比较有规律,处置起来难度并不高,物业完全可以应付。真正制约小区治理的,并不是这些占比最大的常态化小事,而是一些矛盾纠纷,比如违章搭建、毁绿种菜、不交物业费等。遇到这样的事情,如果不能及时化解,就可能产生扩散效应、连锁反应,引发更多业主效仿,成为破坏小区秩序的"关键变量"。遇到这样的事,党支部能够及时介入,参与化解,就可以最大限度地防微杜渐,堵住小区衰败的"蚁穴"。这些事情刚发生时,体量可能也比较小,如果让社区组织介入,就可能因为其管理规模太大,不能引起足够的重视,效率上就不高。党支部就不同了，这本就是其分内之事，效率就要高很多。

当然，党支部管理的实际效果，跟党支部书记本人是有很大关系的。组织架构的完善只是提供了再平衡治理结构的组织基础，但如果书记本人不重视、能力不足，那效果也会打折扣。跟惠园小区同属天成社区的锦江小区，连续几任党支部书记都是新入职的年轻人，且变动很快，作用发挥得就不好。隔壁中嘉社区下辖的中嘉小区，党支部书记是社区党委副书记华书记兼任，华书记在社区工作多年，善于做群众工作，对中嘉小区的管理就比较积极。

不过，党支部的作用目前还是仅限于党支部书记个人，对小区党员的组织与动员还是很不够的。党员楼栋长队伍刚刚开始组建，到底会发挥什么作用，目前还是未知数。党支部也还不是一级基层党组织，与小区党员的关系也比较松散，党员还是以社区党组织为单位开展活动。如何依托党支部，将小区内的党员组织起来，通过合理有效的形式，参与到小区治理中，是党建引领小区治理要探索的新的突破口。

激活在职党员

激活在职党员，就是让其在工作之外的日常生活中，发挥先锋模范作用。中国共产党拥有9800多万名党员（数据截至2023年6月底），平时就生活在群众身边，如果能够发挥好作用，那基层社会治理必将打开新局面。

工作时间与生活时间

北京大学潘维教授有个观点，我非常赞同。他说："9000万党员在每个居民区以身作则，组织居民办'小事'，我国数以百万计的社区就都会井然有序，近14亿人民就安居乐业。"[①] 这些年，一些地方搞在职党员社区报到，结果就是党员到社区捡垃圾，对社区治理的效果几乎为零。激活在职党员，是要让党员

---

① 潘维：《信仰人民：中国共产党与中国政治传统》，中国人民大学出版社2017年版。

做社区居民的组织者，做社区秩序的维护者，而不只是甚至不是去做志愿者。

湖北也在探索激活在职党员的方式，其做法就是在全省范围内推动机关事业单位在职党员常态化下沉社区。名义上，在职党员可以结合自身特长，选择志愿服务、纠纷调解等多种社区参与形式，但是，因为考核有服务时长（每年不少于20小时）要求，党员们也就不约而同地选择了那些做起来简单，却又比较容易拉长时间的事情。抗击疫情期间，机关党员下沉，及时补充了社区防控力量，发挥了积极作用。湖北想要把抗疫经验常态化，就建立了这样一个制度。这与多年来各地搞的党员双报到并无本质差异，只不过制度化程度提高了，尤其是设定了一个具体时长的指标要求。某种意义上说，正是这个定量化的指标，让党员下沉不可避免地走样了。

湖北在职党员常态化下沉的关键问题，是混淆了工作时间与生活时间。在职党员在工作时间坚守岗位，做好本职工作，在本职工作上发挥先锋模范作用，才是正道。机关事业单位的党员，都是国家花费大量成本培养出来的专业人才，具备所在岗位所需要的专业知识和技能。好钢要用在刀刃上，在本职工作岗位，才能做到人尽其才。常态化下沉，是让党员在工作时间做本职工作之外的事情。如果说党员们"脱岗"是去应急，比如抗洪、抗疫，或者去做比较有意义有价值的事情，倒也罢了，如果占用工作时间，去做这些不能体现丝毫专业优势的可替代性极强的事情,这难道不是典型的人力资源浪费吗?更何况,这些事情对于促进社区治理有没有实质意义呢?并没有。于是,就成了形式主义。

这样一来,在职党员不满意,毕竟耽误的本职工作,回来恐怕还要加班完成,影响了正常工作节奏;街道社区也不满意,来这么多人,其中还不乏各级领导,帮不上什么忙,反而还要配合他们搞形式,比如,领导时间宝贵,下沉最好的办法就是办个讲座,社区只好找几十个群众演员当听众,还要拍照做资料。总不能让这些上级机关部门的"领导"完不成下沉任务吧,不然以后工作还怎么搞。仅凭私心而论,基层干部们也不想得罪这些机关干部,说不定将来会有求于人呢!所以,你好我好大家好,彼此形成默契,皆大欢喜,就是空耗了大量宝贵的人力物力和时间精力,关键是,群众也不满意。群众最反感的就是形式主义,穿着红马甲,戴着红袖标,举着印有单位名称的旗子,一本正经地下来轰轰烈烈搞形式,做事一分钟,拍照半小时。疫情防控期间好不容易积攒的一点好感,用不了多久就要被折腾光了。

工作时间,在职党员发挥作用的地方,在他的本职岗位。激活在职党员,终究还是要在生活时间上做文章。

生活组织者与规则维护者

2020年10月底,我到江苏宿迁调研,发现当地在探索激活在职党员方面，有些做法很值得关注。归结起来，其做法正好可以对应前文所说的，党员作为生活组织者和规则维护者的两个定位。

做居民生活的组织者，具体做法就是"党员楼栋长"。宿城区当时正在推广这项工作，就是让在职党员出任所居住楼栋的楼栋长。区委组织部2020年2月制定了《推进"党员楼栋长"制度试点实施方案》，进一步健全"社区—网格—楼栋"与"社区党委（党总支）—网格党支部—楼栋党小组""双网"融合的组织体系，充分发挥网格化党建引领城市社区治理的作用，尤其是在疫情防控期间发挥"党员楼栋长"构筑安全线"最后一米"的积极作用。全区39个城市社区和9个新型农村社区，计划选派1860名"党员楼栋长"。到3月时，全区城市社区中共有楼栋长1643名；楼栋长里，有党员1139名；"党员楼栋长"里，有在职党员460名。宿迁另一个城区宿豫区，则确定了"党员楼栋长"2363名，其中在职党员420名。

设立"党员楼栋长"，是宿迁将疫情防控经验常态化的一个做法。跟湖北一样，"党员楼栋长"本来只是应急之举，效果显著，就要将其固定下来。与湖北的做法不同，楼栋长主要是在生活时间进行社区参与，并不强制要求利用工作时间做事情。楼栋是居民生活中一个最基础的公共生活单元，是构成小区的基本集体行动单位。楼栋长尽管主要被定位于为居民提供服务和宣传政策信息，但有了公共身份，就可以参与到小区日常治理中了。

做规则维护者,是通过公开全部在职党员身份实现的。我们到小区调研时,很快就注意到了这个现象,小区公示栏上,除了常规的社区居务、党务和物业信息公开外,普遍会有1~2个公示栏,用来公示居住在本小区的全部公职人员党员的身份信息。所谓公职人员党员,即在机关事业单位和国有企业工作的党员。宿豫区和宿城区在公示信息内容上,共同之处是党员照片、姓名和居住楼栋,不同之处在于,宿豫区公示力度更大,会将其工作单位公布出来,凭这个信息,人们就可以大致判断出,该人是教师还是政府机关干部。在党员公示栏下面,则是落款为宿豫区委组织部公布的党员干部"八小时以外"监督事项,共有五项,包括在小区内有无违章搭建、乱停乱放等行为,是否带头交物业费、停车费等,还附上了组织部干部监督科的举报电话、邮箱和地址。宿城区则将在职党员按照楼栋进行公示,这样小区居民就能够迅速知道本楼栋居住着哪些党员,是否担任了楼栋长。

为什么说公示身份有助于在职党员成为规则维护者呢?关键就在于组织部门那五项监督内容。这些监督事项,都是小区治理中最主要的公共规则,小区失序也都是从这些公共规则被破坏开始的。如果在职党员在这些事情上能够起到表率作用,那当然就是在维护公共规则。

党员亮明身份倒也并非宿迁创举,比如一些农村就给党员家庭户挂上专门的党员标识牌，城市小区是个陌生人社会，党员身份更加匿名化，考虑到一些领导干部有很强的"隐身"意愿，宿迁能够将在职党员公示出来，其实并不容易。抗疫期间，全国几乎都采取了动员在职党员参与社区防控的做法，以此为契机，社区也首次掌握了在职党员的真实情况。在湖北宜昌点军区调研时，一位社区书记说，要不是抗疫，她都不知道辖区内住了那么多市领导。宿迁的在职党员公示做得是否彻底，特别是高级别领导干部身份是否公示，还是有疑问的。

正确的方向

宿迁探索党员成为居民生活的组织者和公共规则的维护者，我认为方向是正确的。实践中效果究竟怎么样，也不能过高估计。一方面，这些做法时间还比较短，还有待实践检验，另一方面，党员群体本身也有分化，群众被动员起来监督他们也需要一个过程。毕竟，多年来，在职党员习惯于在生活时间"混同于"一般群众，群众也"习惯"了生活中没有党员，党员似乎只是在关键时刻才会站出来，而关键时刻是比较少的。在职党员和其所生活的社区群众，还需要通过具体的事件相互熟悉，从公示栏真正走到群众心里。

为什么说这个方向是正确的呢？理由有三。

首先，抓住了基层社会治理的痛点，也抓住了市民生活的痛点。所谓痛点,就是单位体制解体后,城市基层社会重组,市民重新组合在居住小区里,彼此缺少社会关联,高度原子化、个体化、分散化,缺少组织性。小区不等于一家一户的加总,而是像村庄一样,有公共性。小区的居住环境,包括生活秩序,是一项公共品,是需要居民合作来自我供给的。但是,居民数量众多,个体化程度高,自发合作成本高到难以有效达成。也就是说,他们需要有关键群体来组织他们,形成公共秩序。贺雪峰教授多年来一直强调,乡村治理的关键问题是重新将农民组织起来,潘维教授说执政党的当务之急就是扎根基层组织社会。提高基层组织社会的能力,不仅是执政党建设的需要,更是社会的内生需要。

其次,抓住了生活时间和生活空间这两个关键领域。我前文一再强调,激活在职党员,一定要区分开工作时间和生活时间,区分开工作空间(即本职岗位)和生活空间(即居住社区)。简单来说,激活在职党员,是要在"八小时之外"、工作单位之外做文章。9800多万党员,是基层社会最宝贵的资源。城市是一个陌生人社会,都市生活的特性,决定了大多数普通居民在社区参与上是"冷漠"的,他们专注于个体生计与生活。社区公共精神衰落,几乎是人类社会进入工业时代,进入城市社会以来的必然规律。在这种情况下,党员这个组织化程度最高的群体,就更显出其重要性了。9800多万名党员能够在生活中成为城乡居民的组织者与规则的维护者,基层治理就有了最可依靠的力量，有了最有效的抓手。社区基层组织跟群众之间，就有了更有效的桥梁。

最后，可操作性最强。我一贯认为，要求必须在绝大多数人可及的标准上，才会真正落到实处，否则就会沦为形式主义。面对绝大多数人的要求，不能是"顶格要求"。党员不同于群众，但毕竟也要像群众一样过普通生活，也有普通人一样的喜怒哀乐。在职党员回归生活世界，也需要像普通群众一样过好生活，这样才能更好地投入本职工作中。在这个意义上，在生活时间激活在职党员，就不能违背这个客观规律。

不过，党员群体也是有分化的，有些党员，比如退休党员，比如有些性格外向、精力旺盛、群众工作能力突出的党员，就能够达到成为群众生活组织者的要求。组织者不需要很多，否则厨子多了照样做不成饭，反而增加组织成本。这样的要求，就无须针对全体党员，而只作为激励少数党员的措施，并匹配相应的激励制度。

对于大多数普通在职党员，要求他们做规则的维护者，应该说标准并不高，这是一个连普通群众都能达到的标准。但是，社区生活的公共规则都是软规则，属于"软法"，大量违反公共规则的行为，够不上违法，软规则对普通人的约束就必然存在缺陷。乡土社会里，软规则有社会性制裁支撑，一个人经常违背村庄的地方性规则，时间久了就做不起人，在村里没有面子，这就是社会性制裁。城市是个陌生人社会，无法内生出这样的社会性制裁。所以,软规则对普通群众就缺乏强制力。但党员不同,软规则可以与党内纪律要求结合起来,软规则也就有了硬约束。一个小区里,有几十上百个党员家庭,他们带头遵守公共规则,在遇到有群众违反公共规则时,能够在业主群、小区公共场所仗义执言,就能够生产出公共舆论,规则也就有了严肃性,从而对那些违背规则的人,对那些负面舆论,形成强有力的制衡与对冲。陌生人社会里,大多数人明哲保身,少数人在涉及自身利益时喜欢咋呼,嗓门儿比较大,最缺乏的就是敢于亮剑,敢于传递正能量的力量。在这方面,党员责无旁贷。

和平年代,党员每每通过成为"最美逆行者"来获得群众认可,可像抗洪抢险、抗疫等重大事件毕竟是特殊事件,群众同样需要日常生活中的平凡英雄。激活在职党员,就是要让他们成为群众日常生活中的,活跃在身边的"英雄"。这样的"英雄",就是群众生活的组织者,社区公共规则的维护者。这是一个必要而且可及的要求,我们需要这方面的更多探索。

第二部分

社区治理

老旧小区的改造难题

2017年8月到绍兴上虞区调研,城区正在进行老旧小区改造,发现其中存在一些很值得讨论的问题。这些年各地都在推进以老旧小区改造为主的城市更新工作,遇到的问题大同小异。

改造的"尴尬"

上虞大规模的老旧小区改造是从2013年开始的。这一年,上虞启动老旧小区提质改造工程,目标是用5~8年时间,完成城区全部老旧小区的改造任务。

在政府看来,老旧小区改造不让居民出一分钱,是一项实实在在的惠民政策,老百姓不说感恩,至少应该比较配合。可改造工程实施几年,发现事情远没有这样简单。其中最让人意外的,就是改造过程中引发的大量社会稳定问题。这是当下政府工程面临的尴尬困境:不改造,居民会通过各种信访途径要求改造;

改造，居民还是会利用各种信访途径表达不满。

老旧小区改造中产生的信访问题主要有三类，第一类是施工扰民产生的信访。施工扰民有些是正常施工引发的，难以避免，有些则是施工方操作不当引起的。这类问题虽然量比较多，但相对容易解决，做好解释工作，或者适当调整施工作业方式就可以了。比如，小湾小区改造时，管道开挖更换经常引起停水，居民投诉信访非常多，后来的施工中通过接入临时水管基本解决了这个问题。再比如管道开挖会引发居民对房屋安全问题的担忧，他们有时会阻挠施工，而施工单位实际上也有类似担忧，因而在实践中采取了技术手段和第三方评估机构，将施工影响控制在安全许可范围内。

第二类是设计方案缺陷引发的信访。比较集中的有这样几条，①要求增加或调整公共空间设置的建议。一些老年人希望在小区里增加休闲设施，如可以坐一坐打打牌的石桌石凳等，有人希望设置障碍，实行车辆分流等。这些建议基本被采纳，设计方吸收相关建议调整了设计方案，经过专家评审通过后予以落实。②绿化与停车的矛盾。是减少绿化增加停车位，还是保留绿化，居民需求差异在施工过程中也会产生矛盾，这类问题没有统一的解决方法，一般是根据实际情况，尽量在二者之间保持平衡。结果是小湾小区一期改造，最终只增加了 74 个车位。③部分"过度"要求。比如有人对绿化树种不满意，种上以后给偷偷推倒，要求换树种。有人要求施工单位捎带帮自己做点私活儿。还有顶楼的希望实施"平改坡"改造。对于这些要求,无法全部满足,大部分没有被采纳,有的则在许可范围内进行了灵活变通。

第三类是认为利益受损要求赔偿的信访。主要是施工期间影响店铺正常经营,有些店铺上访要求政府支付工期内的租金,用来抵消经营损失。环山路改造时,这些赔偿要求都满足了,但在老旧小区改造中,这些要求都没有被满足。总体来看,老旧小区改造的信访问题量多事杂,但大都在可控范围内,通过部门、施工方和社区的工作,基本都可以化解,只不过额外增加了很多工作量,对工期造成了一定延长。

完整小区?

老小区与周边区域形成了紧密且成熟的生活有机体,老小区内部功能不完善,特别是一些公共活动场所和设施不足,这是由其先天条件决定的,难以改变,或者改造难度和成本较高,但是周边区域公共场所与设施的完善可以弥补小区自身的缺陷。上虞老城区总面积并不大,即使对于老年人来说,利用各类公共服务设施仍然是低成本且便利的。这是老城区更新改造不可忽视的前提。

但是,从调查来看,目前的老小区提质改造中,对局部改造与系统完善之间的协调性注意不够,过度注重小区自身的完善性，增加了一些不必要的建设成本。这个问题虽然在改造项目中占比不大，但仍然值得指出。应该说，水、电、燃气管网道路等基础设施的系统性问题，在老小区改造中坚持得比较好，这是由相应设施本身的不可分割性决定的。相比之下，小区内的公共活动场所和设施，就存在与周边区域功能重叠而利用率不足的问题。从小区内部来看，确实存在公共活动场所和设施不足的问题。改造前，老小区绿化面积过大、绿化树高大遮阴、草坪缺乏管理等问题比较突出，改造方式是削减绿化面积，增加停车位和公共活动空间。公共活动空间主要是两类，一类是楼栋间的小型休憩空间，供附近居民休憩聊天所用，增加的设施主要是石桌石凳等，另一类是小区中间的中等规模公共空间，如小广场、凉亭、健身场地等。虽然不能说所有新增的公共设施都是浪费的，但确有设计不合理之处。

首先是楼栋间的小型休憩空间其实利用率有限，这些露天敞开的空间，不能遮风挡雨，夏季有太阳暴晒，冬季石凳冰凉，其实都不适合老年人利用。老年人其实有习惯性的休憩场所和方式，那就是自带工具到大树下、小店外等老年人比较聚集的地方去，这些新开发的场所其实吸引力很小。更关键的是，老小区居民家中空间不足，这些毗邻住宅的户外空间其实更适合作为公共的晾晒场所。也就是说，这类新增的公共活动场所和设施，与小区内部已有的非正式的习惯性活动场所是重合的。

其次，小区中间的中等规模空间利用率也不足，且与周边区域的场所高度重合。加上本身空间有限，其功能实现程度反而不如外部空间。由于地处居民生活空间内，这样的空间显然不适合居民开展比较热烈的公共活动，如跳广场舞、唱戏等，即使带孩子玩耍和大声说笑，都可能因为老小区隔音效果不好而引来周围居民的反感。在这个意义上，老小区中间的公共空间其实天然地功能受限，功能受限也就是活动受限，不能高声说笑自在休憩，居民自然更愿意去更合适的场所。这些问题的发生，都是设计方将小区与周边区域割裂开来，试图提升小区自身功能完备性的结果。

长效机制

老旧小区提质改造不仅是一个工程问题，更是一项治理问题。政府作为投资主体和实施主体，能够包揽工程建设问题，却不能包揽设施利用与管护问题。工程建设是一次性投资，设施利用与管护却是长久问题。如果后者得不到有效解决，那花费巨资的工程建设效果，终究难以持久，并再度引发新的建设需求，从而增加政府压力。在这个意义上，工程建设与长效管理是老旧小区改造的两个同等重要的问题，理应属于改造内容。遗憾的是，上虞区的老旧小区提质改造，只是局限于工程建设方面，在小区长效管理方面尚未破题。从调查来看，目前老小区依然属于无物业管理小区，小区公共环境的绿化与卫生工作，由环卫部门直接外包，居民并不需要支付费用。

老小区最头疼的停车问题，也依然处于无管理状态，延续先到先得、尊重历史的原则，占道停车、占用绿化带停车的问题依然突出。楼道卫生和楼道灯等公用设施管护依然处于空白，居民几乎没有任何参与。在创建文明城市和精细化城市管理的要求下，这项工作主要是由社区居委会承担。主要做法是，居委会雇人不定期打扫楼道和清理楼道与小区堆积物，而清理堆积物则成为居委会与居民之间比较容易发生矛盾纠纷的工作。由于缺乏管护导致工程效果很快失效的典型案例是防盗门。小湾小区一期改造项目，政府出资安装了74个防盗门，每个防盗门加对讲系统成本在五六千元，但由于老小区居住结构复杂，部分居民使用习惯不好，防盗门很快出现大面积损坏。据改造办调查，截至调研还在正常使用的不足10个，接近百分之九十的损坏。

小区是居民的生活空间，小区公共设施和公共环境直接影响着居民的生活体验与满意度。受制于先天缺陷，比如小湾小区被若干城市支线路穿过难以完全封闭，小区内有小学、中学等公共服务机构，小区周边毗邻花鸟市场和广场公园等，增加了治理复杂性，这些使得老旧小区的长效管理难以像新建商品房小区那样，依靠市场化方式实现。同时，小区管理往往事小且繁杂，每天重复发生，难以彻底解决，完全依靠政府行政化方式管理，势必增加行政成本，管理效果也不会好。如何探索出一套适合老旧小区特点的长效管理模式，巩固改造成果，最大限度放大政府公共投资的价值，是上虞老城区更新改造中亟须破解的重大课题。

居民参与

居民参与是许多政府公共工程不可回避的问题。工程实施需要直接与居民打交道，项目效果直接取决于居民满意度，因而居民参与情况就显得尤为重要。但在实践中，改造仍以政府和基层组织为主要推动力量，居民参与明显不足。

客观地说，任何政府实施的公共工程，主导力量都只能是政府，无论具体运作是由具有政府背景的国企还是民企承担，工程实施中的技术性问题都可以由其他主体主导，但涉及居民工作，政府必然是主导力量。不过政府主导并不意味着政府包办，事实上，随着社会多元化，居民诉求多样化，政府包办并不利于项目高效低成本地完成。适当引入居民参与，有利于弥补政府主导中存在的供需错位、权利义务不对称、钉子户等问题，降低公共工程的社会成本。

居民参与目前仍局限于诉求表达层面，还比较单一。诉求表达参与就是居民在项目设计、项目实施等环节的参与，主要内容是表达个体利益诉求，比如老旧小区改造中对"绿改停"的建议、对公共空间设计改造的建议等比较积极的诉求表达，也包括施工扰民投诉等相对消极的诉求表达。诉求表达参与是目前各地政府公共工程中最普遍的居民参与形式,其参与渠道包括项目前期的入户调查、听证会、居民代表会等直接参与,也包括通过社区积极分子、居委会等表达诉求的间接参与。这种参与形式的好处是,能够吸收居民诉求,从而完善项目设计,使项目更好地契合居民需求。其不足在于,居民诉求多样,相互之间难免存在冲突,且不排除有些诉求是不合理不现实的,直接将这些诉求全部收集上来,若最终经过甄别筛选,有些没有落实到项目实施中,可能会引起相关居民的不满。即使不存在这个问题,简单化地收集诉求,也会一定程度上影响项目效率。

诉求表达参与不能完全代替居民参与,而且诉求表达参与的形式还有待进一步完善。居民参与的核心是激发居民的主体性,使民认识到,公共工程不仅是政府责任,更是全体居民的责任,不仅是"公事",更是"私事",事关每个人的切身利益,居民不能只是表达利益诉求,让政府来满足,而是要承担相应的责任与义务,协助政府将事情办好。从这个意义上讲,目前的居民参与不仅形式比较单一,且还停留在表面,距离激发居民的主体性还有很远的距离。

社区干部的烦恼

曹书记是武汉沙西社区党委书记,做社区工作已经13年,历任民政委员5年,专职副书记3年,从2015年开始,在两个社区做过书记兼居委会主任。沙西是她工作的第3个社区,从2018年4月开始,到我们调研时(2020年4月初),刚好满两年。

曹书记总结她多年的社区工作经验,认为现在社区治理中存在五个难点,一是收入低,留人难;二是事务多,统筹难;三是空间小,晋升难;四是问责多,创新难;五是文件繁,支持难。简单归类一下的话,第一点和第三点其实是同一个问题,即社区工作者的职业发展问题;第二、四、五点反映的都是层级关系,也是社区治理能力问题。曹书记的总结很到位,抓住了当前城市社区治理存在的主要问题,下面简单讨论之。

职业发展

我们调研时,《武汉市社区工作者管理办法》已经颁布了一个月,但尚未实施到位,所以基层社区工作者反映不一。"四岗十八级"的制度,在有些社区工作者看来,过于复杂了。曹书记所说的职业发展问题,主要基于既有经验,至于文件出台后,是否能彻底解决这个问题,还不好说。后来,我再到社区调研时,发现工资确实提高了。

首先是待遇问题。曹书记说,从她工作开始,十几年来社区工作者工资始终维持在社会平均工资之上一点。分岗位来看,主职干部3000多元,副职和专干(即公共服务干事)分别递减200元。曹书记做主职干部多年,到手工资也只有3500元,其中包含中级社区工作师每月200元的补贴,"跟工作量和付出不匹配"。

其次是晋升问题。武汉市有针对社区工作者考公考事业编的通道,问题是,一方面指标极少,整个武昌区每年只有两三个名额,另一方面有门槛,社区专干没有资格,只有经过选举进入社区两委班子才可以。

造成的结果,就是社区工作者人员不足,性别比例失衡。沙西社区辖7个小区,约3500户居民,社区工作者一共12人,两委干部和专干各占一半,其中男性3人,是整个大桥街道男同志最多的。曹书记说,"我们长期处于缺人状态",只能"把女人当男人用，把男人当牛用"。

沙西基本反映了全国多数社区的情况，抛开表面上的待遇、升职等具体问题，背后的深层问题是城市社区治理到底需要匹配一支什么样的干部队伍。

传统居委会时代，居委会干部大多是中老年妇女，即所谓居委会大妈。那时候，单位承担了大量社会职能，居委会工作比较少，处于附属和补充地位。居委会干部要么是退休老人，要么是单位工会、后勤等部门职工兼任。居委会干部是一个身份，却不是一个职业。他们拿一点微薄的补贴，就足以安下心来。

居委会干部的职业化，是从20世纪90年代开始的。有两个推动因素，一是国企陆续改制，社会职能析出，城市管理事务也不断增加，客观上对居委会干部队伍提出了更高要求；二是国企改制产生大量"4050"群体，政府要解决其再就业问题，基层成为重要的就业安置渠道。这两重因素，在2000年全国社区建设开始后，影响更为广泛。第一代职业社区工作者开始登上历史舞台，社区作为城市治理体系的基层单元开始确立并不断强化。第一代社区工作者的特点是，人到中年，职业预期稳定，具备较多的社会阅历和群众工作经验，适应和融入社区工作的成本几乎为零。第一代社区工作者目前已经陆续退休，他们稳定而且出色地完成了历史使命。正是从第一代社区工作者开始，社区工作者不仅是一个身份，更是一份职业了。

现在的社区工作者属于第二代，大致起始于2005年，中央发布《关于引导和鼓励高校毕业生面向基层就业的意见》，提出从 2006 年开始，有计划地选拔一定数量的高校毕业生到农村和社区就业，并计划用 3 到 5 年时间基本实现全国每个村、每个社区至少有 1 名高校毕业生的目标。这背后的直接推动因素，正是 1999 年大学扩招后高校毕业生就业的巨大压力。著名的大学生村官由此开始，社区工作者年轻化、知识化、职业化建设也进入新阶段。不同于第一代社区工作者，大学生到社区，正处于职业发展起点，年轻气盛，充满理想，对绝大多数人来说，社区只是跳板和过渡，到社区只是为了增加基层经历，便于考公考事业编，实现职业跃升。2020 年 9 月，中共组织部、人力资源和社会保障部等七部委再次联合发布《关于引导和鼓励高校毕业生到城乡社区就业创业的通知》，第二条明确提出要"加快城乡社区工作者队伍建设吸纳更多高校毕业生"，要求"城乡社区工作者队伍出现空缺岗位要优先招用高校毕业生，或拿出一定数量岗位专门招用高校毕业生"。考虑到社区岗位对年轻大学生的过渡性、跳板性功能，社区其实发挥着就业缓冲器功能。从这个意义上讲，大学生到社区就业，对社区治理的意义倒是第二位的。

高校毕业生处于职业和生活的双起点，就业时自然要考虑职业发展空间和生活保障水平，其就业天然处于不稳定状态。对第一代社区工作者来说，他们到社区工作属于再就业，人到中年时，考虑的主要是能够照顾家庭，且当时许多人的子女已经过了最需要陪伴的时候,职业发展也已经处于并不重要的位置,社区工作者职业能够与其生命周期的家庭角色实现较好的匹配。但对第二代社区工作者来说,社区工作者职业恰好与其生命周期处于紧张甚至矛盾状态。所谓职业激励,其实就是能够实现与其生命周期的最大化契合,但社区工作者的职业其实是很难做到的,待遇只是一个方面,若从上升空间上突破,又会与社区工作所要求的稳定性产生根本矛盾。最终的结果,对社区工作者来说,只能是物质待遇、职业优势(能够照顾家庭)和职业发展空间的权衡。这也决定了社区工作者在人才吸引力上天然不足,这应该是一种正常状况。近年来,一些发达地区高薪从名校招聘基层工作人员,是在用行政力量干扰正常的人才流动秩序,造成人力资源浪费是一方面,更重要的是会进一步加剧人才流动的地域失衡。

社区干部队伍建设,需要一部分有专业知识技能的年轻人,社区治理中日益增加的知识性、技术性工作,社区居民中日益增加的城市中产和精英群体,都需要社区干部较强的学习能力和应对能力。这支力量总体来看是不稳定的,但仍然会有一些人稳定下来,成长为社区骨干。同时,社区干部也需要一部分社会阅历丰富、群众工作能力较强、职业预期稳定的力量,类似第一代职业社区工作者。他们更擅长跟群众,尤其是跟中老年人打交道,也擅长协调社区治理中多主体的关系,是社区治理的中流砥柱。年轻、有专业技能但有一定不稳定性的有生力量，加上阅历丰富、群众工作能力突出且高度稳定的中坚力量，相辅相成，应该是社区干部队伍比较有力的配置。说白了，就是老中青结合。希望社区在发挥就业缓冲器功能时，不要形成排斥机制，关闭中坚力量进入社区的通道，最终实现解决就业与提升治理能力的均衡。

层级关系

层级关系的最大问题，就是上级政府安排的任务越来越多，考核问责越来越严，要求越来越多，但是给予的支持太少，造成基层无法有效回应居民需求，特别是组织居民解决问题。

上级政府安排任务有这样几个特点，一是任务安排以开会和发文件两种形式为主，文山会海问题突出。本来文件规定召集主职干部开的会议，每周原则上不应超过一次，实际上很难做到。各个部门都有任务安排下来，所以文件特别多，"特别烦"。二是任务要求，太模糊不好操作，太刚性也不好操作，大多集中在民生领域。曹书记分别举了例子：一次让对困难人员摸底，但"什么样是困难，又没有规定，让我们怎么去摸底"，"最怕文件里出现'等'字"；另一个是公租房清理，"争议蛮大，一刀切，收入标准提高后，不符合条件的要交很多租金，有的人收入就超了一两块钱，这样的就不愿意"。核心就是"游走在边缘的人"，涉及资源分配时，这部分群体最难处理，他们又对利益高度敏感，得失之间会给社区造成巨大压力。"弱势群体总认为我有无限权力，动不动就说你不给我解决，我要你们干什么？或者说我们态度不好，要投诉。"三是问责压力大。曹书记说，"问来问去，就问到社区头上来了"，"根本不敢创新，做得多，错得就多。做事的时候，还没开始做，就怕出错了"。

自上而下的压力越来越大，已经让社区左支右绌，疲于应付，问题是，社区并不只是上级部门的"腿"，更是居民的自治组织，来自居民的自下而上的需求也在增加，社区双拳难敌四手，根本没有能力应对。

从层级关系上看，街道和政府部门还做不到及时给予社区以支持。街道"只充当二传手角色"，只会安排任务，或者照章办事，将社区反映的问题向上汇报，没有独立自主支持社区的能力。社区遇到的问题中，凡是不好解决的，都是比较复杂，涉及部门比较多的，但社区苦于缺乏统筹能力，造成问题久拖不决，居民不满增加。

嘉园小区围墙边有几棵大树，上方是高压线，有两次下雨刮风漏电起火，树被烧煳，居民反映很强烈。消防部门来了，只负责把火灭掉了，但隐患没有排除，让找责任部门，也就是负责高压线管理的供电部门。社区找到供电部门，说这段高压线有100多米，能否出面把安全隐患消除？供电部门说，"下面有很多树，要先把树砍掉，但树不归他们管，要先去找园林部门"。园林部门说，要提前打个报告上去，走流程。园林部门终于决定要管了，但社区还要找在树边停车的业主，协调好一个业主可以把车开走而园林部门又能来作业的时间。曹书记说，"政府是各负其责，社区不能把所有部门召集起来，只是找一个部门，就很容易被踢皮球。"曹书记两年前工作的沙北社区，也有类似问题，从那时候起就在反映，结果至今还没解决。相比之下，沙西社区算是幸运的了，虽然过程波折和烦琐，好在有了结果。

武汉从2019年开始推行"民呼我应"改革，统筹部门权力支持社区治理的状况算是有了改观。区政府设立了专门的协调办，街道党政办负责对接，社区吹哨，经过街道上报到区里，比社区直接去找部门效率要高。但是，现在毕竟还处于试点阶段，只有少数街道社区在施行，区级部门或许还应付得过来，吹哨了基本会去报到。问题是，将来全面推行之后，吹哨事务过多，部门反映不过来怎么办？作为吹哨报到发源地，北京就陷入了这样的困境，以至于部门和街道正在形成新的"默契"，街道尽量少吹哨，减轻部门压力。

突破口

提高社区回应居民需求的能力，除了从层级关系上突破，还有一个突破口就是从社区治理体系入手。曹书记重点讲了两个方面。

一是引入社会组织，主要形式就是购买服务，通过社会组织去服务居民。社区每年有20万元惠民资金，可以用来购买服务。作为一个老旧小区较多的社区，曹书记认为现在为老服务已经比较到位了，为青少年服务还比较薄弱，但是，"现在家长都特别重视培训了，社区能做什么呢？"更重要的是，购买再多服务，也不能提高社区自身的组织能力和治理能力，最理想的是孵化社区型社会组织。民政部门对这项工作也有指标要求，但是，这么多年下来，社区社会组织大多集中在文体活动和兴趣爱好类，志愿组织、自治组织太少，很难培育出来。这是个普遍问题，其中的关键在于，民政部门对社区社会组织的认定有问题。沙西社区印二小区有自管小组，管理小区停车问题，尽管组织比较简单，可正是居民需要的自治组织形式。还有就是业委会，业委会不正是社区社会组织吗？自治类的组织根本不需要太多，而且有的自治组织围绕具体事务组成，组织架构简单，管理简约，正好适应社区事务的特点。社会组织的认定和支持，要从适应居民内在需求的角度设定，而不是从便于管理的角度。

二是业主自治。曹书记认为，"这是个蛮大的突破口"，因为现在"矛盾最大的是这一块"。从大桥街道和沙西社区的情况来看，现在业委会成立了一些，但普遍运行不好。"街道9个业委会，真正做的有口碑的可能只有一两个。"问题出在业委会成员的能力上，"业委会的人可能只是有热情，有影响力，但都没有经验，能力欠缺"。武昌区和大桥街道会组织专门的培训，但这些培训比较分散，不够集中，且不能适应业委会成员都是兼职、时间难以协调的特点。我倒觉得,培训是一方面,更重要的应该是以街道或者区为单位,建立业委会联合会之类的组织。武汉倒是有民间自发的业委会组织,也会组织活动,微信群里讨论也比较热烈,据我观察总体来看还是正能量为主。目前正式的业委会联合组织似乎还没有,应该抓紧建立起来,一来让他们相互取经,二来也方便政府给予监督和指导。

被打爆的电话

诉求表达

2017年8月在上虞某街道调研时,街道信访办主任说,现在基层信访压力很大,一方面,历史遗留问题、拆迁、特殊群体上访数量居高不下,且容易出现"非访"问题,另一方面,普通市民通过市长热线、互联网等便利渠道反映诉求越来越多。一般来说,前者涉及的都是大问题,大多数都是基层解决不了的,后者则一般都是小问题,是居民生活中遇到的事情,每天都会发生。虽然问题可能不大,但基层也不一定都能解决,关键是数量特别多,上级对办结时间和满意率要求比较高,因此压力很大。

上虞的现象在全国所有城市都存在,特别是随着信息技术的迅速发展,近年来各地政府都在创新群众诉求表达渠道,且为了提高部门和基层的办事效率，相应强化了问责机制，最典型的就是12345市长热线。

2015年我到南京调研时，街道和社区工作人员都反映市长热线压力太大，居民动辄打电话，什么事都找政府。上级只负责把居民诉求分类后派发到相应部门，更多的是按照属地原则派发到街道和社区，限期办结答复。上级还要回访，通过满意率对基层进行考核。如今，打个电话的成本实在太低，加上居民有时候确实不知道问题应该反映给哪个部门，市长热线就成了最便利的渠道，以至于出现了很多让人啼笑皆非的电话，比如马路上井盖丢了，家里停水了，甚至还有自己骑车摔倒的，都要打电话要求政府解决。基层最不理解的是，很多问题派发给他们，但有的问题并不合理，有的问题解决不了或者不可能在限期内解决，居民就会不满意，这样就会导致满意率不达标，基层工作人员就要面临被扣绩效的风险。

其实不只是市长热线，近年来各地大力发展的网格化管理，某种程度上也变成了一个诉求采集和表达渠道，网格员被要求每天到社区走访，一方面主动发现问题，另一方面向居民收集诉求，然后输入到网格管理系统中，再由上级网格指挥中心派发问题，督促相关部门解决。市长热线等渠道，仍然是政府在被动接受居民反映问题，都是既有信访体制内的技术进步。网格体系就不同了，它是政府主动进入社会，采集居民诉求和社会信息的制度创新和组织创新。前者还是在等问题上门，后者则完全是主动找问题。我在无锡滨湖区某街道调研时，一位社区书记对此还颇有些担忧，他说，有些事情政府不去问，居民就不会当成问题，或者即使是问题，也不是那么十万火急，但是去问了，进入系统了，不是问题的也成了问题，不着急解决的问题也变成了十万火急的任务，这是政府在给自己找麻烦。这位书记的担忧其实很有道理，也抓住了当前诉求表达渠道畅通后基层治理面临的一个困境，归结起来就是，解决问题的能力与发现问题的能力严重不匹配。大量问题被发现甚至被激发，可基层解决问题的能力还没有跟上，这就造成基层压力很大。更严重的是，其中可能发生两个越界，一是"问题化"的越界，不是问题的被问题化了，不严重的问题被严重化了；二是"公共化"的越界，不应该由政府解决的问题，变成了政府的责任，也就是居民分内的，应该通过他们组织和合作解决，甚至是个人承担的责任，被不适当地公共化了，变成了公权力的责任。问题发现能力的提升，也提高了居民对政府的期待，而问题解决能力的滞后，会使居民期待落空，从而积聚对政府的不满：为什么我反映的问题还不解决？政府为什么不重视老百姓的诉求？

权力碎片化

2018 年 7 月到重庆市长寿区调研时，我发现了一个更有趣的现象，就是当地居民非常普遍地依赖信访渠道解决问题，既有写信、网上反映等方式,也有通过群体聚集等方式,而且后者有不断增加的趋势。

大亨社区有一个超大型的拆迁安置小区(大亨小区),2014年开始入住,现有常住人口一万余人。这个安置小区交房时,小区内部公共设施尚不完备,小区绿化很差,周边交通等公共服务设施奇缺,居民意见很大。有一些原来在企业当过领导干部的居民,或者曾经做过村组干部的居民,就开始主动行动起来,通过信访解决小区内绿化、停车等公共问题。住在一栋的周老师就是其中最为积极也最有能力的一个,周老师已经79岁,退休前是某国企机关工会副主席,他形容自己"喜欢给大家做点事情,成习惯了"。喜欢给大家做事的周老师,先后跟一栋的其他几位积极分子,通过书面方式,向区信访办反映过三四次问题,第一次是反映一栋楼下安全通道问题,第二次是小区绿化不足和规划不合理问题,第三次是小区入口处三角地绿化问题,最近一次是小区入口停车场问题。周老师他们的做法是,将诉求写成书面意见,每次有三个人签名,他说只有三个及以上的人签名才能表示问题是公共问题而不是私人问题,才显得郑重,然后他们几个人一起,将信件亲自递交到区信访办。周老师说,每次去递交信访件,信访办工作人员都很客气,很礼貌,这几次信访的效果非常好,问题全部得到了解决。

周老师他们的信访,具有这样几个特点,首先,他们反映的问题,确实属于公共问题而非私人问题。无论是安全通道拓宽还是小区绿化和停车场建设，受益者确实是小区居民。访谈时，周老师反复跟我们强调，他们几个牵头的会严格把关，不是什么问题都要向政府反映。这也是积极分子们很重要的一个作用，有这个群体的存在，确实可以将一部分居民的个体化问题过滤掉。其次，反映问题的方式确实属于合理的信访方式。周老师他们每次都是由几位居民代表前往，而且都是去信访办通过理性方式递交诉求。这几次没有出现群体行为，也没有出现越轨行为。最后，反映的问题确实很快得到了政府的回应，最终都得到了令人满意的解决。

为什么要采取信访的方式解决问题呢？至少有两个影响因素是比较重要的。第一，问题本身的复杂性，或者说问题责任关联方的多元性。城市居民区的特点是，其设计和建造受到极强的规划约束，公共设施本身就是城市市政公用系统的延伸和末端，这就决定了许多内部问题，实际上并不是由居民居住行为造成的，因而也不是由居民通过组织和合作就可以解决的。比如周老师他们反映的小区绿化问题，小区绿化率是有严格规划限制的，绿化的具体实施是开发商和施工单位负责，这都不是小区居民可以决定的。他们能做的是，发现实际绿化效果存在不合理的地方，要求施工单位整改，以更好地满足居民的实际需求，而且其整改也只能是在规划范围内的技术性调整。这个问题实际上涉及开发商、施工单位、规划局、园林局等多个责任主体，居民很难通过找单一主体解决问题，因为单个主体最常见的应对方式就是踢皮球，把问题推给其他责任方。

这就引出了第二个影响因素，那就是责任主体多元造成的回应效率低下。其实，大亨小区居民信访的几个问题，之前都经过了一定时期的与不同主体单独打交道的过程。比如，小区绿化问题，居民找到施工方，但施工方说他们是按照开发商要求施工的，找到开发商，开发商又说绿化率已经达标，找规划局，确实从绿化率指标上看没有问题，但是实际上绿化内容不合理。任何一个单一主体都有免责的合理理由，可造成的结果却是不合理的。这种情况下，居民只有找信访办这个部门了，因为信访办是行政体系内协调效率最高的。结果证明，通过信访部门的协调，问题确实得到了解决。

责任主体多元，是城市社区治理遭遇的普遍问题。主体多元带来的问题复杂化，既包括问题诱发因素的复杂化，也包括问题解决的复杂化。同农村相比，城市空间的系统性和关联性要强得多，这也使得包括政府在内的诸多主体难以置身事外，也使得城市社区中的事务，有时候难以完全区分清楚到底是公共事务还是私人事务，如果是公共事务，那到底应该通过居民自治解决还是政府解决，如果是政府解决，又应该由哪个部门来解决，等等。不得不承认的是，即使面对那些明确应该由政府承担责任的事务，现在的部门分设的行政体制，回应问题的能力和效率也还是比较低的，部门之间踢皮球的现象仍然比较突出。这一方面有行政权力碎片化的客观原因，另一方面也未尝不是部门免责或避险的逻辑使然。信访办同职能部门的关键区别是，它直接面对群众诉求，能够直接感知群众的情绪，判断事情的轻重缓急。作为一个协调部门，信访办本身行政权力有限，它不是直接解决问题的，而变成了一个配置行政权力或行政资源的部门，根据信访事件涉及的责任主体，将分散在多个部门的行政权力组合起来，推动问题的化解。市长热线、网格指挥中心等其实也具有类似的属性，它们也是综合性的机构，是分配问题的机构。但是，后者在分配问题时，还是将问题按照既有体制进行了部门化或者层级化的分工，这就使得问题的解决又落入了老框架里。如果问题比较简单倒也没什么，关键是它们分配的问题很多跟信访办承接的问题是类似的。这就使得尽管它们可以帮助居民分配问题，也可以通过问责给相关责任主体施加压力，但因为解决不了问题复杂化所需要的权力整合，导致问题化解效率其实是受限的。换句话说，随着城市基层治理的复杂化，治理事务责任主体的多元化，治理体系能否实现有效的权力整合，成为提高问题化解能力的关键。

作为策略

更加有趣的是社区对居民信访行为的态度，这包括两个方面，第一，对信访行为本身的态度，第二，对通过信访解决问题的方式的态度。

先说第一个。基层信访压力大,这是全国的普遍现象,长寿区自然不例外。大亨社区书记和综治专干都说这个社区是整个街道最恼火的,也就是压力最大的。不过,他们所说的信访压力,与居民解决问题的信访行为无关。有压力的,都是表达不合理诉求的,或者通过越级上访等方式表达诉求的,比如动辄就要进京的拆迁钉子户,他们天文数字般的要价在政府穷尽所有让利空间后仍然难以弥合双方的巨大差距,成为整个长寿区最头痛的信访重点对象。相比之下,通过信访表达合理诉求解决问题,属于合理合法的行为,就不存在增加压力的问题。其实这也很容易理解,这本就是信访制度的内在要求。只不过,对我来说,以前关注到的,确实大多是不合理上访造成的基层治理问题,这次突然遇到这么普遍的合理信访,反倒有些"奇怪"了。

第二个让我们更加"奇怪"的是,社区会默许甚至授意居民采取信访方式解决问题,而且会跟居民打配合,合力推动问题的解决。最初听到这个信息,是从一位大亨小区的居民组长那里,他也说到了前文提到的小区绿化问题。居民找过开发商和施工方,找过规划局,但都是"爱答不理",于是"我们才加大力度",也就是直接去找信访办。同时,社区也通过打报告的形式向上级反映了这个问题,"但说实话,我们群众力度大一些"。这位组长还说"要里应外合,这又不是什么影响安定团结的事","上访是居民的合法权益嘛"。后来访谈社区余书记,在谈到社区工作压力大时，余书记特别提到前文所说的问题责任主体多元化带来的困难。社区能力极其有限，要解决问题不得不去找各个部门，多数情况下，部门还是配合的，但总是有些事情会出现推诿扯皮，"有些单位部门，我们去找，他们能拖就拖一下"，"打报告上去，可能他们看都不看"。于是，余书记便主动提到，"我就让党员群众去反映，老百姓去找，他们压力还大一些，我们社区去找，他们还不一定重视"。余书记举了一个例子，大亨小区七栋前面有个臭水塘，毗邻的时光小区污水管没有接入市政管网，直接排到这个水塘，脏臭无比，群众反映很强烈。社区反复打报告，一直得不到解决，就动员党员去反映，直接去找街道，然后街道联系相关部门，很快就把问题解决了。当然，问题的解决也不是这样简单，但群众信访确实对提高解决效率发挥了重要作用。

正常渠道反映，效率可能很低，信访渠道反映，效率必然很高，这个现象很值得思考。其中反映的一个要害问题是，面对群众生活中遇到的问题，甚至是非常迫切的问题，行政体系的官僚主义作风仍然是存在的。客观上，现在问题越来越多，但行政力量和行政资源有限，不可能所有问题都及时回应。信访，这个本来正常的诉求表达方式，因为有不合理上访造成的维稳压力，反而意外地提高了合理信访的施压效果。正常渠道反映，解决问题的压力是自下而上传递的，反而容易变成公事公办，走程序，拖时间，等压力传递上去，责任方早已体会不到当事方的紧迫与急切。信访渠道反映,解决问题的压力是自上而下传递的,这种压力与其说是急群众之所急的压力,不如说是压力型体制内的考核压力。经过转化的压力,对行政体系的动员作用显然要大多了,群众现在显然深谙此道。

网格员的故事

其实,我不应该叫她小吴,毕竟她已经是一名大学生的母亲了。可是,访谈时我并没有问她全名。她只是武汉一名普通的社区网格员,甚至连社区干部都不是,也没法在姓氏后面加个职务来称呼。小吴是社区群众,特别是爹爹婆婆们对她的称呼,蛮亲切,很合适。

职业转型

小吴这份网格员的工作,是 2014 年开始的。那年,新溪社区已经成立 3 年,小吴也已经 36 岁了,正面临人生中最重要的一次职业转型。

2014 年之前,小吴换过很多份工作,比如医药销售、公司财务等。那些工作都比现在这个收入要高,但工作时间长,强度大,难以照顾家庭。促使小吴换工作的关键因素,便是家庭。

小吴身兼三个家庭角色：母亲、儿媳、女儿。那段时期，三重角色同时给她带来重大挑战。

作为母亲，她面临女儿的教育压力。女儿正在上中学，正处于求学关键期。小吴认为，女儿一直由爷爷奶奶带，自己则疏于陪伴和管教，爷爷奶奶的溺爱造成女儿自律能力低、学习习惯差，她要亲自管教，弥补过去的缺失，帮助女儿尽快提升成绩。小吴说，那时候她每天都要定五点半的闹钟，先把自己闹醒，再去花大气力把懒散贪睡的女儿叫醒。

作为儿媳，公公突患脑出血。为了更好地照顾老人，全家决定卖掉之前公公单位分配的小房子，在蔡甸城区买了一套大房子，全家人住到一起。这样一来，小吴再到武汉开发区上班，路程增加了一倍，上班累，也难以照顾家庭。

作为女儿，母亲在2017年突遭车祸，被迫截肢。由于父亲早逝，小吴和唯一的姐姐必须承担起照顾母亲的责任，可姐姐在邮局上班，几乎全年无休，要请假必须找同事顶班，照顾母亲的事情只能由小吴多承担一些。

接连的家庭变故，迫使小吴不得不将个人职业发展服从于家庭责任。恰好，新集街道因农民拆迁安置，新建了两个社区，区委政法委要将网格管理系统延伸和覆盖到这些新社区，需要招聘网格员。小吴去区劳动局办事时，得知了这个招聘信息。小吴已经记不太清招聘条件了，大约是学历要求高中或中专以上，年龄要求45周岁以下，具备基本的电脑办公软件操作技能。回家后，小吴上网搜了下网格员的相关信息，发现这份工作主要就是入户收集信息，了解居民诉求，很适合自己。最关键的是，工作地点距离城区很近，坐公交车只需半小时。报名时，她在几个社区里选择了距离最近的新溪社区。经过笔试、面试，小吴如愿以偿，从此一干就是五年。

还建社区

新溪社区是一个还建社区，占地面积1平方千米，由5个毗连的居住小区组成，其中A、B、C区为天星小区（含凤凰小区），由六层高的多栋楼房组成，D区是九鲤小区，都是11层的小高层楼房，F区是17层的高层楼房。天星小区和九鲤小区中间隔着一条窄窄的新溪河，有步行桥连通，基本连为一体。F区则在一路之隔的东侧，这条路也是还建社区的配套商业街，目前F区一侧为餐饮美食街，另一侧业态就比较多样了。新溪社区共91栋楼房，有4400多套房，当时入住2700多户，7800多人，若全部入住，总人口可达万人。新溪社区安置了来自十几个村的村民，有8个村几乎整体安置在此，其中6个村已拆迁完毕，另两个村还剩下一两个村民小组没有拆完。这8个村中，有4个因为商旅地产开发项目拆迁，另外4个则是因工业园建设拆迁。

小吴负责的是新溪社区第四网格，具体则是天星B区，1~29栋。实际上，B区共有31栋楼房，但30栋和31栋都是高层电梯房，入住户数较多。原则上每500户配备一名网格员，因此这两栋划到了第五网格。第四网格共有房屋912套，根据当时的最新统计，入住率约为60%，共500多户。这也是还建社区的特点，每户农民都获得了两套以上的还建房，所以必然存在大量空置房，这些房子或用来存放杂物，或用来出租，或私下销售。安置时，政府和村委会能掌握的信息是每家分到哪些房屋，但到底这家人住在哪套，多余房屋作何用途，这些信息都是不知道的。网格员的重要工作，便是摸清社区内每套房子的使用状况。小吴并非新集本地人，她是以一个陌生人的身份，来到这个陌生的社区，开始这份陌生工作的。

收集信息

网格员的主要工作是收集信息。其中，最重要的是住户信息。由于房屋使用是个体自由，还建社区对政府和社区基层组织来说，几乎就成为一个"信息黑箱"。尽管村两委建制仍在，但村干部同样也无法掌握村民具体的居住情况、房屋处置情况。从政府角度来说，需要将这个信息模糊、凌乱、无序、不确定的社会空间，变成一个清晰的、有条理的、确定和可掌握的空间，也就是使其可治理化。从社区管理角度看，农民上楼后，相邻关系变复杂了。村庄居住方式下，各家只有前后左右、平面展开的邻居关系，也就是所谓左邻右舍。上楼居住后，相邻关系立体化了，因生活中的事务与邻居发生矛盾纠纷也是必然的。楼上漏水淹了楼下，家里噪声大影响其他住户，高层抛坠物波及低层住户甚至伤人，等等。房屋并非按照村庄集中分配，邻里关系陌生化了，而且很有可能是空置房，或租户，或外来购房者，不能再像以前那样依靠熟人关系自行解决矛盾纠纷，需要通过一个渠道准确找到责任人信息。所以说，收集信息，不仅是政府管理需要，也是居民生活所需。

小吴和同期入职的另外4名网格员，出色地完成了这项工作。为此，小吴每天要带着入户手册上门走访。还建社区居住群体是农民，并不像商品房小区的市民，隐私权意识没有那么高，防范心理也比较低，小吴入户难度要比商品房小区低得多。截至调研当时（2019年12月），小吴基本上掌握了第四网格内500多户居民的家庭情况，包括工作情况、身份证号、手机号、家庭成员等，也掌握了900多套房屋的使用状况，谁在居住、出租还是闲置，抑或私下卖掉，居住还是经商，等等。小吴说，居民来办事，一些人她可以熟悉到见面就知道名字和居住信息，还有一些人，只要报名字，她基本就可以想起来住在哪里、家庭基本情况。

值得一提的是房屋买卖情况的收集。还建房是没有两证（房屋所有产权证和土地使用权证，现在合并为不动产权证）的，也就是通常所说的"小产权房"，私下销售是不受法律保护的。不过，还建房的私下交易市场一直很活跃。据小吴说，天星23

栋共 5 个单元 60 套房子，至少有一半已经卖出。还建房价格比商品房便宜得多，新集街道的还建房区位条件也还算不错，最具竞争力的便是临近经开区和工业园，对于在附近务工经商的农民来说，很有吸引力。到新溪社区买房的主要是两类人，一是来自湖北竹溪县的人，小吴说"特别多"，竹溪人在蔡甸常住务工的非常多，通过购买农房和还建房，竹溪农民低成本地实现了在武汉远城区的城市化；二是亲戚介绍的外地人，多是女儿嫁过来，介绍娘家亲戚来买。对于还建房私下交易，地方政府的态度是不支持不反对，实际上也只能默许。因为是私下交易，一般就是买卖双方签份协议，并不需要同政府部门打交道，所以交易情况是无法掌握的。新溪社区一直在宣传，让房屋交易双方到社区登记信息，以便社区好管理。作为网格员，小吴当然也要收集这些信息，而且是非常成功的。她说，居民主动来登记的积极性是很高的，估计只有几户没登记。怎么做到的呢？除了前面说到的，有事情方便联系户主外，还有一条是很有诱惑力的，那就是"以后有办证的信息好通知本人"。还建房办证，所有人都关心。"通知办证"的预期，让买方有了动力。不过，登记也存在一种风险，那就是被居民解读为政府为私下交易"背书"。不过，小吴说，她每次都会跟来登记的人说清楚，登记跟以后办证没有关系，只是便于联系。

打击传销

收集信息的威力,在政府组织的集中整治传销行动中展现得淋漓尽致。2018年,武汉掀起打击传销专项行动。还建社区房租便宜,又有地利之便,很适合传销窝点隐匿。隐藏在住宅小区中的窝点,仅靠工商和公安部门是难以发现的。不过,传销组织的行动表现出同一般务工人员不同的特点,时间一长,很容易辨别出来。比如,男女群租情况比较普遍,白天外出,半夜活动。一般的务工人员,白天出去上班,晚上回来是要休息的,传销活动却是在大半夜才活跃。同一栋楼的居民,不可能不有所察觉。房东是没有主动性举报的,一方面,房东租房时也无法识别,另一方面,传销组织实行军事化管理,虽然是群租,但房间总能保持得超乎寻常的整洁,房东自然很高兴,既能收一笔租金,又能保持房屋整洁,他为什么要主动断掉自己的财路呢?

网格员经常要上门入户采集信息,去得多了,小吴他们也发现了这个群体的另外一些特点,当然,这些特点在传销组织被执法部门认定之前,小吴他们只是觉得奇怪,印象深刻而已,也并不一定就先知先觉,将其与传销组织挂上钩。这些特点有:第一,房间非常干净,完全不同于一般年轻人群租房的样子;第二,阳台上都有一台卫星接收器;第三,都是用玻璃杯喝水。小吴说,当地人招待外面来的客人,都是使用一次性的纸杯子,基本不会用玻璃杯。凭这几点，几乎就可以断定是传销组织窝点。除了网格员入户时发现，社区里的老人也是重要的情报源。时间久了，小吴跟网格内的爹爹婆婆都比较熟悉了，她会让老人们帮忙注意楼栋内的动向，哪家有搬进搬出，哪家有不同寻常的租客。小吴说，婆婆们喜欢聚在一起聊天打牌，对小区里的可疑人员非常敏感，她们的判断不一定准确，但至少可以提供线索。

新溪社区打击传销的战果很可观，整个社区已经打掉了二十多个窝点，仅小吴的网格天星B区，就端掉了5个。

任务指标

网格员当然不只是收集信息，或者不只是收集基本信息，他们的另一项重要工作，是收集居民诉求。上门入户时，居民有什么需要解决的问题，都可以向网格员反映。网格员的个人信息和联系方式，也被展示在小区主要地点。此外，网格员还有一项工作，就是在网格内巡查，发现环境卫生、安全隐患等问题，及时上报。小吴每天上班后，都要先去第四网格转一圈。巡查时，既可以发现问题，还可以同居民接触下，收集信息和诉求。巡查结束，小吴就要跟其他几名网格员，在社区一楼服务大厅坐班，为居民上门办事提供服务。不过，还建社区有特殊性，居民的户籍关系仍然在原建制村，他们办理低保、医保、计划生育等公共服务事项，还是要去找村干部，社区并不承担相应职能。所以，坐班时，居民来办事的并不多，主要就是开居住证明。除此之外，小吴他们的主要工作就是录入信息，整理材料，做台账。

小吴他们要录信息的系统主要是"武汉市信息网格化管理系统"。录入信息有两类，一是基本信息，即前文所说的那些房屋、住户情况等，二是为民服务事项。上级要求，每个月基本信息更新率要达到50%。我们一开始对更新有误解，以为就是信息变动才算更新，比如人口变动、房屋变动。小吴负责第四网格多年，小区逐渐稳定，人口和房屋情况不可能每个月都有一半要发生变动。细问才知道，只要登录系统，点进每户的信息库查看，也算一次更新。时间久了，小吴上门入户也有些懈怠了，她说现在情况都掌握了，没有必要每天入户，每个月最多也就一两户有点情况。她现在最多的是去老年活动中心，去那里找爹爹婆婆们打听下，差不多也可以知道个八九不离十。

比较有趣的是录入为民服务事项的任务。按照要求，网格员每天要录2~3件，当然并不是当天办的事当天就要录。小吴每天办事并不均匀，有时候一天很多件，有时候可能就很少。这个任务的有趣之处是：第一，录入情况与实际工作并不一致。小吴说她每天只是从做的事情中选两三件录进去，实际上做的远远不止两三件。第二，之所以不止两三件，与系统定义的服务事项有关，并不是一定要帮居民解决困难才算事件。有人来社区问了件事，小吴回答了，算，如新溪社区服务大厅有一台天然气自助缴费机，每天都有居民来充值，小吴帮忙指导一下，也算。第三，小吴录入的往往都是比较简单的事，都是她解决了的，真正复杂的事情一般是不录进去的，因为录进去就要解决，网格员是不会给自己找麻烦的。那么，这个系统中采集的网格员为民服务事项，有多少实质意义呢？这是很成疑问的。就跟我们小时候用来交作业的日记一样，全班同学交上去的日记十有八九都是假的，要么是帮爸爸妈妈打扫卫生，要么是扶老奶奶过马路。这样的日记做写作训练还可以，作为了解每个人生活情况的信息的话，当然是无效的。现在的网格系统，堆积了太多这样的无效信息。

职业发展

五年来，跟小吴一同入职的五名网格员，一人因不得不回家照顾小孩辞职，一人在新溪社区经过选举进入居委会，一人到另一社区进入两委班子，这两人算是从网格员成长起来的社区干部了，小吴和另一名网格员则还在坚守。蔡甸网格员的工资很低，扣去五险一金每月到手一千五百多元。小吴之所以坚持，最重要的原因是工作熟悉后比较得心应手，比较开心。看得出来，对小吴这个年龄的女性来说，职业本身带来的生活乐趣与人生价值，或许比物质收入重要得多。她的重心是家庭，她不是家庭的经济支柱,能够有时间精力照顾家庭,工作没有成为拖累,大多数时间都是在室内工作,也还算轻松和体面,这份工作就有吸引力。

这就迥异于那些应届大学毕业生。近年来,武汉通过大学生村官计划、选调生计划以及"红色物业",招聘了一批应届大学生到社区工作,但基本上通过考公务员又离开了。对于应届大学生来说,他们正处于职业生涯起步期,人生预期对职业发展还有想象空间。社区平台唯一的价值,就是增加基层履历,使他们获得了通过定向招聘进入公务员系统的捷径。他们几乎没有人会将社区作为终身的职业选择。

究竟是职业转型期的中青年女性,还是职业起步期的青年人更适合作为社区工作者吸收的主要群体呢?这个问题很重要。

权力密集的社区

"到了北京嫌官小,到了上海嫌钱少",对中国人来说,这个说法早已耳熟能详。我也早就知道,却一直没有把它跟自己所做的基层治理研究扯上关系。2018年9月的北京社区调研,让我突然发现,这两句话正好概括了京沪两地城市社区治理的两个影响因素,可分别称之为权力密集和资源密集,这两个因素是可以相互交叉同时发生影响的。权力密集也会带来资源密集,但也增加了社区治理的复杂性。需要注意的是,这里的权力是中性的,只是一个客观存在的变量。

产权复杂

权力密集在社区治理空间中的表现之一,便是利益结构的复杂性,具体的便是包括违建在内的微观利益空间的使用问题。

我调研的新西社区,占地面积0.75平方千米,共2047户

5000多人，基本上是20世纪80年代初建成的低层板楼和5栋高层塔楼。这个社区由两个连为一体的小区组成，说是小区，但并非像现在的商品房小区一样，经过统一规划设计并封闭独立。实际上，这两个小区的形成是非常碎片化的。两个小区一共22栋楼房，都是当时的单位福利房，其基本建设方式就是某单位获得一块地，就盖一栋或几栋楼，然后分配给本单位职工。多年下来，新西小区就形成了非常复杂的产权结构。据不完全统计，这里有7栋部委住宅楼，涉及若干中央部委和多个市区两级部门。另有9栋企业住宅楼，分属6个市属企业，此外还有4栋多单位产权楼。到社区第一天，社区党总支书记在介绍社区概况时，首先强调的便是产权复杂这个特点。

所谓产权复杂，实际就是产权主体复杂。经过20世纪90年代的房改后，分配给私人的福利房已经私有化，产权主体的复杂化自然包括这些私有者，特别是房屋私有化之后具备了市场交易价值，原本相对同质化的单位住宅区已经发生了巨大变化，原住户比例已经很低，新住户和租户比例比较高，这些都是产权主体复杂化的表现。不过，即使发生了房改，私人之外的集体产权仍然广泛存在，比如大量地下空间，其所有权主体基本仍是原单位。与此同时，小区物业管理依然延续过去的单位管理模式，长期以来，几乎每个单位都聘用了专职人员在社区中负责相关的管理工作，其内容主要是两大类，一是收费，尤其是地下空间出租的租金，二是管理，管理内容比较简单，且现在大多流于形式，主要是打扫楼道，清运垃圾。随着近年来越来越多的单位转移承担的社会职能，许多单位撤走了专职管理人员。

复杂的产权主体，形成了对社区微观利益空间的切割。这种切割的典型表现，就是各种灰色建筑空间以及对空间的灰色利用。灰色的意思，是指建筑空间和空间利用行为在合法与违法之间存在一定的模糊性和弹性，在认定上存在争议。当然，这些灰色利益中，确实有相当一部分是明显违法的，但还有很大一部分，是由于法律自身的改变，或者政府城市管理标准的变化，而在当下被认定为违法的。新西社区比较典型且集中的灰色建筑空间，是小区锅炉房附近的多处建筑物、某附属小学周围的建筑以及部分被分配为住房的早期建筑工棚。此外，就是一楼居民搭建或改造的厨房、储物间。这些建筑空间是逐步形成的，比如锅炉房周围的建筑，是原来的堆煤场所，废弃后逐步被改造为几栋单层或两层建筑。最关键的是，这些空间都被利用了，而且利用行为本身也是灰色的。除了居民的违建外，集体产权的灰色建筑都被用于出租，形成了新西小区远近闻名的餐饮场所。另外一些灰色利用行为，则主要是居民住宅的住改商和地下空间的出租。据统计，北京地下空间一度容纳了上百万人口，其相对低廉的租金使其成为外来务工群体和年轻人的临时居住场所。

这些灰色化的建筑空间和空间的灰色利用行为，给社区治理带来了巨大挑战。当然，长期以来，这些空间的使用确实对解决部分群体的居住需求，给社区居民提供相对低成本且便利的生活服务等发挥了积极作用，但同时，大量的灰色利益被各个产权主体攫取，成为单位小金库的重要收入来源。这些灰色空间和灰色化的空间利用行为，同居住空间插花式存在，混入居民生活中，自然会带来社区治安、停车秩序、环境卫生、噪声扰民等问题。这些问题常态化地存在于居民日常生活中，产生了大量的居民投诉。但是，社区面对这些问题，基本上是无所作为的。一方面，在巨大利益驱动下，相关主体灰色化谋利行为的冲动，远远超过社区缺乏行政执法权的管理能力，另一方面，这些利益主体背后，还牵涉复杂的权力主体。产权主体本身就是权力机关，且都是社区基层组织的"上级"部门。这就造成了一个非常"困难"的局面，密集的权力在社区内成为许多问题的直接责任源头，但由于这些权力都在社区和街道管辖能力之外，使得基层根本无法实施有效治理。

有一段时间，北京集中整治违建问题。新西社区是所在街道整治行动的"第一枪"。从调研来看，拆墙打洞基本清理干净，但仍存在零星的反弹现象，毕竟居民刚性需求仍在，利益空间仍在。地下空间出租也基本清理完成，至少小区所有地下室都被封闭了，尚未发现反弹。现在的问题是，剩下的违建，都是地上空间的灰色建筑，其整治基本上是硬骨头。目前来看，几处集中违建场所仍在正常经营，也有少量进行了调整。比如原来附属中学外围有一排房子用来出租经营，现在都被改作了学生宿舍。

还有就是，居民的违建也没有动。据统计，新西社区总共有140多处违建，其中属于拆墙打洞的不到20个，这就意味着，尚有120多处违建待拆除。现在，社区去做拆除违建的群众工作，居民都说"你把附小的违建拆了我就拆"。显然，权力部门的密集存在，其在居民生活空间"明目张胆"的谋利行为，造成了非常负面的影响，而仅仅依靠社区是无法消除这些影响的。

体制内人员

权力密集，当然不仅存在于老小区。在大量住房制度改革后建设的商品房小区内，权力密集同样存在，只不过是以另一种形式存在。简单来说，就是权力人格化代表在小区中的"密集"存在。

权力的人格化代表，说白了就是体制内的公职人员。除了少数高级别官员外，多数公职人员还是跟普通老百姓一样，要买房住在小区里。当然，小区居住群体的阶层分化同样适用于他们，确实有那些居住在普通小区的人，这里要重点讨论的却不是这类小区，而是那类被称为"非富即贵"的群体居住的高档小区。这样的小区，都是同时代房屋售价最高的一类小区，居住群体有些是本身拥有较高经济资本的富人，有些是能够将其拥有的政治资本"转化"为经济资本的官员。

在京调研期间，我们去了一个这样的小区。这个小区区位优势明显，临近区政府，小区门口两百米就是地铁站。小区 21 世纪初建成，当时就定位为高档小区，售价高达每平方米四万元，现在的二手房售价则达到了每平方米十四五万元。小区有 A、B、C 三个区，除 A 区有部分拆迁户外，B、C 区都是富人和公职人员集中的区域。小区户型最小是 170 平方米，多数都是三四百平方米的复式多层洋房。据说，当年售房时，很多山西煤老板直接拎着整麻袋的现金来，场面极其壮观。这个小区究竟住了多少大老板多少公职人员，社区也没有精确的统计。无法精确统计的原因后面还会涉及，但体制内人员的存在以及其对小区治理产生的影响，是毋庸置疑的。

这个远近闻名的高档小区，却是让区街政府非常头疼的问题小区、麻烦小区。小区建成十几年来，先后换了四个物业公司。更换物业集中发生在那三四年，从前期物业主动撤走开始，几个物业公司走马灯式地你方唱罢我登场，其间还经历了业主委员会的成立，而这个成立两年的业主委员会，竟然短时间内换了 3 个业委会主任。频繁的变动中，发生了几次规模较大且激烈的群体事件。其中，影响最大的有两次，一次是电梯停运事件，前后两个月，因为电梯维保到期，围绕电梯更换成本分担问题，物业公司与业主达不成一致，电梯停运两个月内所有居民只能步行上下楼；第二次是业委会成立期间到街道办事处聚集事件。调研期间，无论是街道干部还是社区干部，以及业委会主任和委员，还有物业公司，都对这个小区的混乱直言不讳。我故意问他们这样一个问题,这个小区住了这么多"精英",按说他们都是有能力有资源的人,不是应该可以把小区的事情管好吗?

事实正相反。小区混乱的关键是缺乏良性的问题化解机制,问题化解机制的核心是利益协调,当时的状况是,业委会、物业公司、基层政府之间,各方关系比较对立,比较刚性,缺乏相互的妥协、协商、谈判,出了事就硬碰硬,谁都不让步,问题非但不能大事化小小事化了,反而很容易激化,小事变大事。社区曹书记分析认为,当时主导小区业委会运作的,主要是企业高管群体,这个群体习惯了两种思维,一种是商场上的谈判思维,习惯利益上的算计,零和博弈,不懂得让步、妥协,一种是命令思维,把企业管理的一套带到小区里来,不擅长做群众工作,谁都不服谁,习惯下命令,导致业委会内部矛盾频发。曹书记的分析虽然只是一家之言,却不失其道理。当然,这个也不能太绝对,我后来去的另一个小区,业委会组成人员也都是企业高管,但运行就比较良好,关键还是核心人物是否具备比较好的协调能力,将业委会人员协调组织在一起,并能够在与物业公司和政府打交道的过程中,原则性和灵活性相结合,促进问题的化解。

作为小区重要组成力量的公职人员群体,在小区治理中又发挥了什么作用呢?总结来看,有两种作用。一种是沉默,刻意隐匿自己的身份。用社区书记和物业公司经理的话说,就是"生怕别人知道他是当官的"。在小区日常管理过程中,这些掌握着权力，同时又具备一定的事务管理经验的人，反而跟其他居民一样，事不关己高高挂起，不关心不介入，将自己隐藏起来，混同于普通群众。

另外一种就是特殊主义干预。当自身利益受到损害时，动用手中权力，给基层政府施压，促进问题的解决。表面看来，这种方式提高了问题解决效率，特别是当问题的化解可以让更多小区居民受益时。但是，这种权力运用方式是特殊主义的逻辑，强化的是居民"上头有人好办事"的权力崇拜，是很消极的。小区电梯事件，大家都认为是居住在这个小区的某位领导亲属发挥的作用，自上而下的压力传递下来，结果就是区主要领导亲自到小区现场办公，协调相关部门，迅速解决了问题。住在该小区的住建系统某退休官员，从来不交物业费，还曾大闹物业公司，当面辱骂物业工作人员"你们是什么东西，知道我是谁吗"。某物业公司前经理无奈地说："我们经常接到上面的电话，什么人有什么关系，让我们睁只眼闭只眼。"有一次，有人把电梯损坏，物业报案后派出所将其拘留，但他第二天就被放回来了，还跑到物业办公室说"以后有什么事直接跟我说，何必让我这么折腾一宿呢"。最终，这人没有承担任何责任。权力的特殊主义干预，实际上是在损害小区正常的秩序生产能力。

亮明身份

权力密集对社区治理的消极影响，主要表现在两个方面：一是某些权力参与到基层利益空间分配中，扰乱了正常规则与秩序，形成了复杂的利益格局，基层没有重塑利益分配秩序的自主能力；二是权力的人格化代表，通过特殊主义逻辑，运用权力干涉基层治理的正常运作，同样损害基层的自主性。"密集"的意思是，几级权力同时存在于基层社会空间和基层治理运作中，密度远大于其他城市。

我们不能将权力视为天然的"恶"，基层治理中的权力密集问题，不能从这个角度来理解，毋宁说这是个结构性问题。在某些城市，比如省会以及某些类型的小区中，密集的权力同时压缩在一个空间里，产生了权力间的交错与博弈。而基层面对这些自上而下的权力时，其制约能力是非常弱的。

除此之外，我们也要反思体制内的公职人员，在城市基层治理中究竟应该发挥什么作用。显然，特殊主义的任性是不行的，特殊主义产生不了公共效果，反而会瓦解基层的自主性。同时，刻意隐身也是有问题的。作为具有公共身份的人员，更应该积极地在其所居住的小区亮明身份，并公开参与到小区公共事务的治理中。

小区治理，事关群众切身利益，小区业主自治目前还很不成熟，其中一个很重要的原因就是缺少真正健康的力量积极现身、积极投入，抵制和对冲那些消极分子的影响，引导居民和组织居民行动起来解决发生在身边的小事，将问题化解于微小状态，化解于基层。体制内的公职人员，也是居民中的一分子，参与小区治理正是践行群众路线的机会，既可以在具体事物的治理中发挥积极作用，也可以在小区公共舆论的生产中发挥积极的引导作用。如果能够将数量众多的公职人员真正动员起来，使他们真正行动起来，那基层治理就多了一支有生力量，他们就构成了基层组织重要的辅助力量。

让一部分人先熟悉起来

身兼多职的刘书记

67岁的刘书记是个大忙人，他是大通社区的热心居民，身兼多职：社区居务监督委员会委员、社区老干部党支部书记、中嘉园小区业主委员会主任、中嘉小区18栋楼栋长。他还是市出租车行业协会会长。

他的身份太多，走在小区里，怎么称呼他的都有，大爷、刘主任、刘书记、老刘等。社区工作人员都叫他刘书记，我们也就跟着称呼他刘书记。刘书记从市交通局运输管理所退休，是中嘉小区的第一批入住业主。2006年，小区一期建成，由30多栋点式楼组成，一梯两户，一个单元10户，户型方正，非常受欢迎，"是个名牌小区"。当时售价1700元/平方米，刘书记说，来一期买房的大部分都是住在市区的市民，有点经济基础，尤其是公职人员特别多。刘书记就是其中之一。

刘书记的热心,从他入住小区那天就开始了。第一批入住并在小区过春节的,一共12户,刘书记很快就跟他们熟悉了,遇到谁家办红白喜事,只要看到,他就去道贺、送礼,但并不喝酒,"只是表达个心意"。知道谁家有困难,比如小孩上学难、老人生病等,他都会主动去捐款,最多的累计捐了一万元。有个妇女得了肺癌,还有两个女儿要养,刘书记一次就给她捐了3000元。这些年下来,刘书记光为小区居民捐款就达4万多元。

中嘉小区是个远近闻名的混乱小区,15年来滚动开发到四期,每期换一个开发商,从第二期开始,小区品质明显下滑,入住人员大量增加,违章搭建、毁绿种菜非常普遍。加上二期以后都没有储藏室,有些农具和车辆无处停放,造成小区停车混乱,矛盾不断。物业公司隶属开发商,"一朝天子一朝臣",换个开发商就会换一个物业经理,迄今已经换了十几个经理,管理队伍极不稳定。物业费每月0.5元/平方米,再加每月每户10元的公摊费。这个标准现在看来很低,但在当时属于最高收费。业主对物业服务不满,不交物业费,尤其是三期,基本没人交物业费。物业在2016年为此一次起诉100多个业主,双方关系很紧张。尽管如此,刘书记说,"业主组织不起来,没法换物业"。而且,在刘书记看来,换物业也不一定是上策,"隔壁华园小区,业主把物业炒掉了,实行自管,结果两三个月就搞不下去了,更乱"。

作为小区第一届业委会主任,刘书记面临的就是这样一个局面。这些年,他也做了几件大事,一是找开发商要回社区公共用房,二是更换门禁系统,三是230户顶楼漏水大修,四是老旧小区改造。这几件事做得都不容易:公共用房至今没交割清楚,按规定开发商应交付4‰的公共用房,但开发商私自将地段较好的一百多平方米的用房给自己亲戚开超市,另外给了医务室楼上的一处用房,但位置特殊,老人无法在上面搞活动,否则楼下医务室会投诉。这件事一直是刘书记在跑,有时候业委会其他老同志参与一下,但"年龄大的跟你跑一趟可以,两趟就不行了"。顶楼大修要动用维修基金,结果发现有几户买房时竟然没交,"不知道当时怎么办下的房产证",从跑签名到申请审核再到施工,前后用了将近4个月。更换门禁一事更是引起轩然大波,有人不交钱,车停在门口进不来,赶上下班高峰,造成大拥堵,业主大骂物业和业委会。刘书记承受了巨大压力,一度萌生退意,后来街道领导上门做工作,刘书记才坚持下来。

总结这五年的业委会工作,刘书记用了八个字:"酸甜苦辣,有苦难言。"他说:"本来就是想发挥点余热,没想到这么艰难。能够坚持下来,凭的就是我四五十年的党龄。""既代表广大业主,也得对组织负责。"本来这届期满,刘书记就要退下来了,但社区不同意他退,希望他继续做,因为实在没有合适人选,换届通知公布了两个月,至今没有一个人报名,"没办法,大家选的话还是要继续做下去"。

这届业委会 5 个人，平均年龄达 68 岁，全部来自一期，且全部都是退休公职人员。其中，一位是小学退休教师，一位是区工商局工会主席，一位是某乡镇财政所所长，还有一位是供销社主任。二、三期以拆迁农民为主，竞选业委会的意识不强。5 个人中，有 4 名党员。只是，其他人参与并不多，业委会没有工资，"连矿泉水都是我自掏腰包买"。

公职人员的职业优势

很难想象，如果没有刘书记，没有那些退休公职人员居住的话，以拆迁安置农民为主体的中嘉小区，会管理成什么样子，恐怕不会比现在更好吧。

宿迁市的拆迁安置实行货币安置，而非集中实物安置，所以名为安置小区，实际上就是普通的商品房小区，与一般的安置小区完全不同。这就要求农民要尽快实现身份转型，以业主身份参与到小区管理中。显然，这样的要求是不现实的。从我的调研经验来看，转型其实是个代际问题，中老年一代农民毕竟缺乏现代城市生活经验和知识，转型是很难的。包括中嘉小区在内，宿迁市很多商品房小区都是这种结构，农民与市民混居，而市民中又有数量可观的公职人员群体，这个群体构成了小区自治的主要力量。

刘书记是退休公职人员参与社区治理的典型。他有时间有精力，而且有能力。无论是争取公共用房、小区公共收入等"维权"行动，还是动用维修基金实施房屋大修等，都需要耗费大量时间精力，还需要以下两个非常重要的素质。

一是了解相关法律和政策知识，这是基本条件。对很多人来说，不要说农民，就连很多普通市民，从我的调研经验看，对业主权利也所知甚少，或者有误解，对政策问题同样不了解。毕竟大多数普通人只关心自己的生活，当这些法律和政策知识，并不与个人生活发生关系时，普通人缺乏去了解的动力。更不要说很多人的学习能力也比较一般，实践中，一些主动学习的，反而容易陷入误区，产生片面认知，夸大业主同物业、开发商等的对立性，这其实也是学习能力不足的结果。对法律和政策知识缺乏了解，以及缺乏正确了解，都不可能产生正确有效的维权行动，当然也就不能形成好的小区管理。这方面，不得不承认的是，公职人员总体上学习意识和学习能力是不错的。当然，这不是由职业决定的，而是主要由受教育程度决定。总体上，公职人员受教育程度还是不低于社会平均水平的。

二是具备一定的沟通意识和能力。维权也好，办事也罢，都需要同物业、开发商、业主和政府部门打交道，就需要与具体的人进行沟通。有些人，尽管学习意识和学习能力不错，能够掌握法律和政策知识，却缺乏沟通意识和沟通能力，典型表现就是将维权简化为利益博弈，将相关方的利益对立起来，不懂妥协，原则性太强，灵活性不够。小区自治，跟广大业主打交道，本质上是在做群众工作，"百姓百姓百条心"，要有耐心和智慧，还要有足够强大的心理能量。跟物业、开发商等，则更需要沟通技巧，否则很容易造成对立。在这方面，公职人员总体上是具有职业优势的。公职人员，特别是那些有群众工作经验又有机关工作经验的人，这方面能力是比较突出的。更何况，他们也具备一定的体制内的社会资本，有时候也能起到意想不到的效果。刘书记长期在政府部门工作，知道跑程序是必须承受的办事成本，就有耐心，也懂得技巧。

在北京调研时，一位社区书记说，小区最乱、最不好打交道的，是企业家比较多的。她说，企业家们在公司一言九鼎，指挥别人习惯了，生意场上也是你死我活的利益斗争，就不太会团结人，尤其不会做群众工作。"他们谁都不服谁，面对业主时，大家都是平等的，别人也不会说看他是个老板就买他的账。"当然，这是从总体层面上说，并不是一概否定，这位书记的判断也是基于她的个人工作经验，因为其辖区内正好有一个老板特别多但小区管理极其混乱的高档小区（参见前文）。在宜昌调研时，一位街道领导跟我说，老师多的小区也不好管理，他说的是辖区内几个教师小区。老师的特点是，"特别较真，特别会说，你说不过他"，意思是一些老师特别善于从条文、别人的话语中找到对自己最有利的东西，揪住不放，缺少变通，"巧言令色"，明明只是维护个人利益，却不自知，甚至冠以维护公益的名义，缺少具体事情具体分析的灵活性。这也是基于其工作经验得出的判断，从我的调研经验来看，是有一些道理的。不过，确实有不少小区业主自治的主力是老师，他们比较热情积极，维权意识高，是一支不可忽视的力量。

相比之下，公职人员某种意义上也包括教师，具备一种比较重要的职业素养，就是总体上比较有大局意识，注意掌握维权行动的分寸和策略，一般不会采取过激方式，注重有理有利有节。但凡有经验的人都知道，这其实是非常重要的，很大程度上会决定维权成败，更会影响与物业等的日常关系。刘书记说，他所有的维权都注意一条，不会闹事，不搞5人以上的群体行动，以免造成"非访"，目的是解决问题，不是添乱。刘书记的说法，很有代表性。至于为什么会这样，其实道理很简单，似乎也不用过多分析。

体制性社会资本

我一直认为，要激活公职人员这个城市社区治理中的重要资源，上述原因是一个基础，其实主要还是从城市社会本身的性质做出的判断。

城市社会是一个陌生人社会，居住小区是陌生人社会的基本单元。大家因为购房，从五湖四海偶然住到了一起，要适应这种跟陌生人在一起的生活。尽管多数情况下，房门一关，各过各的日子，似乎毫不相关，但实际上，小区共有设施设备和公共空间的存在，决定了大家不得不频繁地发生公共交往。这就需要形成一个好的管理秩序，维护好公共空间，也就需要组织起来，参与到小区管理中。

陌生人社会的特点是缺乏社会资本，小区人数又多，自发合作的成本就特别高，难度非常大，但要"明知不可为而为之"，就需要有少数人站出来，代表大家负责日常管理，维护大家的利益。有社会资本的话，这些少数人就可以被社会自发识别出来，并获得有效的社会激励，就像村庄里的积极分子那样。缺乏社会资本，就可能出现少数动机不纯的人"窃取"小区权力，谋取私利，或者积极的人因为缺乏激励而退出。这是现在城市小区治理产生各种乱象的社会基础，可以称之为社会失灵。

社会失灵就需要有外力介入，政府便是这个外力。但政府及其基层组织不能包揽，把一个个小区的全部事务管起来，那样效率必然低下，而且也不现实。好的办法，就是现在所谓的引领。具体的就是修补社会资本的缺失，促成社会组织起来，这就需要找到那些关键群体。

公职人员群体，不失为最值得开掘的社会资源。业主之间因为职业分殊和生活分化，难以产生社会资本，但公职人员之间完全可以成为陌生人社会中的熟人团体，形成社会资本。社区基层组织很难去熟悉每一位居民，因为缺乏足够有效的机会和手段，却可以去熟悉每一位住在社区的公职人员。要实现这一点，只需要一点制度上的合理设计就可以了，比如向社区报到，亮明身份，参与社区会议，等等。社区没法熟悉每一位居民，却可以先熟悉每一位公职人员，使他们成为熟悉居民、联系居民、组织居民的桥梁纽带。简言之，要让陌生人社会中的一部分人先熟悉起来。

这些体制内人员形成的资本，可以称为体制性社会资本。它不同于内生社会资本——陌生人社会最稀缺的资源，完全可以通过体制内的自我动员生产出来。抗疫期间，全国各地实行机关党员干部下沉社区，就产生了这样的社会资本。要将其与社区治理结合起来，关键就是公职人员社区化，实现社区身份对公职身份的再造。做楼栋长、参与业委会等，都是这种再造。

公职人员社区化，社区身份再造公职身份，很重要的一点就是用平等的社区身份，取代其职业身份的等级性，但要发挥其职业优势。宿迁市在职党员进社区公示栏上有句话，"在职党员亮身份，融入社区成表率"。在职党员和公职人员大部分是重合的，实际上也是一个道理。探索合理有效的激活方式，使数千万公职人员真正成为群众生活的组织者，应该是创新具有中国特色社区治理的重要途径。

趣缘组织的治理意义

一个艺术团

宜昌市点军区的江南社区有一个非常年轻但活跃的艺术团。艺术团2018年10月24日正式成立,由广场舞队、葫芦丝队、时装走秀队、健身队和莲响舞队5支队伍组成。艺术团由碧园小区的居民自发组成,最多时有110人,2020年6月比较稳定和活跃的成员有84人。5支队伍各有一名负责人,加上团长,领导机构一共6人。所有入会的成员每年交纳10元会费,签订安全协议,规定所有人参加活动要告知家人,如果出现意外要自行承担责任。艺术团成立以来,参加社区和政府组织的各类演出活动11次,组织团建活动接近10次。

艺术团与常见的群众文体队伍相比,并无多少特别之处。调研之前,我预期要了解的,只是在一个新小区中,陌生的居民是如何在短时间内找到趣缘群体,并组织起来的。碧园小区2018年开始入住,到2020年6月,入住率也只有三分之一左右,短时间内能产生这样一个颇具规模的群众组织,确实值得研究。

在访谈艺术团的创始人兼团长、副团长时,她们却给了我很多预期之外的启发。核心就是,居民自发形成的趣缘组织,除了能够满足居民的休闲健身需求,还能够产生比较积极的治理意义,可以归结为以下几个方面。

(1)维护公共生活秩序。文体活动都需要利用公共空间,空间利用就会产生外部性问题,比如噪声扰民、相互竞争。成立艺术团后,居民同物业谈判的能力更强了,争取到了本应属于小区业主的室内公共活动场所,各个队伍排出活动时间,相互错开,就形成了比较好的秩序。

(2)作为社区助手。艺术团的所有活动,都会自发吸引一些群众参与,这为政府部门和社区"搭便车"开展一些群众宣传工作提供了机会。垃圾分类工作中,艺术团也帮了大忙,团长总结说她们发挥的作用有三点,一是能够集中群众,这是社区做起来很难的;二是艺术团可以带头,至少骨干成员和积极分子能够带头;三是帮忙做宣传。艺术团成员都是居民中的一员,她们在居民中的宣传就可以比较自然,不像官方那样刻意,那样有距离感,政策宣传也就从"外部植入"悄然转化成了"内部传播"。

(3)传递正能量。这是团长和副团长自己总结的,她们举了这样几个例子,来说明什么是正能量。一是确保艺术团的正确方向。团长曾制止一位成员试图组织的宗教活动,她说信仰是个人自由,但不能把这个带到团队里面来。二是发挥建设性作用。小区维权活动比较多,不乏采取非理性方式的闹事行为。曾经有人动员团长,并且让团长组织艺术团成员参与,也被拒绝。用团长的话说就是"我们只能添砖,不能搬砖","我们是为了健康快乐,不是制造矛盾"。

(4)发现关键群体。居民中总有一些有专长、有热心、有公益心的人,按照"二八定律",他们是群众中的关键少数,是居民领袖。这些人平时是隐匿在居民中的,艺术团是一个发现机制,使得这些人中的相当一部分自发现身,并且通过活动被准确识别出来。艺术团的5位负责人,都是这样产生的。团长说:"民间组织都是些婆婆妈妈,在这些小事情中,在活动中,一个人是不是有奉献精神,是不是正直大气,是不是热爱集体,都可以看出来,大家也能看出来。"关键少数现身后,再通过实践获得了群众认可,也就储备了一些陌生人社会最为稀缺的社会性权威资源,他们也就具备了在社区公共事务中发挥积极作用的社会基础。

关键群体

当然,碧园小区的艺术团能够产生治理意义,也有很大的偶然性。最关键的因素，就是有郑团长这样一位优秀的领袖人物。郑团长已经83岁高龄，深孚众望，以至于她自己屡次想卸任，却被团队其他负责人和社区一再挽留。郑团长以前在国有企业做过机关书记，用她自己的话说，"是搞政工出身"，会做群众工作，有组织能力，擅长识人用人。加上她自己党性觉悟高，能力又强，不怕得罪人，敢说直话，也就成了具有克里斯玛型权威的群众领袖。

但是，也不应该把偶然性过分夸大。一方面，群众组织本身就是灵活的，组织化程度有限，组织生命天然存在不确定性，倒也不用对其长期存续问题过于担心。某个组织因人事变动而消亡，自然还会有其他组织来替代。社会是存在内生出各种组织，特别是趣缘组织的基因的。对此，还是要乐观一些。另一方面，更要看到城市基层社会中，其实存在比较深厚的产生群众领袖、关键群体的群众基础。

这个基础，就是一大批退休人员，特别是从机关事业单位退休的公职人员，以及从国企退休的老工人。这个群体中，又有一大批党龄较长、党性觉悟较高的老党员。他们带有明显的时代烙印，具有典型的群体特征。一是普遍有单位制度下的集体生活记忆和需求；二是其中的管理人员群体普遍具有丰富的群众工作经验。就这两条，足以产生数量可观的群众组织了。

社区中当然不是只有这个群体，也不是只有老年人。但是，这个群体确实是社区化的公共生活需求最旺盛的群体，也是具备组织起来的条件的群体。社区治理，就是要抓住这个群体。从兴趣入手，把他们组织起来。组织起来开展丰富的文体活动，并尽可能拓展其治理意义。

组织群众

不过，总体来看，趣缘组织的治理意义还是比较有限的。所谓治理意义，是指趣缘组织在社区公共事务治理中的作用。大量调研表明，趣缘组织在诸如解决停车难、高空抛物、垃圾分类等社区疑难杂症类的公共事务上，作用是比较有限的。原因很简单，趣缘组织只是群众组织起来或者被组织起来的一种健身休闲形式的团体。积极参与唱歌跳舞活动的，并不必然在社区公共事务中也发挥积极作用，他/她可能一方面热衷参与社区组织的各类文体活动，另一方面也可能是不交物业费、乱停车、乱丢垃圾的一员。

现在，很多城市都不惜花费"巨资"，通过购买社会组织的服务，到社区搞活动，带着居民一起做手工、学烘焙、玩游戏。我认为，政府花钱找人带着居民一起"玩"，只是在无谓地"讨好"群众而已，何况还只能"讨好"一部分群众。这边活动搞得热火朝天，那边社区公共事务还是一地鸡毛。两相对比，令人唏嘘。如果活动再多，玩得再开心，也无法转化为社区公共事务的治理能力，或者至少转化率很低的话，那这算不算是对公共资源的一种浪费呢？

所以，活动不是不能搞，但没必要专门花大钱请人——即社会组织——来搞。正确的做法是，政府多给社区些经费，让居委会去组织群众搞点活动就可以了。毕竟最能吸引群众的，群众需求最多的那些活动，跟社会组织所谓的专业性不搭界，居委会正好通过搞活动联系群众，岂不两全？政府应该把宝贵的公共资源尽量节省下来，用于提高社区的治理能力，比如给社区工作者涨点工资。

但是从发掘社区积极分子的角度来看，培育趣缘组织是非常有意义的。在陌生人社会里，生活兴趣确实是组织群众可操作性最强的抓手。但是，要注意的是，培育趣缘组织就是群众工作。群众工作一定要基层组织直接去做，亲自去做，不能假手于人，不能搞外包。只有直接做，亲自做，才能真正熟悉群众，了解群众，跟群众打成一片。群众工作是过程重于结果的，购买服务，让社会组织代替社区居委会去做，就是本末倒置。把群众的兴趣需求，简化成了服务需要，用结果取代了过程。长此以往，社区的群众工作能力能提高吗？群众工作能力提高不了，社区治理能力就更谈不上了。

三事分流

  这些年做城市社区调研，所见所闻的各种创新不在少数。坦白说，大多数去调研过后，都有些盛名之下其实难副。有的纯粹是赶时髦，比如搞购买服务引入社会组织，钱花了不少，实效只能呵呵。有的诊对了病症，却开错了药方，比如为了给社区居委会去行政化，就搞居站分设，结果居委会边缘化不说，本应简约扁平的基层治理体系也被搞得组织臃肿，叠床架屋。不客气地说，有的创新实际就是领导为求政绩，为创新而创新，拿到什么创新奖，似乎就能证明创新的意义，实则务虚名而得实祸。

  见得多了，也就对所谓创新有了点本能的质疑，总以为社区治理根本上就是处理居民日常生活里鸡毛蒜皮无穷无尽的细事琐事，再创新能新到哪里去？何况，现在很多创新的设计者，大多倾慕某些国外"先进"理念重于细究粗糙而又复杂的本土实践，不大可能搞出什么务实的东西。

  2018年7月我到重庆长寿区调研时，当地正在推广重庆市社区治理的三事分流经验。不出意外，三事分流也拿了一个什么治理创新奖，我也就没抱什么期待。然而随着调研的展开，我对三事分流多了些了解，逐渐感觉有内容、有意义。

三事分流

所谓三事分流，就是划分社区事务中的大事、小事和私事的责任归属，大事归政府，小事靠居民合作，私事则属于居民自助。之所以让人眼前一亮，是因为我认为这个划分抓住了长期以来社区治理——甚至城乡基层治理中的老大难问题，即政府与群众的责任边界。现在，有个非常普遍的说法，叫"有事找社区"。本意是为人民服务，让基层解决好群众身边的小事。学术上有个概念，叫"全能主义"，或者"父爱主义"，意思就是政府成了无限责任政府。问题是，实践中"有事"往往变得无所不包，社区还要应付上级日益加重的任务，根本没有时间精力回应群众的所有诉求，更重要的是社区权力资源都有限，就算有时间有精力，也缺乏足够的能力。万事找社区，社区却不是万能的，这是一个基本矛盾。于是，就会出现一些极端现象，比如社区做的好事越来越多，可来自群众的不满也越来越多，基层干部经常面临"好事难做""好人难当"的困惑；再比如，少数人善于施压、要挟，出现"会哭的孩子有奶吃"，沉默的大多数被少数人"代表"。

重庆显然是希望把政府和居民的责任划清，该政府承担的"大事"，政府责无旁贷，但不该政府管的，就要通过居民合作和自治解决，政府可以协助，但不包揽。其实，这个问题大家都发现了，其他地方也有类似的探索或者创新，但所做的大多是通过政府购买服务，引入社会组织，来给政府分担责任。显然，政府花钱请别人做和政府直接去做并无本质区别，在居民看来仍然是政府在管，毕竟社会组织的服务并不是他们自己花钱买来的。重庆显然并没有这样做，至少从长寿区的实践经验来看，政府并没有通过购买服务引入社会组织的方式，代替自己去做居民的小事。后来，跑了几个社区，尽管表面上在推广三事分流的不多，可实际上长寿区的社区早就在实行三事分流了，只不过实践中不可能像文本总结的那样规整和分明。

三事分流的实现有两个关键，一是事务分类，二是分类后的事务能够办成和办好。二者不是割裂的：科学合理的分类，是办成事和办好事的前提，分好了以后才能明确责任主体，尤其是明确政府和社区的责任边界，明确各自在不同类型的事务中到底扮演什么角色，发挥多大作用；能够把事情办成和办好则是实现分类的基础，只有事情可以办成和办好，居民才能认同和接受分类，如果办不成或者办不好，政府单方面的分类是没有意义的，即使分了类，政府一纸文件下达，竖再多的展板宣传，如果事情没有人去办，引发问题和矛盾，最终还是要政府来买单，那分类就等于白分。因此，分类是基础，但不是决定性的，把事情办成和办好才是决定性的。

公事与私事，大事与小事

"三事"分类，实际上有两重划分。首先是公事和私事的划分，纯粹私人的事务，要由私人自己承担责任，社区可以在必要的情况下协助，但终究要个人负责。"有事找社区"之所以会让社区不堪重负，很重要的就是居民连个人私事都要依赖社区，自己不想负责任，推给社区。完全彻底的公私划分在实践中是很难实现的，做基层工作，很多时候要刻意打破公私边界，公事公办、私事不管，未尝不是一种官僚主义逻辑。但做基层工作，要跟群众打交道，在缺乏正式权力资源的情况下，与群众建立的人情化关系就很重要，而主动打破公私边界恰恰是建立人情关系的第一步。特别是在老年人聚居的社区，帮老人买个菜拿个药，经常上门看望，陪老人聊聊天散散心，严格来说就不是规则化的工作要求，而是社区工作者个性化的群众工作的一部分。对社区依赖比较重的，恰恰是这些子女不在身边的老年人，受老年人认可和拥护的社区工作者，也恰恰是那些经常帮他们做私事的人，而不是那些只会公事公办的人。更不要说，居民之间的纠纷，甚至家庭纠纷，一直以来都是社区治理的重要内容。因此，公私划分，显然不是要社区彻底从居民私事中撤出，而是恢复社区的自主权，无论是调解纠纷的职责也好，还是主动打破公私边界的群众工作要求也好,社区都是掌握主动权的,不是无原则地介入居民私事。以我的调研经验,我以为社区工作者对"有事找社区"感触最强烈的确实是居民把一些私事也推给社区,但是,感触强烈并不一定代表这类事情数量最多,可能只是这类事情都比较"奇葩",所以才让他们印象深刻。实际上,"有事找社区"数量最多的,是私事之外的细事、琐事、小事,是居民家庭之外而又在社区之内的涉及利益群体数量不等、规模层次不同的公共事务。

这就涉及事务分类的第二重划分,即事务大小之分。大事与小事的区分,就是依据事务涉及的利益群体规模、事物本身的复杂程度和解决事务所需要的资源数量,简单来说就是依据其公共性的程度大小,来区分到底是政府来办还是通过社区居民自治来办。在乡村社会,空间独立性比较强,村内户外的事基本上就可以界定为村民自治事务,政府可以不介入,但在城市社会就很难实现,因为城市的空间系统性很强。一方面,政府承担的市政公用系统直接延伸到居民家中,社区只是一个人为划定的具有行政性的空间,却不是一个自成一体的功能系统。相比之下,小区的功能独立性还更明显一些,但同样存在小区内的准公共设施同市政公用设施连接处的责任模糊性问题。另一方面,伴随着市政公用系统的进入,政府的行政权力和行政责任也自然延伸到社区之中,小区绿化不能随意改变,有园林和规划部门管着;住改商、商铺油烟噪声扰民、养狗……也分别涉及工商部门、城管部门、公安部门等公权力机构。在这个意义上,大小事的划分,也不是要实现政府公共权力从社区事务中的完全退出,指望社区小事都通过居民自治完全解决,不需要政府,这是不现实的。因此,大小事划分是对政府的责任分配和权力行使的调整,在社区小事上,政府不缺位但也不越位,关键是让居民承担起本应由其承担却往往被推给政府的那部分责任,而政府本应承担的那部分责任,也不能推给居民来承担。两者相互配合,才能真正将大小事划分后的事务办成和办好。

解放社区

三事分流中,办好小事是牛鼻子,是关键。办好了小事,不仅解决了群众的实际问题,而且能够提高群众的责任意识与组织能力,让其真正成为社区主人翁。与此同时,社区基层组织也能够真正成为群众生活的组织者,能够游刃有余地扮演好国家与群众之间的桥梁。

办好小事的关键是组织好群众。组织群众是我党的优良传统,但现在的社区基层组织并不擅长此道。直接原因是现代城市社会中,群众本身的分化太大了,工作与生活的个体化程度特别高,缺乏以往那种共同生产生活产生的非常直观的利益共同体意识,这使得基层组织缺乏动员和组织群众的具体抓手。说一个非常具体的困难，社区工作人员上门入户现在都非常困难，现代人隐私意识和安全防范意识高，社会复杂化以后信息高度不对称，社会信任度低，社区工作者上门就经常碰壁，被拒之门外。不过，这些直接的具体的困难，并不是根本原因。毕竟只要有充分的时间，这些具体的障碍都可以被消解。群众工作说一千道一万，最根本的一条其实很简单，就是在足够长时间的接触中，获得群众的认可与信任，与群众成为自己人。时间长，接触频繁，用实际工作取信于民，那些具体困难就都可以被克服。

真正在弱化基层组织能力的，主要还是行政任务太多，社区工作人员被捆绑在办公室里，出不去，下不来。一是没时间没精力，时间精力大部分耗在完成上级安排的各种任务上。如果这些任务全部需要跟群众打交道，那做工作本身就是跟群众接触，问题是现在大量任务是不需要广泛接触群众的，都是在办公室里，在电脑上操作完成，即使需要群众参与，也只需要找少量群众配合而已。上了年纪的老人都会怀念以前的老居委会干部，说那时候居委会大妈们天天都在居民区里跑，现在的年轻人坐在办公室里，越来越像职业白领，像机关干部，就是不像群众身边的自己人了，社区工作人员也觉得委屈。二是缺乏动力。按部就班完成上级任务，就能通过考核，拿到工资，相反，完不成就要被问责，就要扣工资绩效，基层工作就变成了一份简单的职业。按照基本职业伦理，对上负责而不是对下负责，自然就缺乏接触群众的主动性能动性。三是能力不足。基层责权利不对称，权小资源少，面对很多问题无能为力，这也是必须承认的。说到底，就是多年来饱受诟病的社区行政化问题，即社区已经变成一个机关式的科层组织，群众自治组织的属性已经很难体现出来。

"被捆绑的社区"，这是所有社区治理创新都要直面的基本矛盾，不解决这个问题，再多创新都无法取得实效。以提升组织群众的能力为标准衡量，我目前看不到任何地方的创新真正有所突破，所以那些官方宣传打动不了人。相反，太多的创新都是自上而下安排的任务，到头来都蜕变成了社区新负担，毕竟又要做海量的文档材料，应付各种检查、考察、学习，最终只是加剧了"内卷"。

解放社区，这是社区治理创新的第一要务。解放社区，关键是调整政府与社区的责任边界。近些年有些城市在搞社区事务准入制，算是抓住了要害，可惜由民政部门主导的准入制改革势单力薄，再加上现在常规工作以外的中心工作越来越多，根本不是一个准入制能够约束得了的，所以效果寥寥。解放社区，只是在社区层面做减法肯定是不够的，毕竟基层治理事务增多是不可逆的趋势，还必须将街道一级纳入，将街道—社区作为一个整体的基层治理体系进行完善，通过强化街道，在街道和社区间形成更合理的分工。重庆的三事分流是在调整政府与社会的关系，大方向是正确的，只是缺少解放社区的方面，所以效果终究会比较有限。现在,服务前移、治理下沉大有演变成新一轮社区增负之势。希望能够真的有类似三事分流的创新,在调整政府与社区关系上破题。

纾解小区之困，急需顶层设计

住宅小区是我国城市居民最主要的生活空间形态。住宅小区类型多样，如商品房小区、房改房小区、保障房小区、安置房小区等，但从本质上看具有相似性。对城市居民来说，其工作、社交、休闲等大部分功能需求都要依托整个城市系统来满足，住宅小区则主要承担着居住和部分休闲、社交等生活化功能。从这个意义上讲，住宅小区最重要的功能就是为居民提供宜居生活，住宅小区的治理也主要是塑造生活秩序的问题。当然，对绝大多数中国人来说，住房还是最主要的财产，小区治理水平也在很大程度上决定着住房财产价值的实现。

我国城市住宅小区的空间形态独具特色，最普遍的形态是高密度集合式住宅构成的封闭式小区。所谓集合式住宅，即由若干套房和共有结构组成的多层、高层乃至超高层公寓式楼房，单体楼栋住户可达几十上百户。高密度意味着同一小区内分布着若干集合式住宅，造成单个小区住户规模往往达到几百上千户，即居住空间内分布着数千乃至上万人。封闭则意味着相邻的高密度集合式住宅及其共有空间具有明晰的物理边界，向内看，小区内设施设备及社会秩序具有公共品属性，向外看，小区则构成无数个准"俱乐部"，同其他小区和城市空间区别开来。从全世界来看，建立在住房私有基础上的封闭式的高密度集合式住宅小区，是特别稀有的，比如，美国大都市的主流居住形态，是城市郊区以独立式住宅为主的低密度开放式社区。这也意味着，这种小区形态是独具中国特色的居住空间和社会空间。

住宅小区的空间形态，衍生出高度复杂的小区事务类型，一是小区内部相邻关系高度复杂，居民在自己专有住房内部的生活行为造成的负外部性后果，必然影响到相邻住户的合法权益，典型如室内装修、住改商、噪声等问题。二是小区内共有部位和共有空间使用与管理事务高度复杂，集合式住宅必然存在大量共有共用的设施设备和公共空间，比如电梯、楼道、绿地、停车库等，这些事务的复杂程度是独立式住宅构成的小区无法比拟的。三是城市空间内小区间以及小区同其他城市空间的利益摩擦问题，其中最典型的就是邻避问题。上述事务的共同特点是，绝大多数属于日常化的生活小事，事件体量小，高发多发且重复发生，直接关系到居民的日常生活品质。如果不能实现有效的常规化治理，日积月累必然造成问题恶化，严重影响居民生活和社会秩序。正是在上述意义上，住宅小区的治理是一种生活治理，是小微事务的治理。

现有的小区治理体系，主体是由物业服务体系与业主自治体系构成，同时要与基层组织体系（包括基层党组织和居民自治组织）和行政执法体系组成的城市基层治理体系发生关系。小区治理，本质上是居民在小微事务上的集体合作，自主化解问题，维护宜居权利，实现房产保值。小区同城市体系的关联性和小区治理体系的有限性，决定了其不可能仅靠自身实现完全治理，而需要同城市基层治理体系实现有效协作。当前小区治理中存在的主要问题，既有自身问题，也有协作问题。择要来说，大体包括以下几个方面。

一、物业服务与管理问题。首先是前期物业同常规物业的有效衔接问题。在现行物业管理制度下，前期物业管理水平影响很大。其中最重要的两项内容是物业承接查验和小区公共收益分配问题。如果承接查验能够客观严谨地完成，加上该阶段物业企业能够认真负责，就可以在法定的建筑保修期内，最大限度减少开发主体和建设主体遗留的质量隐患，最大限度减少常规物业管理可能遭遇的风险。另外，前期物业阶段一般也是业主组织空白期，应属全体业主的小区公共收益就存在被物业企业侵占的可能。而公共收益本应作为小区最主要的公共积累，使用起来自主权大、灵活性高，是小区治理中最重要的常规资源。物业承接查验和公共收益分配出现问题，必然会引发业主维权运动，只有有效处理好，才能平稳顺利地过渡到常规物业阶段。

其次是物业更替问题。所谓物业更替即业主主动或被动地更换物业服务主体，由于涉及具体利益，物业更替往往难以平稳完成，大多伴随矛盾冲突。物业更替是小区治理在既有体系下陷入不可逆困境的结果之一，只能通过体系重组重建治理秩序。物业更替中容易出现的问题有两类，一是新旧物业交接问题，二是应急管理问题。新旧物业交接目前尚缺乏有效规制手段，主要依靠两个市场主体的理性配合，很容易因为利益纠葛出现老物业不肯走，新物业进不来，造成小区失序。近年来首先是一线城市，继而是二线、三线城市，已经陆续进入物业更替高峰期，由此引发的社会矛盾甚至群体事件也是层出不穷。这就引发应急管理问题，即在自主交接出现问题时，如何通过应急手段维护小区正常秩序，确保居民生活稳定。一些城市推出应急物业管理制度，但实践中还是存在许多问题，往往引发更为复杂的物业交接矛盾。

二、业主自治问题。业主只有组织起来，才能有效维护自身权益。但在实践中，往往是维权阶段的短期组织比较容易，进入常规自治阶段后，反而会陷入种种困境，主要有三个方面。

首先是业主自治组织建设问题。业主自治组织体系包括业主大会和业主委员会，后者作为常设组织，由少数业主代表全体业主进行小区常规事务的决策与管理。组建有效的业主委员会，几乎决定着小区治理的成败。关键问题在于，数以千计的陌生的业主，能否真正将那些有公心有能力的积极分子选举出来，并给予他们有效的社会激励，使其能够可持续地积极下去。实践中往往出现两个极端，一种是积极分子出来后，很快因为激励不足又遭受很多误解与攻击，心灰意冷，主动退出，另一种是少数投机分子把持业委会，侵占业主权益，谋取私利，而分散的业主又缺乏足够的监督能力予以制约。

其次是业主自治组织的能力问题。小区事务涉及诸多法律、财务、工程、规划、设计等方面的专业知识，业主自治也尤其需要业委会具备较强的同物业企业、政府部门等其他主体合作的能力，问题在于，业委会作为一个自治组织，其成员只能在现有居住人群中产生，且都是兼业和志愿服务，这就存在极大的不确定性。业主自治能否有效运行，就特别需要进行能力建设，这方面可以探索通过政府购买服务的方式供给。

最后是业主自治组织的监督问题。完全自主的选举，必然存在业主自治被投机分子钻空子的风险。信息不对称、缺乏足够时间和能力、数量众多且分散等，都决定了仅靠业主进行监督并不现实。缺乏有效监督，不仅意味着业主当下利益的受损，还可能透支小区长久的治理资源。因此，要继续完善业主自治的监督体系。比如，是否可以探索对业委会的审计制度，探索监委会制度等。需要强调的是，完善监督体系应把握一个原则，即不增加业主自治的运行成本，避免挫伤业主参与业委会的积极性。

三、基层治理体系协作问题。一是基层组织体系同业主自治体系的有效协作问题。目前来看，二者基本处于割裂状态。基层组织往往只在业委会选举和业主自治失序时进行有限介入，效果非常不理想。有些城市在探索业委会与居委会交叉任职，但受限于法律和实际障碍，其实现空间比较有限。有些城市通过建立制度化的协商，增加了基层组织参与业主自治事务的机会。有效协作当然不是基层组织对业主自治的过度干预，而应该定位于总体引导和积极辅助，特别是在组织建设和外部资源链接上发挥作用。尤其需要探索通过基层党建，激活普通党员，为业主自治提供制度化的积极分子输出和公共规则生产。

二是政府行政执法体系的有效介入问题。违章搭建、侵占绿地、饲养宠物、停车管理，越来越多的小区事务仅靠业主自治体系和物业服务体系难以完成，因为它们缺乏执法权，业主规约等只是一纸空文，是没有牙齿的纸老虎。问题化解不及时，就会累积成大矛盾。问题要化解在平时，就急需政府行政执法体系更加积极有效地进入小区执法，通过对少数居民不当行为及时而又明确的制裁，对大多数普通居民进行规则教育和宣示。在这个意义上，要强化小区治理在整个城市治理体系中的地位，使其更好地衔接起来。

社区食堂全能化

2023年以来，城市社区食堂问题广受关注。先是年初不少媒体报道，第一批社区食堂大量陷入运营困境，接着又有媒体发现，有些城市社区食堂受到年轻人欢迎。许多人认为，社区食堂找到了可持续的新路径。有的或许还认为，社区食堂可以承载更多社区参与功能，即所谓从"全龄"向"全能"。中央和地方政府也有意投入更多财政资金，用于社区食堂建设。近期国家发展改革委出台的嵌入式社区服务设施建设，就有这方面的政策导向，即打造"完整社区"。湖北则要求2025年实现老年助餐服务市县两级中心城区"全覆盖"。

我以为，大办社区食堂这事，还是慎重为好。

社区食堂初衷是解决老年人的就餐问题，原来叫老年食堂、幸福食堂。其运营模式基本上是社区提供免费场地，引入第三方运营，面向辖区老年人提供低偿甚至无偿助餐服务。运营成本靠政府补贴和市场经营解决，因此兼具公益性（福利性）和经营性两重属性。

大量面向老年人群体的幸福食堂难以为继，原因很简单：公益性的一面，覆盖范围太广，超出合理限度，成本太高；市场经营的一面，跟小区周边发达的小餐饮相比，竞争力不强，效果不好。结果就是，市场经营收益难以覆盖扩大化了的公益性支出和基本运营成本,自身难以实现内循环,所以极度依赖政府补贴,但是,一来补贴的资金量不可能太多,二来也不可持续。总之,社区老年食堂,公益面过大,市场面有劣势,两者相结合,很难达到理想效果。

现在,老年食堂要扩大为社区食堂,服务对象扩大到社区居民,目的是为全体居民提供便利的生活服务。其实这也算不上新变化,过去老年食堂的市场经营同样是开放给所有居民的。有一个重要的政策变化是,老年食堂主要是民政部门在推动的专门性工作,社区食堂则成为更加综合性的政府民生工程。

不过,原则没变,仍然要坚持基础性、普惠性、兜底性。以这三个原则衡量,无论是老年食堂还是社区食堂,都有几个重要问题需要清理一下。

第一,普通人的吃饭问题是否属于"基础性、普惠性、兜底性"民生事务?如果是吃不饱饭的问题,那当然是,所谓"政以民为天,民以食为天"。社区食堂显然不是解决这个层次的问题,而是解决吃得好、吃得方便的问题,这恐怕属于个性化需求的范畴。不愿意回家做饭,可以通过市场方式来解决,自己支付成本。用公共资金解决这个层次的需求,某种意义上讲,是普通人搭了政府公共服务的便车。社区食堂售价相对便宜,是因为它承担了部分公益职能,政府有补贴。有些人说便宜又安全,为什么安全?因为有政府的信用做背书。万一出了食品安全问题,谁来负责?现在政府承担的安全责任还不够多吗?压力还不够大吗？我觉得，这部分人的这部分需求，还是应该靠市场和社会自发调节，更合理也更有效。

第二，助餐服务存在服务对象扩大化问题。社区食堂必然要承担公益职能，这个定位从政治上来讲很对，但对于特殊群体的界定不精准。实事求是地讲，真正有助餐需求的，应该是极少数特殊群体，他真的是在家里做不了饭，需要送餐。绝大多数六七十岁的老年人，老两口都在，生活能自理，自己能做饭，来食堂主要图个方便，"省事"，很多人中午多打一点，然后连晚饭也解决了。还有的，孙子孙女跟着他们一起吃，他就更多打一点。这就明显背离了只面向少数人的公共服务的初衷，搞成了大家都来沾光占便宜。对象也不能简单定位于困难群体，因为困难群体现在已经有最低生活保障等比较完善的社会救助制度，没必要再额外增加，把救助和福利搞那么复杂。最低生活保障不就是解决基本的吃饱穿暖需求吗？社区食堂的公益服务对象，还是应该收缩、精准化，不要扩大化。要把耗散在大多数"不愿做饭"（"图省事"）群体身上的公共资源集中起来，给予极少数"做不了饭"群体更大力度的服务。

第三，助餐服务一定要通过建食堂的方式解决吗？不一定。在城市里面，市场机制已经足够成熟，何况近些年资本都在竞相开拓社区下沉市场。对于真正有助餐需求的极少数特殊群体，除了家庭成员尽到责任之外，确需政府提供公共服务的，可以向社区周边既有小餐饮经营者购买送餐服务，或者更简单点，直接向特定群体发放合理助餐补贴。这些方式比新建社区食堂、引入第三方经营，更简单、更灵活，操作成本也更低。社区服务还是少做增加主体（"第三方"、第三方的"第三方"）的"加法"，现在大量宝贵公共资源耗散在新增主体的招投标、运转、监督、评估上了。政府还是要善于过紧日子，钱要花在刀刃上。

第四，现在绝大多数小区周边都有发达的小餐饮，已经发展出成熟的社区市场生态，竞争充分，选择也多。社区食堂加入进来，自然要跟他们进行公平的市场竞争。但是，社区食堂享受了免地租、财政补贴等优惠，这里面就存在一个问题，它对小区周边合法正常的市场经营的小餐饮，是否构成了不公平竞争？小餐饮解决了许多人的就业和生存问题，也有民生保障功能。公共政策要兼顾多方利益，切忌按下葫芦浮起瓢。

第五，这么多年在很多地方调研，我发现老年食堂办得比较好的，都是靠集体的力量，不是靠国家补贴。集体出一点、个人出一点，在管理模式上，也通过点餐制实现需求和供给、成本与收益的精准匹配。不是由国家来搞，就不存在公共资源分配公平性问题。集体举办，其实就是集体福利，是俱乐部产品，只要集体通过民主决议了，提供什么福利都无可厚非。在这方面，许多有一定集体经济实力的村庄和村改居社区，都在探索。农村老年人的助餐服务问题，与城市有差别。国家还是要把更多精力和资源，用于支持广大农村中那些集体经济比较薄弱的村庄，激活集体力量，在地化地解决农村老年人的助餐需求。

第六，社区服务是否能扩大居民参与呢？我的调研经验并不支持这种"一厢情愿"。社区服务吸引来的所谓参与，一直存在一个问题：这些参与对于提高社区解决各种问题的能力作用极其有限，至少其产出的效果与服务投入的资源不成比例。积极参与活动和服务的心态、参与公共事务的心态，基本上是两回事。社区书记们最头疼的事情是什么？肯定是小区里各种疑难杂症，如不交物业费、车停不下、下水道堵了。在这些涉及个人利益的事情上，居民参与情况怎么样呢？有便宜可占、有福利可拿的时候，跑得很快，需要付出的时候，就躲得远远的。现在亟须的是培育公共参与和公共责任精神，而不是拿好处的精神。据说有的城市利用社区"小哥驿站"，动员快递小哥做志愿服务，我看就不要苛求他们了，他们都很忙，要多干点活儿挣钱。快递小哥都是外来人，"小哥驿站"还是体现城市的温暖和包容，他们愿不愿意做，是个人的事情，不需要去号召。这个群体还是在为生存打拼的，像白领等已经在城市买房定居的市民，可以去号召，可以对他们的市民精神、市民责任感提出更高的要求。他们到社区食堂吃饭，享受了这个便利，享受权利和付出义务要平衡。

总之，社区食堂建设，政府要投入公共资源，不能"一厢情愿"。这些年基层治理的一个问题，基层干部都很清楚，就是政府的责任无限扩大，群众依赖性也在不断提高。政府做得越多，大家的期望值就越高，万一做不到，大家就会不满。民生事业过去摊子已经铺得够大了,现在需要将"基础性、普惠性、兜底性"原则真正贯彻好,从"铺摊子"向"提效率"转变,现在的经济形势下,公共资源要更省着用,用得好,用得巧。

第三部分 业主自治

公厕风波

"风水"

邢城新村是个老小区，建成于 1998 年。小区中心位置有座活动广场，广场周围分布着邢城社区党群服务中心、幼儿园、健身广场等，是小区居民健身休闲的主要场所。2021 年，社区居委会响应居民需要，计划在广场东北角，改建一处公厕。年初召开居民座谈会，进行议事协商，又向环卫部门申报，项目公示，经过一系列程序，11 月底施工方开始进场施工。谁料施工刚刚开始，就出了状况。当时，我们恰好在社区调研。

11 月 26 日中午，部分居民聚集到施工现场，要求停工，施工被迫停止。27 日上午，几位反对施工的居民代表来到社区，与社区干部面谈。27 日下午，社区书记跟我们说，经上级部门同意，公厕停工，计划另选其他地方建设。

居民反对的理由有很多。比如，影响隔壁幼儿园小朋友的身体健康，挤占了居民健身场所，选址有碍小区观瞻，等等。这些理由并不那么有力。首先，公厕将按照旅游厕所标准建设，比普通公厕更加环保，对周边环境的影响没有一些居民想象的那么大。其次，社区已另外选址复建健身场所，且原址的健身器材早已老化，正好借此机会更新。其实，很多具体的反对理由，社区经过前期居民议事协商会已经给予回应，也得到了居民代表的认同。万万没想到，反对者最后抛出了一个让人"啼笑皆非"又无可奈何的理由：公厕破坏小区风水。

他们认为，公厕选址位于小区北门入口附近，没有哪个小区进门迎头就是厕所，太晦气，对所有居民影响都不好。有居民说，厕所门朝向哪家，对哪家就更不好。书记说把厕所门朝向社区办公室总可以吧，我们是共产党员，社区不怕这个，可最终还是谈不拢。书记说，怎么也没想到他们会扯到风水上面，我们实在没有办法了。

社区能不能"以毒攻毒"呢？比如找个风水大师来，论证公厕选址对小区风水没有影响，消除部分居民的疑虑。这办法看似有道理，实则缺乏可操作性。一来，社区的组织性质决定了其出面做这个事不妥；二来，就算社区"耍点花招"，找一位赞同此事的居民，由他出面去做，也不好办，有可能出现双方都用此招，变成"大师斗法"，既不严肃，也影响小区和谐，更不可取。

邻避困境

在施工现场，反对者张贴了两幅白底红字标语，上写"反对在此建公厕，还业主健康权利"。还有一张公告，罗列了民法典第 274、275、278 条的条文内容，附上了第 278 条条文内容的网页截图，在最底层用黑体字强调了部分法律内容，原文引用如下："根据民法典第 278 条规定第 6—8 项，改建、重建建筑物及其附属设施，改变共有部分的用途，应由业主共同决定，需达 2 个 3/4 以上的业主同意。邟城共 1800 户，人数 5400 人。第 275 条规定小区绿地属于业主所有，系共同决定事项。"

反对者显然是在质疑社区修建公厕的合法性，不过标语和公告分别针对不同的事项，可以分别来看一下。从标语内容看，这些居民认为公厕挤占了小区绿化和健身场所，直接侵犯了业主的健康权，何况他们也担心公厕可能带来的潜在环境污染。侵犯健康权的说法当然有一定合理性，但也不是特别有力。减少一点绿化（全是草坪）能对环境造成多大影响呢？挤占健身场所的问题，前文已述，社区会另外选址重建。环境污染问题，对一个星级旅游厕所来说，应该也不是问题。

标语所反映的问题的真正症结是什么呢？是局部利益与公共利益的冲突。这涉及两对关系，一是小区内部居民之间的利益冲突，二是小区与外部市民之间的利益冲突。

第一类冲突在小区内部。社区建公厕的初衷之一，是解决到广场活动的居民的如厕需求。现有公厕条件简陋，高峰期如厕不便。这些居民大部分就住在广场附近，他们有的既是受益者，也是可能的受损者。所谓受损，主要是公厕潜在的环境污染问题。这些居民住在广场附近，是直接的利益相关方，社区在前期议事协商中，重点做了他们的工作。后来的一些反对者，居住相对较远，并非直接的利益相关方，反而成了最坚定的反对者。如果他们也从健康权角度反对的话，就把自己同直接的利益相关方居民对立起来了。最后用"风水"问题来反对，就避免了这种紧张。

第二类冲突在小区内外。邢城新村地处老城区，小区内部有一条商业街，店铺很多，这些人并非小区业主，建公厕他们是受益者。有店铺，就有顾客，顾客当然不全来自小区内部，而是面向社会开放的，对这些顾客来说，公厕当然也提供了方便。更重要的是，小区外面也是一条商业街，公厕对这些经营者也是有利的。一些反对者反对的理由之一，就是公厕对外开放，增加了小区管理难度，增加了小区人员流动的复杂性。他们认为，面向社会开放的公厕，理应建在小区以外，邢城新村没有义务牺牲自身利益为社会做贡献。

由此可见，反对标语折射出的是典型的"邻避困境"问题。邻避问题，本质上是局部利益与公共利益的冲突。应对邻避问题，需要更加充分地协商与沟通，需要利益相关方的充分参与和表达，尽可能找到双方的结合点。遗憾的是，公共利益的受益者是分散的，往往只能由政府来代表，而局部利益的受损者却是具体的，这类问题就经常演变为"官—民"问题。邝城新村的公厕，就变成了部分居民与社区的对立。

调研时，我问社区书记，可以让支持公厕建设的居民站出来发声吗？书记明确给出了否定回答，她说，他们站出来，就会得罪人，社区不希望这样。受益者、支持者不愿（或不敢？）站出来同反对者论争，其他居民也就更加事不关己，冷眼旁观，不少人或许还接受了反对者的说法。本来就是涉及群众利益的事情，结果群众的参与却呈现一边倒，这个问题实在值得深思。

自治

反对公告则暴露出社区自治的问题。简单说，就是居民自治如何与业主自治更好地融合。

反对者突然出现，社区措手不及，书记不理解为什么住那么远的居民会出来反对。在书记看来，社区已经做了非常充分的前期工作。首先，公厕问题居民反映已久，民意基础没问题。其次，专门召集居民代表开了座谈会，征求了意见。再次，社区按照程序向上级申报项目并被批准立项。最后，建设方案在社区公示栏进行了公示。整个流程公开、民主且透明，似乎没有什么问题。可是，反对者的公告恰恰指向了程序问题！

按照一般的工作规范，社区工作并没什么大问题。如果非要找瑕疵的话，那就是参与议事协商的居民代表覆盖面不足，造成有些居民的意见未能被及时发现和吸收进来，决策考虑不周全。可话又说回来，社区目前的居民代表选择方法也是遵循了惯例。每个社区通常都会掌握一些热心的居民积极分子，他们经常性地参与社区活动，关心社区事务，配合社区工作。他们往往身兼居民代表、楼栋长、志愿者等多重角色：在社区包粽子活动中，他们是热心参与的居民，而在社区议事协商会议中，他们又会变身居民代表。作为代表，他们不是居民选出来的，而是社区经过长期考察"物色"的。严格来说，这样的"代表"并未得到居民的授权，但也不能说他们没有发挥代表作用。在大多数居民对社区事务漠不关心的情况下，社区只能去"物色"代表。尽管不符合程序民主，但从实质效果来看，这些居民确实能够起到反映民意、参与社区决策等作用。这种做法通行于全国，是居民自治的实践惯例，而且在大多数情况下，并不会遭到居民质疑，毕竟大多数居民并不关心。

邘城社区的遭遇，实在是个意外。反对者拿出法理依据质疑了社区的实践惯例，而且确实是说得通、立得住的法理依据。公厕占地确实属于全体业主共有，修建公厕改变了土地用途，确实属于小区重大事务。社区以为在程序上经过规划部门批准就合法了，却忽视了这件事本身属于业主自治的一部分。社区按照居民自治的实践惯例去做，遭到了基于法理依据的业主自治的挑战。

2015 年 7 月，我在南京花庙社区调研时，也曾遇到过类似冲突。花庙社区书记说,花庙小区业委会要求社区居委会凡是在小区内悬挂横幅等,必须经过业委会同意,因为小区属于业主共有,居委会代表的公权力不能侵犯业主的私权力。这样的案例我遇到的极少,邘城社区这一例,最终以社区妥协告终,却也明白无误地呈现了一个事实:传统的居民自治方法必须面对日益活跃的业主自治的挑战。当然,也不能简单将二者对立起来。

实事求是地讲,作为基层群众自治组织,社区居委会主导的居民自治一直比较虚。在社区这个规模层次上,实现实质性的居民自治并不容易,居民自治也并未真正在基层社区扎根。但是,业主自治却正在扎根、成长。无论邘城新村部分业主以业主自治的法理依据表达的诉求是否合理,但表达本身没有问题。社区理应从这次事件中汲取经验教训,改变依赖传统实践惯例的工作方法,提高涉及小区公共事务的决策水平。

强人自治

混乱

南山花园是鄞州区知名的高品质小区,据说也是宁波面积最大的单体小区。小区毗邻鄞州区最著名的象城商圈,区位优势得天独厚,由四条城市主干道合围,一期与二、三期由一条天然河道分开,中间经桥梁连通。小区对口的小学和中学均是当地名校。因此,尽管房龄已近20年,但调研时(2022年12月)二手房价仍在3.8万元/平方米左右。时间倒回到20年前,小区开盘时售价达到4000元/平方米,远超当时普通工薪阶层的接受能力。小区居民公认,首批购房者都是"有钱的"和"有权的"。截至调研,20年过去了,尽管居住群体已发生很大变化,但仍有大量优势阶层居住于此。

南山花园一期与二、三期分为两个相对独立的物业管理单元。小区由宁波本地某大型地产公司开发，前期物业是开发商旗下子公司，也就是常见的"父子关系"。后来，该地产集团剥离物管业务，物业公司发生改制和变动。受此影响，小区进入持续数年之久的混乱期。一期和二、三期几乎同时经历了更换物业、业委会换届和业主派系斗争等剧烈波动。这里重点要讲的是面积更大、情况更复杂的二、三期的故事。为表述方便，我们将二、三期称为南山小区。

南山小区占地面积35万平方米，建筑面积54万平方米，容积率并不高，居住舒适度还是比较好的。小区两期分别于2004年、2005年交付使用，截至调研拥有住户3871户。小区房型丰富，包含高层、小高层、多层洋房、单体别墅、联排别墅等，小区内还建有一栋商务楼和一条商业步行街。小区绿化非常好，大树参天，景观多样，还有一处豪华会所，建有泳池和运动场所，篮球场、足球场都有。别墅区位于小区中央，设有单独门禁，居民称之为"国中之国"，小区复杂程度可见一斑。

小区乱局发生在第二届业委会任期内。当时，地产商将物业板块剥离出去，原来的小区物业经理与其他人直接将物业公司收购，物业人员原封不动，实际上已经是一家新的物业。绝大多数业主只看到人员没变化，对这些情况一无所知。但是，公司转制后，私人老板更加追求即时收益。此时，小区已过房屋质保期，维修管理成本开始上升。几乎每个小区都会出现的"物业管理周期律"开始上演：物业公司降低服务质量压缩成本，维持利润率；业主开始明显察觉到物业服务变差，不满情绪增加，拒交物业费开始增多；物业进一步控制成本……

住宅小区老化与居民生活水平提高的矛盾开始突显。生活水平提高，更多居民就买了车，停车秩序问题越来越突出。小区老化的同时，居民对小区环境、居住品质的期待却是在提高的，二手房交易会加剧这种矛盾。建筑在老化，房价却在飞涨。上涨的部分很大程度上来自优质学区和小区区位，但购房者可能将支付的更高成本同小区居住品质关联起来，卖房者也希望物业服务至少不能拖房价的后腿，最好还能加分。实际上，南山小区的二手房价格一度低于周边小区。这可能也是正常的市场规律，但业主会将其视为物业服务质量下降对房价的拖累。几重因素叠加，业主与物业的矛盾开始积累并爆发，换物业的呼声开始出现。

业主与物业的矛盾往往是业主分裂的开始。对服务的感知本身就带有较强主观性，物业管理不烂到一定程度，业主就很难达成共识。物业服务质量评价和是否更换的分歧，很快在业委会内部显现出来。有的委员力主更换物业，有的则认为物业还有的救，上策是督促其整改，更换物业是下策，万一换的物业更差呢？意见分歧慢慢发展成业委会内部的派系，业委会正常运转变得非常困难。

更复杂的是，更换物业涉及重大利益的重新分配。"更换派"中的某些人，被发现其实另有所图，是想引入与其有关联的其他物业，或者以此要挟现物业谋取好处。"维持派"为此坚决顶住，不肯退让。双方各有部分居民支持，"更换派"显然更容易挑动民意，他们通过在小区内贴大字报、扯横幅，在宁波当地知名的论坛发帖制造舆论，双方剑拔弩张。最终"更换派"获得更多民意支持，物业更换目的达成。此时，却又出现新的问题，老物业不肯退场，新物业无法入驻。小区内弥漫着紧张的气氛，业主不断向政府投诉和反映，南山小区的混乱一时间远近闻名。

僵持不下之际，东沟街道办事处派出以人大工委主任为组长的工作组进驻小区，协调物业更换问题。此时，第二届业委会也任期届满，但内部不团结问题已经非常严重。时任业委会主任个人私德很好，守住了小区公共收入不被侵占的底线，却无心也无力继续担任业委会主任。南山小区的业主自治陷入空前困境，街道和社区都希望借物业更换与业委会换届的契机，推动小区由乱到治。

核心便是解决业委会的组织问题，而核心的核心又是选出一位得力的主任，能够驾驭复杂的局面。南山小区业主中有热心有能力的人不在少数，街道和社区反复权衡，并征求部分业主代表意见，最终将目光锁定在龙总身上。龙总是当地一位知名企业家，拥有房地产公司等多家企业，经营过物业管理，是区人大代表、街道商会常务副会长。从各方面看，龙总都是非常理想的人选：他对小区事务比较关心，具备相关专业知识，身为公司老总有足够的组织经验和管理经验，具备一定的社会地位，在小区居民中有一定威信，而且与政府有长期合作，既有沟通能力，也有一定的人脉。

但是，龙总并不想"惹这个麻烦"。街道工作组和社区干部多次做工作，他始终以各种理由推脱。街道工委书记也通过各种方式做了5次工作，其间，龙总为了"躲是非"，甚至跑到乡下老家待了一段时间，最终还是不得不看在领导的"面子"上，站了出来。龙总表示愿意出来竞选业委会后，其他业主中的积极分子也开始主动报名，经过街道社区和龙总的酝酿，最终通过选举程序，业委会顺利换届，组成人员全部更换。龙总正式当选南山小区业委会主任，龙总成为龙主任。

转折

龙主任面对的确实是一个"烂摊子"，原来的物业后期管理不到位，小区各种问题累积。物业更换矛盾让小区居民对新物业和新业委会充满了高期待，摆在龙主任面前的是消防改造、道路破损维修、停车管理等事务，每一件都很迫切，每一件都是硬仗。

龙主任完成了对小区由乱转治具有关键意义的三件大事，一是"组阁"。新一届业委会成员中，有工程管理、财务等各方面专业人才，且总体上比较有公心，经济实力比较好，用副主任的话说就是"不差钱，所以对捞好处没兴趣"，是一届有战斗力的班子。

二是建章立制。利用换届,在街道引入的专业法律顾问的帮助下,南山小区修改完善了业主大会议事规则和业主自治公约。议事规则的完善尤其重要,新议事规则对小区公共经营收入的管理使用、工程招投标等都做出了详细规定。上一届业委会留下了上千万元的公共经营收入,每年新增收入还有三四百万元,财务问题是小区业主自治关键中的关键,建立并执行严格的财务公开制度,才能尽可能减少业主对业委会的怀疑。现在,他们坚持每月公布一次财务情况。同时,设立候补委员制度,防止像上一届业委会那样,后期因部分委员辞职或不履职而陷入停顿。另外,废止业主代表大会制,取消业主代表,由业主直选业委会。代表制有利有弊,在业主共识度高的情况下,代表制能够有效降低议事合作成本,提高自治效率。但在业主分歧明显,甚至出现派系时,业主代表的合法性很难受到普遍认可,更容易将派系斗争扩大化。取消代表制,施行直选,一来可以获得更强的合法性授权,二来也减少中间环节,重建业主信任。当然,这样必然带来合作成本增加的问题。

权力更替和制度完善,都是在街道工作组支持与指导下完成的。可以说,这是南山小区由乱到治的"关键一招",为新一届业委会有效施政奠定了基础。接下来就是业委会实打实做的几件大事了,这些大事可统称为第三件大事。这里尤其值得说的是停车改革与路面修复。

据不完全统计，南山小区有车辆8000台，户均2~3台车，停车位远远无法满足需求。原来的停车管理制度是，每户业主可以有2台车享受包年优惠，第1台车包年720元，第2台车1440元，先到先停，无固定车位。这个停车价格同小区房价相比，可以说相当便宜了，周边新小区和商业停车场都要日均20元起了。这导致大量业主车辆在小区内无序停放，消防通道占用严重。而且，小区有些户型配有一楼车库，很多业主约定俗成地认为车库前面的车位归自己使用，为了方便，经常把车辆停在外面，又不交停车费，造成车库闲置，资源浪费。停车改革后的新制度规定，每户业主只保留一台车的包年资格，第2台车就要按照每天20元封顶的临停价格收费。高收费的目的就是引导业主将多余车辆停到小区外面。对于有车库的业主，要求必须停车入库，停放在车库外面的也要按车位收费。在限制的同时，业委会想了很多办法在小区周边增加车位。一是动用各方关系——这时候龙主任在政府系统的人脉就发挥作用了——在小区北面高架桥下，争取到一块政府闲置土地，业委会投资建设了一处停车场，增加了80个车位。二是与周边两处商场协商，以优惠价格争取到夜间停车权利，每月仅300元，低于小区临停收费，目的也是引导业主将车辆停过去。

停车改革是对小区现有利益格局的重大挑战，尽管相对于业主收入来说，原来第2台车每年1440元的费用损失并不算什么，但既得利益被剥夺，还是让很多人不满。何况停在外面每年要 3600 元，而且确有不便之处，对这个超大型小区来说，这个问题尤其明显，有的人可能要步行二十分钟才能到家。于是，停车改革引发了巨大矛盾，大量业主抵制，业主群和网络论坛里各种指责、谩骂铺天盖地。新停车场摇号当天，有业主大闹现场，甚至扬言要使用暴力。业委会不与其正面冲突，直接报警。尽管如此，为了彻底解决小区停车混乱问题，业委会还是顶着压力坚持了下来。业委会成员带头遵守新规，改革效果非常明显，停车矛盾大幅减少，消防通道也被清理出来，全部畅通，再无车辆占用。

不过，也不是所有改革措施都坚持了下来。小区一度对出租车进小区采取收费制度，单次 5 元，目的本是减少外来车辆进入，但确实不方便业主，受到的抵触非常大，被叫停了。不过，调研期间，我们有一次因为下雨，想打车进小区，出租车师傅还提醒我们说最好不进去，因为"这是全宁波唯二进小区要收费的"。

路面修复事件更是引发了巨大的网络舆情，对龙主任本人也造成了比较大的打击。一名反对派在论坛发帖，拍了很多施工现场的照片，确实揭露了不少施工问题，指名道姓将矛头指向龙主任，称业委会收了好处，放任施工方偷工减料，结果花了上百万元，搞成了豆腐渣工程。这名业主还通过各种政府投诉渠道反映该问题，业委会和龙主任本人遭受了巨大的压力。实事求是地讲，路面修复工程确实存在不少问题，业委会明显监督不力,在施工方选择上也存在失误。业委会也不是没有发现施工问题,但明显缺乏日常监管,仅仅是发了一份整改通知书,并没有跟进,结果"施工方很奇怪,竟然三个月没有答复"(一位业委会委员语)。施工方三个月不答复,业委会竟然没有采取有效措施,可见工作疏漏不小。更匪夷所思的是,施工方后来竟然不告而别,悄悄撤走,业委会毫不知情,也联系不上。业委会一位成员说,这件事并没有反对派所说的利益输送,也没有那么大经济损失,因为业委会并未验收,工程款也还没有付。后来,业委会另外找了一家施工单位,最终完成了这项工程。但是,反对派挑起的舆情到我们调研时还未平息,龙主任、业委会和社区为此投入了很多精力,包括与论坛经营方沟通,龙主任还在与律师沟通,准备起诉反对派。

直到现在,业委会与小区反对派之间的关系仍然非常对立。不过,总体看来,双方的"斗争"基本局限于个人之间,没有将更多业主卷入,整个小区的秩序已经比前几年好了很多,归于平静。

强人

新一届业委会能够做成几件大事,推动南山小区的秩序转型,与龙主任的个人因素关系很大。无论从哪个方面看,龙主任都算得上是一位比较"强势"的主任。这也正好契合了小区由乱到治的秩序转型需要，时势与英雄就这样恰好相遇了。

龙主任的"强势"集中表现在他面对风险和压力时，仍然敢于做事，敢于斗争，没有退缩和逃避。

南山小区沉疴众多，时日已久，既定利益格局高度固化和复杂化，典型是停车问题。多车业主明显用较低成本占用了更多公共停车资源，这实际上是很不公平的。停车混乱还明显影响了小区秩序，占用消防通道也存在巨大安全隐患。推动停车改革，在任何老小区都是最容易引发矛盾的，何况是南山小区这样的超大型小区，业主藏龙卧虎，不少都不是善茬儿。龙主任敢于碰硬钉子，啃硬骨头，强势作风可见一斑。

在面对反对派时，龙主任更是做到了敢于斗争，也善于斗争。南山小区的反对派有三大来源，一是上届业委会落选者，二是小区改革中利益受损者，三是个人私利没有满足者。南山小区现实利益多，利益空间更多。在工程发包、广告位招租等很多事情上，都有人向业委会成员和龙主任明示暗示，通过利益输送得到好处，但都被拒绝了，这自然让有些人不满。他们通过业主群制造舆论，在论坛引爆舆情，向政府部门投诉，既有意气之争，也有利益考量。很多时候，一些热心公益的积极分子会退缩，"不想惹麻烦"，为了小区公事而非自己私事，增加生活烦恼，何必呢？所以，我的大量调研发现，积极分子被消极分子定向攻击而退出的比比皆是，这也是很多小区无法形成良性合作秩序的根源。俗话说，为众抱薪者，不可使其冻毙于街头。可现实往往是，社会无法自发地去保护那些抱薪者，抱薪者被"风刀霜剑严相逼"，主要靠自己的心理能量和自我激励坚持下来。龙主任显然属于强自我激励者。

为什么小区由乱到治，需要龙主任这样的"强人"呢？大致有以下三方面原因。

一是南山小区是典型的双密集小区，利益密集和精英密集。小区年均公共经营收入近400万元，账上存款上千万元，小区内停车位出租，会所、门面出租，工程维修等都是巨大的利益，有利益就难免有利益之争。小区居住群体中各类精英众多，且很多人属于自由职业者，如私企老板，他们有足够的时间精力和动力去参与到利益竞争中。这样的双密集格局，决定了小区内部比较活跃。

二是历史积弊太重。正是在前面的前提下，小区老化带来的问题反而更容易扩大和累积，任何改变都可能遭遇反对力量。小区超大体量更是造成形成全体共识很难，甚至只是多数人共识都非常难，增加了变革成本。

三是陌生人社会没有内生的社会激励机制，反对派更容易以维护小区利益之名获得普通业主支持，哪怕后者只是不作声地沉默，也会对当权派产生消解作用。这更加需要后者敢于斗争，在社会无法提供激励和保护的情况下，自我激励，自我保护，还要善于与消极分子斗争，维护小区健康舆论。这对于志愿的公益事业承担者来说，实在是太过苛刻的要求。正因为如此，一个强势领导的出现，才可能在业委会中形成团结协作、有效对外、善于斗争的团队气质，塑造出一个有战斗力的积极分子集团。

龙主任的个人禀赋使其具备了成为"强人"的基本条件：一、他是知名的民营企业家，商海沉浮、市场竞争中的成功者，斗争意志和斗争经验是要强于普通人的；二、他有丰富的企业管理经验，作为企业老总，有足够的团队管理和领导能力；三、有较丰厚的政府人脉资源，且确实获得了相应的支持，既能为小区争取一些资源，也能在需要保护时得到应有的体制支持。

我多年前在北京海淀区调研时，也曾遇到过一个高度类似的案例。那也是一个高品质的大型小区，经历了更激烈的业委会换届斗争，更混乱的物业更替矛盾。直到一位上市公司董事长挺身而出，组建了一个结构非常合理的团结的业委会班子，局面才彻底改观。新一届业委会改物业包干制为酬金制，深度参与到小区的日常物业管理中，做成了几件大事，小区各方面秩序得以好转。尽管仍有极少数因为停车改革利益受损的反对派在坚持上访，但因为丧失了业主支持，对小区稳定基本没有影响。

"双密集"的大型小区，往往意味着有更多的自治资源，包括物质资源和人力资源。但这些也同时会因利益斗争而成为小区自治的障碍，使小区陷入"群雄并起"的"战国乱局"。一位强人的出现，对于扭转局面或许是不可或缺的。当然，前提是这样的强人属于积极分子，而非消极分子、投机分子。

经过强人自治的整顿，包括清理历史积弊、建章立制，小区便会进入一个较长时间的平稳期，强人之于小区的必要性也会逐步下降。强人的出现具有偶然性，是时势与英雄相互塑造的结果。住宅小区的业主自治作为社会民主的一种类型，面临着各种先天的限制和障碍，偶然性也是必然性。强人自治的出现，证明小区自治是非常人格化的自治，而不是仅仅依靠完善的制度就能取得理想效果的。

"基层中国"系列

《大国之基：中国乡村振兴诸问题》

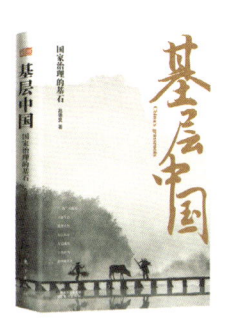

《基层中国：国家治理的基石》

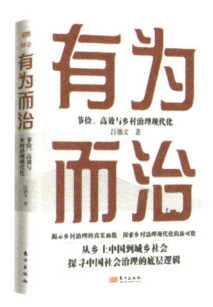

《有为而治：节俭、高效与乡村治理现代化》

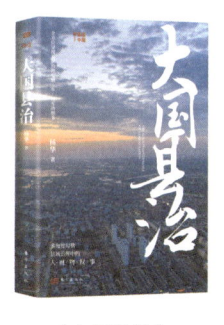

《大国县治》

《群众的时代：社会转型期的城市基层治理》

未完待续
敬请期待……

人格化自治

自管会

2021年11月,我和几位学友到扬州邗江区和高邮市调研,发现这里的老旧小区普遍成立了自管会,非常有特点,也让我对老旧小区的自治产生了一些新想法。

自管会又叫自管小组,是以住宅小区为单位组建的自治组织。自管,顾名思义,自我管理之意。区别于依托物业公司的物管小区和由社区兜底的托管小区,小区自管会一般由5个人组成,组织规模比较小,内部人员分工也比较灵活、模糊。实际上,自管会运作中真正发挥作用的,往往只是一两名成员。

自管会全部分布在老小区,这些小区的特点是:基本建成于20世纪90年代至21世纪初,建筑均为多层楼房,无电梯,无地下车库,小区有若干出入口,属于封闭住区。自管会一般在老旧小区改造完成后成立，属于长效管理的实现方式。我调研到的最早的自管会，成立于 2009 年，这个自管会在扬州市非常知名，其出现直接推动了自管模式在全市的推广。目前，该自管会已经历几次换届，通过对一位元老级成员的访谈，我们发现，在成立 10 年后，这个自管会与其他自管会相比已没有特别之处。

自管会工作有如下几项，一是选聘小区管理人员，督促他们做好工作。这是自管的首要内容。一般来说，自管小区的管理人员主要是保安和保洁，小区体量小的，可能就一个人兼着，可以最大限度地压缩成本。二是做一些居民行为引导方面的工作。与管理人员一道对小区居民停车、乱扔垃圾等常见行为进行劝导、管理，参与调解邻里纠纷。这些事务往往在实行自管开始阶段较多，事务量也与小区体量有关。这是能够体现自管组织活跃程度和自管水平的主要方面。三是作为沟通桥梁，在社区和居民间发挥上传下达功能。

自管成功与否关键取决于三条：一是能否找到合适的管理人员；二是小区收支能否平衡；三是能否将小区内一些挑战自管规则的现象控制在较低限度内。从扬州的调研经验来看，实行自管的小区普遍经历了由乱到治的转变。

以邗城社区为例，该社区辖 13 个小区，其中 3 个为有物管小区，成立了业委会，5 个小区成立了自管会，其余则由社区托管。后来到高邮调研，情况也大致如此。仍然由社区托管的，主要是零散楼栋，无法封闭，且这类小区事务量较少，基本外包给保洁公司，少量的维修和下水道疏通事务，则由社区组织相应楼栋居民自行解决。

可以说，自管模式是解决那些物业公司不愿接手的老旧小区管理的较为可行的模式。

简单小区

老旧小区管理是当前社区治理中的难题。近年来，老旧小区改造已成为城市更新的重要内容，也是国家在大力推动的民生工程。老旧小区改造往往是一个催化剂，是小区管理转型的重要契机。很多地方都在积极作为，以老旧小区改造为契机，探索改造后的长效管理模式。

改造前，老旧小区的管理普遍实行政府托管，成本高，效果也不见得好，无论是街道还是社区，面对数量众多的老旧小区，根本无法做到精细管理。老旧小区改造后的长效管理无非两条路：一是市场化，引入物业公司，小区要成立业委会；二是社会化，成立自管组织，由居民自行管理。那么，什么样的社区适合市场化的"物管+业主自治"，什么样的小区适合"社会化自管"呢？

我觉得有两个因素很重要：一是小区内生资源量，二是小区复杂程度。所谓内生资源，说白了就是小区的"造血"能力，能不能从小区内部生产出足够的支撑其运转的资源，平衡其管理成本。暂且搁置维修基金这个政策性因素的话，小区内生资源主要来自两方面：一是收费，二是经营收入。收费主要包括停车费和物业费（或卫生费），是居民享受小区公共服务应承担的成本。经营性收入主要来自出租收入，如广告位、门面房等。内生资源是小区运转的物质基础，改造除了改善小区基础设施水平外，还要尽可能同步提高小区的内生资源生产条件。但是，内生资源生产能力又不完全取决于物质条件，还与小区的管理模式、管理水平相关。很简单，收费如何做，收哪些，收多少，收缴率能达到多少，这些都考验着小区管理水平。所谓小区复杂性，也可能细分为两个方面，一是居住群体的异质性，二是小区事务的复杂性。居住群体同质化程度高，更容易达成共识与合作，反之则会给小区合作带来很大挑战（老旧小区面临的最大挑战，就是出租户多）。小区事务的复杂性，主要是指小区公共事务的类型，从管理的角度讲，事务类型越单一，事务量越少，管理难度越低。

据此，可以将老旧小区划分为两大类：一类是简单小区，一类是复杂小区。简单小区，即小区内生资源生产能力较弱，仅可实现资源供给的紧平衡，同时，小区复杂度比较低，与之相对应的即为复杂小区。简单小区适合自管，复杂小区才具备市场化管理的条件。

扬州实行自管的小区，收费水平都非常低，一般是以卫生费名义，每户按月或年收一次，有的小区一年收150元，有的每月10元。多数小区停车是不收费的，而这本应是重要的收入来源，个别收费的也只象征性地收一点，与免费差不多，其他经营性收入几乎为零。这些小区体量比较小，一般不超过500户，一年下来收入也只有几万元，刚刚覆盖人工成本，极少结余。加上购置保洁器具等，大体维持一个比较紧张的平衡状态。

体量小，事务少，收费项目少，标准低，小区管理比较简单，最终呈现的就是一个能够为居民提供底线生活秩序的样态。

人格化自治

小区是理解自管的第一个方面。简单复杂的类型划分，似乎也可为认识住宅小区提供一种视角。那么，简单小区的自治与复杂小区的自治，又有什么区别呢？我觉得，自治的组织化、人格化是一个值得注意的方面。

复杂小区自治的组织化要求是比较高的。一方面，复杂小区内居住群体异质程度高，小区中的行动者无论是类型还是数量都是比较多的。所谓自治，本质上是行动者的游戏。大多数人无论是行动意愿还是行动能力，都会自觉不自觉地成为冷漠者。少数行动者才是真正的骨干力量，无论是积极的、建设性的，还是消极的、破坏性的。复杂小区行动者较多，作为行动者的组织，业委会的组织化程度就比较高。既能有足够的权力开放性，最大化地吸纳行动者参与，也具有较强的自我整合能力，使异质性的行动者能够达成合作。另一方面，复杂小区的公共事务比较复杂，也需要一个有效的组织才能应对。正是在这个意义上，复杂小区的业主自治，就需要建立适配的复杂组织。组织内部有来自各方面的行动者，有明确的组织规则，有完善的专业化分工，不能仅靠个人，而要实现组织的稳定。通过组织的稳定，吸纳行动者个体的不稳定性。

简单小区自治组织的组织化程度要低得多。小区异质性低，行动者数量相对较少，小区内生资源也少，组织对行动者的开放性就不是那么重要。事务简单、资源少，也要求其组织成本要低。因此，从实践来看，所谓的自管组织最终往往主要靠一两个核心人物在支撑。比如，作为扬州小区自管典范的八号院自管会，最开始活跃分子比较多，内部也建立了比较复杂的分工制度，但没几年，随着小区管理进入平稳期，自管会的运转就变得比较简约了，目前只有两个人参与多一些。另一个杨庄小区，自管会名义上为5个人，实际上只有会长一个人在干活儿，整个小区只聘了一名保安兼保洁，会长每天都会在小区大门口的值班室跟保安一道维持秩序。

因此，对简单小区来说，尽管有自管会这个组织，但实际上其自治的运转，并无多少组织化色彩，反而更体现为核心人物的个人化风格。杨庄小区自管会的会长只想维持基本秩序，奉行多一事不如少一事的原则，就没有主动性推行停车收费等工作，因为那样对现行秩序改变太大，可能带来不确定性。有的小区自管会会长作风比较强硬，敢碰硬钉子，敢得罪人，就能够去触及一些比较难解决的问题。高邮塔西小区的自管会主任就是这样的人，虽然是个女同志，但作风泼辣，以一人之力同小区内曾经泛滥的毁绿种菜现象作斗争，经过几年持续不断的"一个人的战斗"，目前该小区已经杜绝了此类现象。

所谓个人化风格，也就是小区自治的人格化特质，即小区自治水平很大程度上取决于核心人物或自称为小区领袖的人格特质。这也可以解释，为什么同样实行自管，且同样体量不大的小微型老旧小区，在实行自管后，管理方式和管理水平会呈现较大差异。人格化自然也意味着不稳定，核心人物的更替，必然带来所谓"人亡政息"的风险。许多小区的自管会负责人在访谈时也都担心这一点：有没有人接班？什么样的人接班？不同的答案便会塑造出不同的小区风格。

从根本上讲，基层群众自治都是人与人的互动，都具有人格化特征。但相对来说，复杂小区的组织化性质会更重一些，简单小区的人格化特征会更浓一些。做这样一个讨论是想说明，当我们在说基层自治时，不应简单化地用自治组织来衡量。对那些简单小区来说，发现和挖掘一个合适的领袖人物，要比建立一个完善规范的组织重要得多。而对复杂小区来说，仅仅发现领袖人物，只是第一步，要通过组织建设，使领袖人物之间达成有效且稳定的合作，才是更关键的。

社区性公德

公德二分

中央提出要构建"三治融合"的基层治理体系,"三治"即自治、德治、法治。自治与法治都比较好理解,也基本不存在认识上的太大分歧。可德治到底如何理解呢?尤其是如何在基层治理的语境中理解德治?

表面看来,德治似乎也并不复杂。德治者,道德之治也。许多人甚至可以从传统典籍中找到大量与之相关的表述,比如《论语·为政》篇那句经典:道之以政,齐之以刑,民免而无耻。道之以德,齐之以礼,有耻且格。总之,中国古代尤其是儒家的治理智慧里,德治才是治国之根本。当然,儒德之争或者说儒家治理之类的说法,也说明实际情况要比文本上复杂得多。问题是,现代汉语中的"德"与"德治",同古代汉语的"德",

似乎并不是那么完全贴合的。且古先贤的话语习惯里，德并未有过精准清晰的意义，就像孔子论仁，总是讲究情境性的，以古代的德治简单比附现在的德治，恐怕并不能增加我们的认法，反而让本就有些抽象的德治更加微妙。更重要的是，治国之德与基层治理中的德也不能简单比附。我们还是要从基层治理的语境中，来理解德治。

为了便于理解，可以将道德简单划分为两大类，公德与私德，两者分别对应个体在私生活与公共生活领域的道德。从基层治理来讲，私德与公德都是重要的。比如，家庭生活中，每位成员都能恪守伦理道德，家庭就会少很多问题。问题少了，基层治理也就更加有序了。公德更是如此，在家庭之外，不随地吐痰，不乱扔垃圾，遵守交通秩序，等等。如果全体社会成员都能具备良好的社会公德，那社会上也会减少很多摩擦，社会秩序就会更好。

现在讨论德治问题的，几乎都是在这样的二分框架下展开的。这样的讨论不是说完全没有意义，但我觉得并未真正触及基层治理的要害。

我认为，应该将社会公德做进一步的细分，将其划分为社会公德与社区公德。为什么呢？社区其实同社会有差别，这倒不是从社会学古典的社区（共同体）社会二分的意义上使用，而是基于现实。社区是社群生活的空间，是小共同体的空间，社会则在社区之外，是更大范围的社会生活空间。基层治理的"基层"其实主要是指社区这个层次（当然从国家的治理实践中，基层特指乡与村、街与社区），是家门之外、纯陌生的社会空间之内的层次。在具体形态上，社区在农村即村落，在城市则是居住小区，也就是由一定物理边界围合的一定规模的社群生活的地缘空间。

做这样的区分，对理解中国语境中基层治理的德治是非常重要的。

小共同体

中国社会一直有小共同体的实践传统，最典型的便是村落。中国村落的特殊在于，它是血缘与地缘的混合，在费孝通看来，地缘不过是血缘的投射，也就是说，村落的社会属性的第一性是血缘性，其次才是地缘性。村落这个小共同体介于个体家庭这个"私"的单元与国家这个大的"公"的单元之间，因为血缘的缘故，从国家的视角看，它是"小私"集合而成的"大私"单元。但从个体家庭的角度看，它又是超越小私，而不同于国家"大公"的"小公"单元。在传统时期，村落作为"小公"的属性主要依靠共享大传统而生成，但其实其运转主要依靠自身的一套地方性规范。对寻常百姓而言，只知有家族（村落）而无国族认同，故现代国家建设便是用国家"大公"来改造村落这个"大私"，使其成为农民认同国家的通道而非障碍。当然，随着乡土社会的变迁，村落也在发生改变，也面临着如何重塑村落层面的公德的问题。这里不赘述。

从城市来看，新中国成立后，国家创造了单位这个"小共同体"。城市是陌生人社会，没有血缘基础，所以单位主要是作为"小公"而存在。单位解体后，社区体制确立。二十多年的实践表明，作为国家政权建设产物的社区，并不具备成为小共同体的现实条件，它更主要的是作为国家治理单元而存在。相比之下，住宅小区是市民社群生活的基本空间单元，且物业管理制度也要求其有大量公共事务需要合作完成，构成都市社会里小共同体的真正空间载体。所谓城市基层群众自治，其实也主要是以小区为单位的业主自治。

因此，在城市基层治理语境下探讨三治融合，就主要是在小区这个层次上展开。

德治的本质是自治

小区是一个地缘空间，其形成具有偶然性。居民因购房而形成小区这个社群，需要从头开始相处，其社群生活秩序便是小区治理最主要的目标。我曾经分析过"中国式小区"的特点，即高密度居住模式衍生的复杂邻里与拥挤效应问题。为什么叫"中国式"？因为在欧美主流的街区制下，出了居住空间后便直接进入城市公共空间。中国的小区，则是一个处于中间的空间，属于经济学上讲的"俱乐部物品"的空间单元。大致来说，居民在家中的行为属私德范畴，走出小区大门便进了社会领域，要讲社会公德。那在小区中呢？小区中的社群生活经常出现各种摩擦，比如乱停车、宠物伤人、广场舞扰民等。将这些问题归结为个人不讲社会公德，表面上看说得过去，但问题在于，归咎于社会公德，便实质上将其同小区自治割裂开了，似乎只要加强公德教育宣传，强化人们的公德意识就可以了。这样的逻辑取消了小区同城市的区别，也潜藏着危险：在城市公共空间里违反公德的行为，有时会有执法部门来执法，但小区这个空间不能指望靠这个力量，而应该靠自治。

社会性的公德当然也可以用来约束小区里的社群生活行为，但更重要的是要靠社区公德来约束，因为二者有明显区分。社区性公德是基于社群生活需要对个人行为提出的要求，社群生活并不完全等同于更大社会空间的生活，其要求也就不同。社区性公德的主要内涵是地方性规范，是人们对社群生活秩序的认同与遵循。

社区性公德水平，取决于社区自治的效果，也反过来影响社区自治，这便是二者的关系。同法治相比，社区性公德更是内生的，与自治相辅相成相生相灭。社群生活，特别是陌生人社会中的社群生活，是一个新生事物，我们的城市化时间很短，数以亿计的中国人要学会在住宅小区里过好社群生活，便亟须重建社区性公德。

再强调一遍，社区性公德有必要作为一个独立的道德建设目标提出来。现在，讲到公民道德建设，往往是讲私德公德，公德又宽泛到几乎无所不包，实际上便弱化了指向性。社区性公德很具体，从底线上说，就是按时足额缴纳物业费，自觉遵守业主公约；往高了说，是能够积极热情关心参与小区公共事务治理。真正的公民，首先是从关心社群生活开始的。

应该将社区性公德的培育作为城市社区治理的重中之重来抓。需要注意的是，社区性公德培育本身就是德治的内容，也是德治的重点，但它不是独立于自治而存在的。二者本质上有相通之处，每一件自治事务的有效达成，都是社区性公德的生长机会，同样地，每一次自治事务的失败，都是对社区性公德的破坏。

业主自治中的民主集中制

一

鄞州区住宅小区的业委会选举很有意思。在东沟街道调研时，访谈过的几位社区书记都非常重视选举，都把其作为最重要的社区工作之一在抓。在这些书记的直接参与下，几个小区的业委会换届都还比较顺利，业主自治的状况也还比较良好。

业委会的选举属于社会民主的一种形式，能否选举产生一届真正由积极分子组成的业委会，尤其是选举产生一位合适的业委会主任，对于业主自治的运行是至关重要的。一般情况下，社区是作为选举筹备组的主要成员参与选举的，按照法律规定，业主自愿报名，筹备组进行资格审查，并制定选举规则，组织业主投票从符合条件的候选人中投票选出业委会成员，再由业委会成员召开会议，确定分工，产生主任、副主任等。对于社区而言，最稳妥的办法，就是在保证选举程序规范、合法的前提下，使选举成为一场彻底的民主实践，这也是一般意义上的民主制度。

这样做对社区来说，选举会变得非常简单。从某种意义上讲，这样似乎也是最应该的。民主是全体业主的权利，选谁不选谁，黑猫还是白猫，能不能抓住耗子，都应该由业主为自己的那一票负责任。社区介入太多，反而可能引火烧身，被人指责内定候选人，干预选举，侵犯业主的民主权利。很多学者便是这样认为的，他们从这里面看到了社会成长的希望。早些年，大多数地方的社区也是这样做的，特别是在一、二线大城市，那里新中产精英偏多，民主权利意识更早形成，社区的介入也面临着更多来自社会的阻力。所以社区也就多一事不如少一事，即使在最可以干预的候选人资格审查环节，也大多只是做形式审查，选举只要顺顺利利完成就好。

然而事情并不会随着选举的结束而结束，实际上只是刚刚开始。完全由业主投票选出来的业委会，若是不作为怎么办？乱作为怎么办？社区能置身事外，让业主后果自负吗？在中国这样的政治文化里，政府是不可能置身事外的。选举的恨不得让公权力离得远远的，可等小区出了问题，自己解决不了了，政府又成了救命稻草。选举的一时轻松，终难逃日后的问题缠身，这也是一再被实践证明了的。

很多人说，对于中国人来说，在小区里搞民主，是水土不服，一些人还没有养成成熟的民主素养，所以乱象丛生。这个说法不成立，业主选举中的问题，不能归结到个人的民主素养上来，这是个结构性的问题。小区是一个人数众多的陌生人社会，信息不对称，尤其是每个人的人格化信息几乎是隐蔽的，每个人都只能凭借极其有限的信息——这些信息还是候选人有选择地释放出来的——做出判断。何况愿意去做判断的都算是对自己那一票负责的了，大多数人可能都无所谓，就看个人好恶，比如这个人平时勇于批评物业，总是能发现小区中的问题，这个人跟我一样，却讨厌物业要换掉，等等。选举的质量在很大程度上不是由选举人的选票决定的，而是由候选人决定的。若是恰好候选人中以公道正派的人为主，那么选举的结果就不会太差，若恰好其中有别有所图的投机分子，那么后面就会很麻烦，便会在选举后陷入"代理人失控"的困境。毕竟，在选举之后，业主要想再监督业委会是很难的，想要中途罢免改选的难度也是相当大的，且势必会造成小区的秩序动荡和实际的经济损失。

因此，对业委会选举，或者说对小区里的民主采取自由放任主义，本质上也是对业主不负责任。正是在这个意义上，鄞州区许多社区书记一改过去置身事外的策略，积极介入业委会选举中，便具有很强的必要性和合理性。

我以为，这其实创造出了一种具有中国特色的基层社会民主形式，也就是中国式的小区民主，它是由小区的社会民主与社区的组织集中构成的一种民主集中制。

二

民主集中制如何实现呢？大致分三步，民主→集中→民主。其实也就是群众路线的那句话，从群众中来，到群众中去。

第一步，要经过充分的民主。这一步民主在选举之前，是在日常工作中对小区中各类业主人格化信息的充分掌握。所谓人格化信息，一是年龄、职业等客观的个人禀赋，二是性格、作风、思想等非常个人化或个性化的特点，其中尤为关键的，是其在小区公共事务上的言行表现，要根据其表观判断是否公道正派。人格化信息的获取需要社区书记能够多关心小区里发生的事情，关注各类主的表现，还要善于利用各种渠道，如物业纠纷、居民代表等，丰富和完善所获得的信息。信息是重要的治理资源，在陌生人社会里，人格化信息尤其珍贵。不同于村庄熟人社会有着广泛的生活化的信息形成与传播机制，在陌生人社会里，所有的信息都是碎片的、不完整的，因此长时间多渠道的信息比对和综合尤其重要。

这里的民主性就表现在，社区书记并不是也不能仅靠一些外在符号和个人好恶来识别和判定人，比如党员、退休干部、私企老板，这些身份符号与其是不是合适的积极分子并无必然关联。除了听其言、观其行，还要在尽可能多的事件上去考察、去检验，而且也不是由书记个人"乾纲独断"，他还要善于征求尽可能多的其他相关人士的看法。这一步，便是从群众中发现和发掘真正能够受群众认可，能代表群众利益，为大家做事的积极分子的过程。

从发现和发掘积极分子的角度，小区里事情越多越好，每一件事都是机会，太平无事、风平浪静并不利于积极分子的现身。当然，有积极分子，便也会有消极分子，他们在小区事务上都会表现得较活跃，对于普通群众来说，由于掌握的信息比较碎片化，他便很难将二者准确区别开来。社区书记的优势就在于其信息源更多，且能够超越个人利益和情感好恶，这也是其比普通群众更能形成判断力的优势所在，不经过这个日常工作中的民主化的考察与识别，仅靠选举去识别是远远不够的。只有平时工作做扎实了，做到了充分的民主，才能使下一步的集中取得应有的效果。选举功夫，更在选举之外。

第二步便是选举开始后，产生出候选人的关键一步。前面已经分析过，业委会选举很大程度上是由候选人决定的，确定合理的候选人组合，便是决定选举成功的关键一招。对社区书记来说，这一步便是体现组织集中的时候。这里的组织是指社区党组织和居委会，集中便是指组织在前期充分的民主发现的基础上，集中代表和整合小区公意，通过酝酿和动员，推出合理的候选人组合。

业委会选举的候选人有两种产生方式，自荐和推荐，再经过选举筹备组的资格审查后进行公示，无异议则进入正式投票选举环节。因此，报名和审查是可以实现组织集中的关键环节。

集中如何实现呢？若合适的候选人主动自荐是再好不过的，可实际情况却往往是他们不愿意主动出来，怕麻烦。怎么办？便需要社区做工作，也就是动员。康桥小区的业委会主任，便是康桥社区陈书记反复上门几次动员出来的，南山小区的业委会主任更是街道工委书记亲自动员 5 次才肯出山。要想动员成功，关键是要给予其充分的支持，以打消其顾虑。所有人的顾虑都是做了主任会有数不清、想不到的麻烦，而又没什么收益。善于动员的书记会从小区整体利益、社区将来要给予的支持，最后还要从私人情面上打出组合拳。很多情况下，是私人情面发挥了主要作用。"书记都做了这么多次工作了，如此看重我，再拒绝就有点托大了"，心一软，便同意了。

除了要将合适的积极分子动员出来，还要尽可能将不合适的人选动员下去，最好能够主动退选。这个甚至比前面的动员还要困难得多，毕竟有些投机分子参选，是有着很强的谋利动机的。对他们的劝退，尤其要把握好尺度，工作做过了头，就给人留下干预、操纵选举，侵犯业主民主权利的把柄，特别是若对方符合形式资格（公正、遵纪守法），难度就更大了。因此，劝退就更加考验书记们的群众工作智慧，当然更需要的是能够一条"致命"的过硬"情报"，比如，对方亲属开办物业公司，其参选业委会换物业就是想引入其亲属公司的证据，诸如此类。说实话，获取这些关键信息是非常难的。

因此，从增加组织集中的资源或"工具箱"的角度来说，在候选人资格审查时，给予筹备组更多的自治权限是非常重要的。合法劝退要的至少是操作难度小很多，绝大多数小区会将无拖欠物业费、停车费等作为硬杠杆，这个条件在实践中是受到大多数人接受的，提出异议的恰是有上述行为却又想竞选业委会的人，他们的理由是，欠费是对过去状况不满，参选便是要改变过去，而且欠费也不能否定其享受业主合法被选举权。2021年全国人大基本法委员会还专门就此答复，认定此项规定不合法。坦率地说，这样的解释，保护了个人的权利，却损害了自治的集体权利。

总而言之，组织集中这一步受到诸多限制，其实现效果取决于诸多因素，若实现得好，下一步的民主选举便会比较顺利，否则便会产生许多不可预知的问题。有经验的社区书记都知道"把好入口关"非常关键，但确实也相当难。

近年来，一些地方倡导甚至要求业委会中党员要达到一定比例，有的还曾推行过居委会委员到业委会任职。姑且不讨论其合理性，从可行性上看，上述目标要实现，也取决于组织集中效果如何。

接下来的第三步便是投票选举了。经过民主发现识别出来的积极分子，再经过组织集中成为候选人，最后仍要通过民主投票获得其合法性。鄞州在之前多年实行业主代表大会制，先由楼栋民主选举业主代表，再由业主代表投票选业委会主任。这样的制度安排总体上是有利于组织集中的实现的，当然也不绝对，从近期换届开始，全部实行了海选。业主代表大会选举业委会在法律上确实有一定问题，近年来遭到越来越多的质疑，改为业主大会选举也是必然的。在民主投票这一步，社区也不是完全没有操作空间。上门分发和回收选票的志愿者，是可以通过一些策略影响业主选择的。这自然是有违民主精神的，但也是无奈之举，确实有相当一部分业主对此持"无所谓"的态度，有些投机分子通过组织集中环节成为候选人，社区便只能尽可能做最后一搏。但是，在那些精英比较多、派系比较严重的小区，这样做的风险是非常大的，反对派完全可以以选举被操控为由，否定选举的合法性。因此，现在鄞州更多的社区采取了聘请第三方的方式，由专门的公司或社会组织负责这个环节。这样一来，民主投票环节就实现了彻底的民主。

民主集中制与其说是一种制度，不如说只是一种社区工作方法，在实践中确实存在较多的不确定性，社区书记本人的群众工作能力尤其是关键的影响因素。用民主集中的方法去推动住宅小区的业委会选举，并不能够完美地实现积极分子集团的"上台"，或者说完全杜绝消极投机分子的进入。只能说，它提供了一种可能性。

三

民主集中机制是一种中国式的小区民主形式，它为社区与小区、居民自治体系与业主自治体系的有效实现提供了一种可能。民主是业主社会成长起来的内在要求，不管悲观论者如何强调民主素养和条件成熟的重要性，都不能不接受业主自治已经获得市民的广泛认同，日益成长和成熟起来的中国式市民社会有通过社会民主管理好小区（也是自己的合法财产）的内在要求。集中是具有中国智慧和中国经验的民主方法，社区基层组织的存在，是住宅小区社会民主有效实现的宝贵组织资源，而不是限制、负担，不应将其视为国家权力的化身而采取排斥对立态度。中国式小区民主建立在大规模陌生人社群基础上，其民主实现面临社会失灵的风险，且多年来大量的事实充分证明了这一点。发挥好社区基层组织的作用，实现社会民主与组织集中的有效合作/融合，为化解陌生人社会的失灵，保障社会民主有序且有效达成提供了可能。

民主集中制是民主与集中互为条件的民主实现形式，只有经过充分的民主，社区基层组织充分地深入群众、熟悉群众，才有可能实现有效的集中，没有民主发现的过程，集中就是对社会民主的损害，最终也会恶化政府与社会的关系。也只有通过有效的集中，群众才能更好地通过民主选举产生能够代表自己利益管理小区公共事务的积极分子集团。民主是为了更好地集中，集中也是为了更好地实现民主。只有两者相互结合，才能释放其优势。

目前，民主集中制仍然主要靠社区书记的个性化操作，还具有较大的不确定性、不稳定性。近年来，各地在推动党建引领基层治理中，为实现民主集中提供了有力的政治保障。但是，政治要求在实践中会遭遇部分业主基于法律的合法性拷问。在民法中，居委会与业委会的关系只是被抽象地界定为指导，缺乏可操作性。而在《居民委员会组织法》中，由于现行法律制定时间较早，还未面对当下的实践挑战，因此缺乏相关规定。有必要将中国式民主的这一独特性通过法律的形式固化下来，真正捅破那层窗户纸。

当然，民主集中制也只是解决了业主自治组织如何产生的问题。建立组织是业主自治的第一步，在正式运转中仍有大量的问题需要社区的介入。民主集中制是否仍然有效呢？我以为是有效的。只不过，这时的集中，就是包含了小区内各相关主体，而非仅仅是业主的集中，各地探索的物、居、业三方联动的机制，便是自治过程中民主集中制的具体形式。

民主集中制应该是中国式小区民主遵循的路径。

破解高空抛物的治理难题

"悬在城市上空的痛"

高空坠物被称为"悬在城市上空的痛",偏偏以如此触目惊心的方式,忽然成了舆论热点。只是这"触目惊心"的背后,是多少个受害者和受害家庭的伤心欲绝。

2019年6月13日,深圳5岁男童,被高空坠落的窗户砸中,三天后抢救无效不幸离世;6月19日,南京10岁的小女孩,放学路上被不明物体砸伤,所幸已脱离生命危险,而"肇事者"是一个只有8岁的小男孩……

真真是飞来横祸,而且防不胜防。被广泛援引的一个"科学测试"说,一颗鸡蛋从高处落下,其威力同高度成正比,8楼下来砸破头皮,18楼下来砸断的就是头骨,25楼下来就可以让人当场致命了。再万全的防身武器,恐怕也防不住这些不明物体,在不明时间，从不明的高度落下。

人身伤害当然并非高空坠物的全部，其带来的"城市之痛"，大致有三类，一是人身伤害，二是财产损失，三是环境卫生问题。人身伤害自不必说。所谓财产损失，最常见的是停放车辆被砸坏。住在没有地下车库的老小区，就要做好这个心理准备了。所谓环境卫生问题，则是高空坠物必然引发的消极后果。从时间上看，高空坠物的不确定性，同保洁工作的周期性存在天然矛盾，除了增加保洁负担，更重要的是，它容易引发业主对保洁质量的质疑，造成物业纠纷。从空间上看，高空坠落的东西，落到地面尚且好办，若是落到低层的屋顶、树冠，或者其他不易清洁的地方，就会造成极大的卫生隐患。笔者在绍兴调研，有一个社区在"创卫"时，光是清理车棚顶上的垃圾，就请了十几个人，用大卡车运了四五趟。

高空坠物：人好找，责任难定

实际上，造成人身伤害的事件，只是无数高空坠物中的小概率事件，当然也是最极端的事件。

对大多数人来说，高空坠物对其生活的影响，是相对比较轻微的，甚至并不一定被感知到。晾晒的衣物被高处抛洒的水打湿，忍忍算了；停放的车子被砸坏，除非特别严重，一般也是自认倒霉；甚至走在小区的路上，被不知何处飞来的香蕉皮砸到，除了骂几声，又能怎样呢？难不成为了这点小事，逐楼逐层、逐家逐户去兴师问罪？受损同追责成本的不成比例，决定了自认倒霉是最现实的选择。

即使去追责，难度也相当高。先来看高空坠物，坠物要比抛物范围更广，建筑物或构筑物组成部件，以及阳台搁置物等，都可能发生非人为的脱落或坠落。既有建筑质量和老化问题，也有风吹雨淋等自然原因。深圳事件就属于高空坠物，说实话，发生如此不幸，责任人其实并不一定有主观过错。也就是说，责任认定上，其实是有模糊性的。

深圳的事发小区，毗邻华强北，以租户为主，人员流动大，且小区已建成十几年，客观上本就容易发生此类事件。窗户脱落的那家，也确实是租户。不能说窗户脱落没有丝毫预兆，但并不意味着能及时发现，就算发现，也不一定及时采取处理措施——这正是其无法自证无错的根源。谁能料到它突然落下，又"碰巧"砸到人呢？毕竟大多数人在日常生活中，是粗心大意的，更何况这些疲于奔命的年轻工薪阶层。再比如老旧小区最易发的外墙砖脱落，照理说物业公司应该尽到巡查、警示之责，业主也应及时动用维修基金修缮。问题是，总有时间空当，而且动用维修基金的难度又是难以想象的高，在此期间发生意外，如何定责？

责任模糊，但责任人比较容易确定。依据《中华人民共和国民法典》关于"物件损害责任"的认定，在无法自证无错的情况下，所有人、管理人或使用人"应当承担侵权责任"。深圳事件好在很容易识别出坠物来源，能够精确地找到责任人。若是外墙砖脱落，就只能是全体承担责任了。

高空抛物：人都难找，何况追责

坠物有意外的成分，抛物则完全是主观行为。但是，抛物行为具有相当的隐匿性，物品很难成为线索。只说一点，1号楼下发现的物品，就一定是此楼的人扔的？可能是其他楼栋的人故意"栽赃"呢？或者单纯就是降落中途被风吹乱了线路呢？

隐匿性强，成本几乎为零，获利却足够大，自然就有人乐此不疲，什么都敢扔。果皮纸屑衣服鞋帽都算轻的，毕竟好清理。剩菜剩饭扔下来，难以清理不说，还很容易发馊变臭，滋生蚊蝇。如果你觉得就这些，那说明文明限制了你的想象力。我在调研中，不止一次听到有人扔人畜排泄物、用过的卫生巾甚至安全套，若有幸被它们砸到，不恶心死也要恶心个半死，找朋友吐槽都害怕丢人。更奇葩的是扔狗，更诡异的是，这条天外来狗，恰好砸到了人……

如何追责？《中华人民共和国民法典》做出了一个相当无奈却又备受争议的规定，即如果难以确定具体侵权人，又无法自证清白，则由"可能加害的建筑物使用人给予补偿"，这也因此被称为"连坐"。也就是说，我在楼下被抛掷物砸伤，找不到具体的责任人,那么整栋楼(除一楼外)都要对我的损失进行补偿。补偿不是赔偿,也就是说,这并非严格意义上的侵权行为。补偿二字,尽显立法者的良苦用心:既要给予受害者以救济,还要照顾到"无辜者"的情绪。

立法者的文字游戏,可决定不了群众的自我解读:补偿也好,赔偿也罢,让我赔钱就等于承认有错,我凭什么为别人的错误负责?所以,这条法律执行起来,效果不好。

效果不错:居民自治 + 技术手段

我国是世界上多层以及高层住宅小区最多的国家。居住密度高、建筑老化,再加上快速城市化进程中,许多人要面临生活方式的转变,客观上造成高空抛物问题多发。所以,也不能完全归咎于人的素质不高,有些是环境使然,特别是安置小区和出租屋较多的小区,问题更普遍。

彻底根除不容易,可行之策是防范和惩处并重,最大可能减少问题发生。

治乱用重典,让责任人为其行为付出应有的代价,既是对受害者的救济,也可彰显法律和规则的力度,起到震慑与防范作用。目前,法律效力难以有效发挥,要害在于,难以将真正的责任人识别出来。识别也是防范的手段,尽可能降低行为的隐匿性,才能实现精准有效的治理。

技术手段更新是最便捷的识别方式。许多小区调整监控摄像头角度，实现对高空抛物行为全时态全角度的监控，效果明显。比如，杭州昌运里小区，47个摄像头调整角度后，一度泛滥的高空抛物现象几乎绝迹。问题在于，监控设备运维成本如何分担？昌运里是安置小区，由政府埋单，商品房小区就需要居民自负成本。如果有居民反对怎么办？2015年，上海某小区就曾尝试这个办法，终因部分居民不肯出钱或担心隐私被泄露而反对，只好作罢。

最难但也最长效的办法，是实现有效的居民自治，让居民行动起来，参与问题治理。一方面是通过自治，实现新技术手段的更新，另一方面是提高社会防控能力。笔者在重庆调研时，有个新建成的安置小区，也出现大量高空抛物问题。一些老人在社区动员下，组成一个监督小组，同楼栋长、居民小组长紧密合作，他们空闲时间多，就利用散步、聊天时间，去"抓"高空抛物行为，发现一个，曝光一个，效果也很不错。

总之，治理高空抛物最难之处在于，化解那些日常生活中隐匿性强，影响轻微，却容易累积的问题。有效的居民自治和有效的技术手段相结合，是比较现实的解决之道。

社会治理共同体

党的十九届四中全会提出,"建设人人有责、人人尽责、人人享有的社会治理共同体"。这是继 2019 年年初习近平总书记在中央政法工作会议上首次提出"社会治理共同体"以后,党中央正式将这一最新理念写入最高文件。"社会治理共同体"是对党的十九大提出的"打造共建共治共享的社会治理格局"的进一步创新和丰富,为我国的社会治理现代化建设指明了方向。

我国正处于剧烈的社会转型期,基层社会治理面临的重大挑战,就是适应社会主要矛盾的变化,以基层治理的实际效能,满足人民群众对美好生活的追求。美好生活的追求,意味着人民群众的需求不再局限于吃穿住用行等基本生活保障层面,而是追求更加宜居的生活环境,更加丰富的文化活动,更加充实的精神世界,等等。从农村来看,农民需要有更加完善的生产条件和生产服务,更加清洁优美的村庄环境,更加积极健康的文化生活,从而进一步提升山水田园风光和人文社会生态构成的宜居品质。特别是，农村的老人需要更丰富的公共生活以充实空前增加的闲暇时间，需要更有效的生活照料以弥补家庭照料的不足。从城市来看，市民在职住分离的情况下，更加需要居住小区的宜居有序，包括安静的环境、有序的停车、完善的服务、可靠的治安等，城市的老年人则同样需要更加丰富的公共生活和充分的生活照料。人民群众的美好生活，是由无数日常化的小事和具体化的需求构成的，它既有赖于国家公共服务体系的精准对接，也有赖于基层社会治理的有效保障。

基层社会治理尚未完全适应社会主要矛盾的变化，同人民群众对美好生活的追求相比还有距离。在乡村治理领域，大量公共资源的投入极大地改善了农民生产生活的硬件条件，但在解决农民文化生活匮乏和养老照料等问题上仍然缺少有效措施。乡村组织和基层干部卷入大量行政性事务，与群众的密切联系反而在弱化，其对基层社会的动员能力和组织能力也并没有显著提升，农民"善分不善合"的一面却在强化，不但对村庄公共事务普遍冷漠化，而且越来越倾向于将本应自己负责的小事也推向政府。这在近年来各地普遍实施的村居环境整治工作中表现尤其明显。在城市社区治理领域，一方面，政府投入大量资源，包括引入专业社会组织，为社区居民提供公共服务，可社区基层组织认同度低、存在感弱以及社区参与率低的局面并未根本改观；另一方面，住宅小区业主自治乱象丛生，物业纠纷高发频发，各级政府和社区基层组织尚未找到有效引导和支持业主自治的方法，城市居民也尚未形成理性有序表达和维护自身权益的能力。

一种比较流行的观点，是将上述问题归因于政府权力过大，抑制了社会的生长，并呼吁给社会放权和赋权。"共建共治共享的社会治理格局"也被理解为在政府之外培育更多社会力量，激活多元主体实现共治，这也影响了一些地方在基层治理创新中的注意力和资源分配偏好。这种认识不能说毫无道理，但仍然是有失偏颇的。政府"收缩"权力易，社会激发活力难。现代社会的多元化、个体化和异质化，导致的往往是人们责任边界的收缩，是社会整合和组织能力的瓦解。分散的群众是没有力量的，组织起来才有力量。因此，基层社会治理创新的关键，是提高基层群众的自我组织能力，组织起来参与社会的共建与共治，从而更有效和有序地实现共享。群众自我组织能力的提升，显然不是简单的政府放权就可以实现的，而需要政府创新理念，从单纯的政府负责，向"人人有责、人人尽责"转变，从单纯的多元主体共治，向更具凝聚力的"社会治理共同体"提升。

人人有责，需要在全社会培育更强的责任意识。责任意识要比单纯的权利意识更具公共性，基层社会中出现的一些问题，很大程度上与人们个体化的权利意识高涨，而公共性的责任意识薄弱有关。增强群众的公共责任，就是要形成大事、小事和私事的合理边界，政府为群众办好大事，群众为自己的私事负责,而那些介于二者之间的、一家一户办不了办不好办起来不经济的小事,则由群众通过自我组织的方式合作办理。人人尽责,需要增强群众组织起来履行责任的能力。基层组织要着力动员和激励群众中的积极分子,使他们成为群众组织起来办小事的关键群体,通过积极分子激活和带动更多群众的参与,而政府和基层组织则提供有效的外部支持,提升群众的组织效能感和获得感。人人享有,则是人人有责和人人尽责的自然结果。人人享有代表人人尽责是一种相互依存互利共生的良性关系,它剔除了人人追求个体权利潜藏的竞争性和互斥性,是一种更加契合中国传统和合文化的智慧。

建设社会治理共同体,需要政府将更多注意力和资源分配到提升群众的自我组织能力上,而非过多介入群众自己可以办好的具体小事。中国共产党积累了动员群众和组织群众的丰富经验,在乡村社会转型和城市社会多元化的新形势下,动员和组织群众要有新思路和新举措。应该探索党建引领基层治理创新更为丰富的实现机制,尤其是以党员激活为着力点,使党员成为群众自我组织中的关键群体,成为带领群众办好小事的积极力量。无论是在村庄生产生活事务上,还是在城市小区治理中,通过激活党员来组织群众,实现党的组织力和群众组织能力的共同提升。各级政府和各职能部门,应该更加主动下沉治理资源,及时回应和化解群众组织起来办小事过程中遇到的困难和问题,真正实现到位不越位。村庄社区的基层组织,则要更加积极地发现、培育和动员党员和群众中的积极分子,探索更加适应现代社会的激励机制,为群众组织能力的提升提供制度化保障和支持。

第四部分

城市治理

扬尘的烦恼

"所有干环保的都被处分过"

"所有干环保的都被处分过。"刘主任苦笑着说出这句话,语气里透露出一丝无奈和自嘲。

刘主任是苏北某市街道城管环卫中心主任,从 2005 年进入街道工作以来,除了 2013—2019 年曾转岗物业办主任 6 年,其余时间一直在城管环卫中心工作,也算是街道资深的中层干部了。贺雪峰教授曾经提出"中坚干部"的概念,指的就是刘主任这样长期在基层工作,熟悉地方性知识,业务能力很强的人,他们是乡镇工作的主力,与高流动性的领导班子形成了很好的搭配。刘主任无疑是一名出色的"中坚干部"。

作为一名基层的"老环保",刘主任明显感觉这些年压力空前增加。他说,现在街道最难干的工作就是环保、物业、安全生产和信访维稳，他干过其中两个。就在前不久，他还因为辖区内某小区的问题，被区纪委约谈了两个小时。

该小区内有两处小工地，挖掘机正在施工，工地上有堆土没有覆盖。另外一个工地也是，挖了一个坑，旁边有堆土，同样没有覆盖，"有点小问题"。施工方认为工程量比较小，时间短，很快就会回填，就没有严格按照施工扬尘的管理要求，对裸土进行覆盖处理，大意了。恰好，当天市环保督察组下来督察，发现了这个问题，就直接在环保督察微信群里拍照上传了。这个群里有市、区、街三级分管领导和区、街环保工作人员，也就意味着，市领导能够第一时间发现城区范围内被督察发现的问题。市领导就在群里说"这个问题怎么还没解决？"区领导自然感受到了压力，刘主任说，区纪委主要领导立即要求对该问题进行追责。问题出现在街道属地范围内，作为最基层的具体负责人，刘主任自然难逃干系。他写了一份情况说明，并接受了区纪委长达两个小时的约谈。

处分数量比较多，但似乎并不会特别严重，迄今最严重的也只是党内警告，但这些处分让刘主任觉得憋屈。在属地管理的原则下，作为最基层的具体负责人，刘主任压力很大。他所在街道是城市开发的主战场之一，各类工地特别多。城管环卫中心，理论上应该由区城管局派驻一名城管队长和两名城管队员，这三个人是有编制的，也就是有执法权的，可实际在岗的只有一名队长，两名队员又被调回区局了，毕竟区局人手也不足。一线城管队员都是街道招聘的协管，有二十多人，还包括刘主任在内的两名街道编制人员。但是，环保毕竟只是城环中心工作之一，城市管理其他方面的工作也不少，特别是油烟污染、查违控违，压力都很大，这些人手仍然紧张。

问责处分多，是因为领导重视。领导重视，则是因为城市环保压力很大。该市有四处生态环境部的环境监测点，其中有两个点在城区，省里每两天一次，对全省监测点进行排名。距我们调研时（2020年10月）最近的一次排名中，该市排名全省倒数第二，倒数第一也是苏北城市。为此，区长被省环保厅约谈。在刘主任看来，苏北每到秋冬季就容易受到北方重污染天气影响，空气质量确实不好，并不完全取决于自身的环保状况。但上级考核排名并不考虑这些客观因素，领导被约谈，压力自然就要层层向下传递。刘主任很困惑地说，"在领导眼里，似乎问题都很简单，只要去抓，就能解决。为了排名好看，搞环保的领导眼里就只有环保，就是让下面抓好"。

"所有建筑工地都被处罚过"

领导重视环保，体现其重视的方式，就是高频次的环保督察。这一方面苦了最基层的环保工作人员，另一方面也苦了工地施工方。刘主任说，"没有一个工地没被罚过款"。

督察频次有多高呢？刘主任讲了一个特别典型的案例，有个工地，他作为街道干部去巡查，老板告诉他，就在刘主任来之前的一个小时内，他已经接待了六个检查组。"有时候一窝蜂都去，要么就都不去。"现在提倡不打招呼，督察也就没有规律，似乎环保部门就是靠督察体现其工作负责。作为最基层，属地管理责任重，城环中心必须进行常态化的巡查，每天的主要工作，就是到工地去巡逻。此外，还要处理被上级部门暗访发现的问题，答复领导督办的案件。

督察的问题，很大程度上依赖一线督察人员的个人裁量。刘主任说，督察人员"全凭个人感觉"。工地现场情况千差万别，而且是动态的。督察人员看到的只是特定时间段的情况，难免有偶然性。有个小区里面的工地，渣土车运渣土出门，都要洒水冲洗后才能上路，车辆走后还要对其经过的道路进行冲洗，如果某段时间车辆集中出发，冲洗就需要时间。这个工地运气不好，渣土车出去后，留下的轮胎印子还没来得及清理，正好被督察组抓了个正着，被下了停工整改通知书，停工五天。督察人员的自由裁量权，本来可以根据现实情况的复杂性，使执法行为具有一定灵活性。可实际上，现在的督察，就是冲着找问题去的，似乎必须达成一定的量，否则就是督察失职。如果再被上级部门的督察发现有问题遗漏，那下级督察部门也要被追责，为了防止被追责，每一级都倾向于顶格要求，"宁滥勿缺"。

罚款就是"宁滥勿缺"的结果。凡是被市领导、区领导点名交办的案件，无一例外都要罚款。"只要被市里发现，区里立马就去罚款。"显然，这样的工地给区里抹了黑，造成了工作的被动，罚款就是警示，让工地为其行为付出代价。如果是区里自查发现了问题，只要领导定性，说"这个工地管理不行"，也是必然要罚款的。罚款标准在执行时，几乎都是发现一次罚款10万元。为什么是10万元呢？因为《市扬尘污染防治条例》规定，对违反相应规定的建筑工程施工方，处以一万元以上十万元以下的罚款。显然，在实际操作中，执法部门采取了顶格处罚措施。

罚款的同时，还要停工整顿，自然会对正常施工造成影响。有个工地，原本5月20日就应该完工的，但因为施工扬尘问题多次被处罚，工期一拖再拖，截至我们调研时还没完成。刘主任说，尽管工期延长也有疫情的影响，但实际上督察影响更大，估计要到10月份才能完工了。这种因为督察影响正常施工进度的事情，实在太多了。

犯小错误的空间

如果是正常合理的督察和整改，施工方为自己的行为付出应有的代价倒也应该。不过在刘主任看来，现在环保督察一刀切，要求是百分之一百不出问题，这是不现实的，"工地上要给他空间，允许他犯点小错误"。

2018年，市住建局颁布的《建筑工程扬尘污染防治标准化管理规定》（后文简称《规定》）提出：①不准车辆带泥离场；②不准高空抛洒颗粒物；③不准现场搅拌混凝土；④不准场地积水；⑤不准现场焚烧；⑥不准现场堆放裸土；⑦不准在已建成路面和人行道上拌和水泥砂浆。对于征收拆迁工地，更是细化了10个"100%"：①工地扬尘防治公示牌设置率100%；②工地标准化围挡率100%；③冲洗台设置率100%；④出场车辆冲洗率100%；⑤工地现场裸露土方覆盖率100%；⑥工地主要道路和操作场地、出入口硬化率100%；⑦喷淋、雾炮设置率100%；⑧土方外运渣土车密闭化运输率100%；⑨场区道路及出入口左右50米每日冲洗率100%；⑩扬尘防治责任人履责到位率100%。

标准化管理与工地现场的复杂性之间，必然存在矛盾。并不是说这些规定没有道理，而是在实践中，无论是执法方，还是被执法方，为了避责，都倾向于将标准落到极致，难免出现问题。对施工方来说，只能投入更大成本进行工地管理，有些管理措施已经明显超过必要限度，显得有些荒唐了，甚至产生了负外部性，比如最常见的工地围挡喷淋措施。对于靠近道路的工地，住建部门的要求是，必须在工地围挡上安装喷淋雾化系统，对工地进行24小时不间断喷淋，喷头高度是12米。通过喷淋雾化，增加空气湿度，防止建筑施工产生的扬尘污染空气。可不要小看这个喷淋系统，刘主任说，一天下来，一个工地至少要耗费100多吨水。"这算不算浪费水资源？到底是更环保了还是更浪费了？可是管空气质量的不会管水的问题。"实际上，按照《规定》，建筑工地的降尘措施，雾化喷淋设施只需在工作时间开启，每 20 分钟一次，保持地面湿润即可。实际上呢，24 小时不间断地喷淋，浪费了水资源，还对周围道路造成了负面影响。我们在调研期间，就看到几处工地，喷头水量似乎过大，且安装不合理。安装在围挡上的喷头，应该只向工地一侧喷雾，实际上喷头却是 360°喷淋，造成工地外侧道路形成积水，影响出行。刘主任说，因为喷淋造成居民经过时骑车摔跤的投诉特别多，这又给街道带来了"网络问政"的压力！

我很赞同刘主任说的，要给工地留有犯小错误的空间。显然，现在的扬尘治理，出现明显的"洁癖"。顶格管理必然造成脱离实际，要求工地不出现一粒扬尘是不现实的，我们需要在正常经济社会运行与环保之间保持平衡，现在明显过于倾向后者。这究竟是治理精细化还是粗放化了呢？从表面上看，管理标准细而且多，似乎是精细化了。可是，标准精细化却也造成忽视实践的复杂性，执法反而变得一刀切，而不是根据具体情况保持一定的合理的灵活性，实际上治理更粗放了。各级管理者都死守同一套僵化的数量指标，把治理变成了简单化的"对标"，失去了全部弹性。说到底，"对标"是没有任何技术含量的，治理因此变得机械，失去了应有的智慧、艺术和魅力。执法者也全部成了面无表情的"官僚"，就像韦伯所说的，成了没有灵魂的标准化输出的机器。

综合执法进小区

2019年开始,宿迁市宿豫区开始推行综合执法进小区。我们在中锦社区、中嘉社区和宿中街道调研时,了解了一下这项工作实施近一年的情况,发现有几个问题很值得探讨。

执法进小区

综合执法进小区,共有五个执法部门参加,分别是公安、城管、住建、消防与市场监督。2018年,宿豫区曾在城区开展执法进小区工作,当时主要是城管、公安和房管部门三家参与。现在虽然有所扩大,但从实践来看,主要还是以这三个部门下沉为主。

按照《宿豫区城区"执法进小区"工作方案》要求,三个执法部门进小区的重点工作分别为:

(1)"城管执法进小区"。重点加强对乱搭乱建、破坏绿化、乱贴乱画、流动摊点、装饰装潢噪声扰民和丧事活动中擅自占用绿地搭设灵棚、设置舞台及沿路抛撒纸钱、焚烧丧葬用品等行为的执法查处，以及牵头负责"僵尸车"整治。该工作牵头部门为区城管分局。

（2）"公安执法进小区"。重点加强对道路机动车乱停乱放、违规养犬和丧事活动中吹奏演出噪声扰民、进行低俗表演影响社会治安等行为的执法查处。该工作牵头部门为区公安分局。

（3）"房管执法进小区"。重点加强对损坏或者擅自改变房屋承重结构、主体结构，将没有防水要求的房间或者阳台改为卫生间、厨房或其他用途，或者将卫生间改在下层住户的厨房、卧室、起居室和书房上方等行为的执法查处，以及物业服务企业履职的行业指导监督。该工作牵头单位是区住房和城乡建设局。

综合执法进小区的工作机制，包括建立联勤共管队伍，每个部门安排不少于两人参加，由街道负责统筹召集。小区设立工作站，配备专门的办公场所。每周要对所辖每个小区开展至少两次联合执法行动。根据需要，市场监管、消防等相关部门也可以参与。

综合执法进小区工作，由区城管委牵头，建有专门的微信群，会定期举办联席会议。所有工作队员均通过小区物业公示栏进行公示，属于"八公开"事项之一。中锦社区的工作站设在众大上海城小区，中嘉社区工作站设在中嘉小区。众大小区工作站办公场所外挂了三个牌子，分别是"中锦社区城管工作驿站""综合执法进小区工作站""宿迁市城区沿街商铺信用管理宿豫工作站（18）"，宣传综合执法进小区的标语是这样写的："综合执法进小区，解决群众身边事""群众身边无小事，一枝一叶总关情""前置服务、源头管理、执法保障、常态长效"。这几句话倒也概括了除综合执法进小区的主要目的，就是管好群众身边的小事，形成执法前移的常态化机制，提高执法响应效率。

部门不均衡性

从社区来看，各部门执法进小区工作是不均衡的。几个部门中，市场监管和消防进小区执法非常少，至少社区工作人员对此没有感知，社区也没有主动跟这两个部门的执法队员联系过。中锦社区书记说，她印象中市场监管部门只到过小区执法一次，还是在疫情防控期间。

另外三个部门中，公安执法其实就是原来的社区民警。我们后来到城中派出所调研，了解了一些情况。作为宿豫城区最大的派出所，共有正式民警30人，辅警则有六七十人。全体民警分为四个组，其中一个就是社区组。全体民警中，有6名是女警，不参与值班和接出警，专职做社区民警，另外还有2名男警察。城中派出所辖区覆盖宿豫主城区，接警量非常大，每年警情达11000起以上，日均三四十起，警力紧张，男民警都要参与值班和接出警,所以即使是做社区民警的 2 名男警察,其主要精力也并不在社区。社区民警日常工作主要是登记流动人口,由辅警负责。特殊场所管理,则由民警带辅警完成。民警进小区执法,都是通过 110 指挥系统,主要是小区因为停车等引发的邻里纠纷,民警主要是与物业经理和保安等打交道,与社区接触极少。警察执法的特殊性,决定了社区对其执法进小区的感知也比较少,但这并不意味着民警没有执法。从体制上说,派出所负责社区警务的孙主任,既是天成责任区(包括但不限于天成社区)的负责人,也兼任天成社区党委副书记,但孙主任坦承,"我真正能为天成做多少事情呢? 人的精力是有限的"。

房管部门的执法方式也有特殊性。室内装修问题执法,除非有人投诉,否则房管部门根本发现不了。物业也没有主动去发现的意愿和能力。所以,其执法基本上只剩下对物业企业的指导监督。这种执法行为,社区和居民一般都不会察觉。

相比之下,城管的存在感是最强的。小区管理中最常见、最复杂的问题,都与城管部门有关。这些问题既影响居民生活,也是社区工作的重点和难点,所以与城管部门打交道最多,这也是综合执法进小区工作由城管委牵头的原因。

城管部门进小区执法,最重要的事情,就是对违章搭建和毁绿种菜问题的集中整治和常态化巡查。中嘉小区是宿豫区集中拆违的第一个试点小区,2019 年 4 月启动,为期一个月,共拆除违建 262 处,包括 4600 平方米一楼擅自改造门前草坪的硬化路，2300平方米一楼擅自圈占绿地安装的栅栏，300平方米楼顶阳光房，560平方米一楼擅自改装的大门。这次集中拆违行动，由城管局牵头并负责实施，公安、住建等部门参与，是综合执法的一次声势浩大的集中行动，产生了巨大的社会影响。此后，宿豫区迅速掀起了全区范围内的拆违行动。宿豫区住宅小区违章搭建一度非常普遍，主要是顶楼阳光房和一楼封闭花园；毁绿种菜也非常多，长期处于无人过问的状况。如果不是要"创文"，恐怕政府也不会采取这么大力度。2019年，宿豫区开展为期两年的攻坚行动，2019年的重点是普通小区，2020年集中清理别墅小区。

拆违要通过集中联合行动，由区城管分局直接主导。日常化的巡查，则由街道城管办负责，现更名为综合执法局。以宿豫区宿中街道为例，该街道城管大队有40名城管队员，除区城管分局下派的一名队长外，其余都是街道招聘的协管员。城管大队分5个中队，对街道下辖9个社区进行日常化巡查。比如二中队分管中嘉、中山、中江三个社区，共十几个小区，队员一共四人。在二中队做过半年一线队员的陆先生说，他们发现的问题中，靠自己现场巡查占一半，物业公司和社区上报占一半。可见城管部门与社区工作联系之密切。

机制创新"天花板"

宿豫区综合执法进小区工作，初衷是好的。尽管是"创文"的权宜之计，但确实切中了当下城市基层治理，特别是社区治理的要害问题。社区治理的重点是小区治理，小区治理的主体，有社区基层组织和物业公司，还有业委会，但是这几个主体都没有执法权，面对违章搭建、毁绿种菜等侵占公共空间、扰乱公共秩序的行为，都缺乏有效手段治理。这正是执法进小区的必要性所在。

综合执法的意义在于，基层总有一些问题比较复杂，问题甄别、认定和处置，涉及多个部门。事情是单一的，但涉及的责任主体碎片化，综合执法进小区要解决的，一是权力整合，二是执法效率，三是常态化。

但是，为什么实践起来，却出现如此明显的部门不平衡呢？其中一个重要原因，恐怕也与"创文"有关。"创文"是个指挥棒，决定了政府的注意力配置。违章搭建、流动摊贩等与城管部门有关的小区环境和秩序问题，显示度高，容易被检查组发现，通过集中整治，效果也立竿见影。相比之下，与公安部门有关的文明养犬、停车秩序等问题，尽管同样存在，但显示度相对较低，且多集中在早晚两个时间段，也无法采取集中行动，短期内很难取得明显效果。

这个原因，从某种意义上讲，也是社区内生事件的性质问题。社区内生的各种事件，本身也是不均质的，有些事情比较多，对相应部门的执法需求高，有些事情本来就比较少，或者与居民生活关联度、影响度不高，执法需求也就少。城管部门本来就是城市管理中有兜底功能的部门，对其需求确实也比较大。

这也对综合执法进小区的实现形式提出了挑战。宿豫区这样的做法是否真的有必要呢？在小区设立工作站，目的是推动执法常态化。但如果社区执法需求本身就是不均质的，即对各部门执法需求并不是常态化的，恐怕也就不需要固定安排工作人员到小区去值班。实际上，上述规定也并没有落实。没有落实，不是说部门对执法进小区不重视，实在是必要性不大。

制约常态化的另外一个因素，是部门执法力量不足。派出所孙主任说得很对，人的精力是有限的，部门的人手也是有限的。他们确实有本职岗位工作要处理，常态化下沉到小区值班，除非大量增加人手。孙主任还提到一个，现在提倡警网融合，即警格加网格，目的还是警力下沉，与基层社会治理网融合起来。"出发点很好，但是没有人。"

综合执法进小区，属于治理机制创新，即在不改变体制的前提下，通过对组织运行的优化调整，最大化激发组织活力，提升效率。机制创新比体制创新更容易操作，更具灵活性，是地方治理创新的主要着力点。但是，同时也要看到，机制创新毕竟是在既有体制锁定的资源结构下展开的，其能够激发出来的组织活力，肯定不是无限的。综合执法进小区的机制创新，就说明单纯依靠机制创新，还是会遇到"天花板"。通过机制创新，试探组织体系的内在潜力，通过甄别出其天花板效应，及时跟进必要的体制创新，两者相辅相成，或许才是真正的来自实践的治理智慧。

"创城"独角戏

政府独角戏

第六届全国文明城市公布，133个城市新入选。同时公布的，还有前五届经复审保留称号的155个城市。一时间，几家欢乐几家愁。落选者，开始新一轮创建；入选者，也不能懈怠，每年复审压力也不小，连续两年测评后三名要被取消称号。这项被公认为含金量最高、难度最大的城市品牌，自2005年创建以来，就成为各个城市竞逐的目标。一些省或市提出"全域创城"，浙江实现地级市文明城市全覆盖，江苏文明城市数量占比全国第一，苏州市更是实现文明城市全域化，建成"文明城市群"。2021—2023年第七届全国文明城市评选周期开始，中央文明委又启动"全国文明典范城市"创建试点工作，"创文"迎来升级版。

除了"创文",还有"创卫"(国家卫生城市)、"创园"(国家园林城市)等各种城市创建活动。"创城"不易,围绕"创城"的争议也一直不少。除了劳民伤财、形式主义等批评外,运动式治理的高成本与不可持续也是不可忽视的一面。"创城"是运动式治理的典型,围绕阶段性中心工作打破常规进行治理资源配置和体制动员,优点是效率高,缺点是成本高。因此,特定时期内,中心工作不能太多。所有工作都成了中心,也就消解了中心。中心工作一完成,运动就要随之停止,转入常态运转。持续时间太长、太久,就有厌战情绪。早年的"创城"就是这样,最紧张的就是迎检之前和迎检之时,各方面高度紧张,高速运转。检查评估结束了,就迅速冷清下来。这本是客观规律,但也存在长效机制建设问题,没有长效机制,仅靠运动,就可能出现运动成果得不到巩固,陷入周期循环。

为了杜绝这个问题,上级就把检查评估周期缩短,用常态化评估推动常态化管理。比如,文明城市就从2015年开始,从三年一次的相对静态评比,改为每年复审的动态管理,连续两年测评排后三名,就要被取消称号。年年接受复审,年年不能松懈,周期性运动变成了常态化运动。对战斗在一线的基层干部来说,"创文"也就成了天天创、月月创、年年创的常态化中心工作。问题是,现在中心工作太多了,"创文"常态化只不过是众多中心工作之一。党建、维稳、环保等,都是中心工作,都要建立常态化机制,哪一项都不能轻视。人还是那些人,资源也还是那些资源，工作却越来越多，要求也越来越高，就必然出现疲惫、厌战，出现机会主义、策略主义、形式主义。泛中心化和顶格要求，成了基层不能承受之重。

"创文"这么多年，中央一直在创新考核评估方式，可地方和基层的运作方式与迎检逻辑却变化不大。尽管存在地方差异，但本质上是一样的，就是靠体制内的自我动员。从市级开始，到区、街、社区以及各个部门，通过深度挖掘内部资源，包括人力资源和物质资源，来完成创建任务。有的城市资源充裕一些，动员能力就强一些；有的城市资源紧张，有时候反而更能激发创新意识，尽可能通过机制创新，最大化地释放体制优势。但是无论怎么创新，还是自我动员。我 2017 年去黄冈调研时，当地正在创建国家卫生城市，全市所有社区编成战斗网格，市领导亲自下沉社区担任网格指挥长，市区两级领导和部门也全部一对一常驻社区，组成网格指挥部，各网格展开创建竞赛，其实就是部门竞赛。各部门工作人员都是轮流到社区参加义务劳动，清洁卫生，到迎检的关键时期，除了留下必要的值班人员外，全部下沉社区坚守，根本没有节假日。不光基层干部叫苦不迭，那些坐办公室习惯了的机关干部，也被折腾得不行。好在，当年黄冈"创卫"成功。

"创文"的最终受惠者是广大市民，可是创建工作却变成了政府独角戏，市民参与度极低。虽然各方面都强调要有群众参与，可这要求变成具体指标后，就变味了。衡量创建活动市民参与率最关键的两个指标,应该是知晓率和满意率。在实践中,知晓率简化成了背诵口号标语,政府为了普及这些口号标语,几乎无所不用其极,通过各种形式对市民的听觉进行狂轰滥炸。2020年到宿迁市调研,该市正在创建"书香城市",为了提高知晓率,市里发明了小区小喇叭(据报道全市有1万个小喇叭),在每个小区入口用小喇叭循环播放录好的相关信息。尽管进出时行色匆匆,但架不住被重复灌输,我们调研几天下来,竟然也知道了"书香城市"创建这个事。

一方面是政府铺天盖地类似某白金广告式的宣传策略,另一方面则是市民被灌输得被动参与,或许政府也是不得已而为之,但又何尝不是一种懒惰,其效果恐怕更多的还是增加了市民的反感。满意率测评的荒唐事更多,我们到一个社区调研时,社区书记非常自豪地介绍其"政绩",其中之一便是他所在社区连续两次被抽检测评满意率,且连续高满意率通过,他个人为此荣立了市级"创文""二等功"。怎么做到的呢?书记说他们事先把满意度问卷发给每一户居民,告诉居民怎么填,上面再来测评时,居民按照事先"学会"的填法去填就可以了。这个做法要比某些地方公开挂横幅或推送消息,让居民回答满意的做法高明多了,隐蔽而且精准高效。只是,这种满意率有什么意义呢?这样的市民参与又有什么意义呢?如果非要说有意义,那也只能是"负意义",增加市民对政府工作的反感和厌恶。

不去真正动员群众参与,甚至不知道怎么去动员,"创城"

自然就成了政府独角戏。在市民看来,"创城"就成了官员的政绩追求,与己无关,即使获益了,也是理所应当:又不是我们要去创建,何况那些指标又不是我们提出来的。

治理机会窗

在宿迁调研时,反复听到基层干部和物业经理们提到"创文"。总体来看,他们的评价是比较肯定的,认为"创文"改善了居民小区的环境品质,提升了物业管理水平。

这个评价并不意外。我在许多城市调研时,基层干部对"创文""创卫"的评价,大体还是比较积极的,尽管也有不少抱怨,但并不像社会舆论那样简单否定。在社会公众眼里,"创文""创卫"这类城市创建活动,大多是劳民伤财,且形式主义现象泛滥。

不过,仅从结果来看,"创城"运动确实效果显著。我在《治城:中国城市及社区治理探微》一书中,曾讨论过"创城"以及重大节庆活动对城市治理的"触媒体"作用。"办好一次会,搞活一座城",并不只是一句口号。这主要是从基础设施建设带动城市经济发展角度讲的,但从城市治理来看,其意义也不可低估。

在学者眼里,"创城"属于典型的体制内自我动员的运动式治理,历来毁誉参半。否定者,认为其不过是权力任性,成本太高,不可持续;赞赏者,认为其是中国之治的独特经验,体现了集中力量办大事的体制优势。这些争论各有其道理，恰恰说明了"创城"本身所具有的复杂内涵。在实践中，"创城"作为中心工作，通过政治高压制造出治理机会窗，为集中清理和解决历史积累的疑难险重问题提供了条件。集中解决历史遗留问题，直接意义来自解决问题本身，间接意义则是借此进行了一次规则和规矩的深度宣传。历史遗留问题都是量大面广、涉及利益复杂的问题，非猛药不能治沉疴，常规状态下无法触动这类问题，在政治高压下进行集中歼灭，就是对问题所涉及的利益相关方的一次深度动员，也是一次对全社会的规则教育与宣传，这是常规治理很难做到的。

就拿宿迁来说，作为一个三四线中小城市，其城市建设开发过程中积累了大量不规范问题，特别是商品房开发和住宅小区建设管理领域，表现最突出的，就是违章搭建、毁绿种菜等问题。长期以来，地方性的物业公司管理消极，无能为力，执法部门不闻不问，造成问题蔓延和积累，久而久之就成了不合法但"合理"的"社会秩序"，似乎住在顶楼和一楼的，不盖阳光房，不圈占绿地搞花园，就吃亏了。有的开发商甚至以此进行销售宣传，结果就是小区公共利益被少数业主侵占，业主正常通行和生活品质也受到影响。这种事情靠业主自发合作进行维权是不现实的，陌生人社会或许在一定条件下能够形成向外——比如开发商、物业或政府——的集体维权行动，但没有可能产生"刀口向内"的集体维权行动。于是，小区的公共规则和公共秩序就出现难以修复的"缺口",既然这样明显的违规甚至违法行为都没人管,那么乱停车、不交物业费等又算得了什么呢?这就是中国式小区广泛存在的"公地悲剧"及公共规则的"破窗效应"。

通过"创文"运动,宿迁市掀起了一场全市范围内的拆违攻坚战,老旧小区、商品房小区和别墅小区,一个不落。在居民看来,这是"大势","连某某的违建都拆了",这就是示范效应;对基层干部来说,做群众工作时,也可以说"这不是针对你一个人的",这是示范效应产生的治理能力。拆违过后,加上常态化巡查,就没有出现大面积反弹,哪些是违建,哪些事情不能做,社会就有了共识,再出现个例,也会有群众举报,这就是公共规则的修复与确立。对物业公司来说,他们也有了足够的管理小区的压力和动力,跟执法部门也能够形成更密切有效的配合,物业管理水平也得到了提升。对那些管理能力确实"扶不起来"的"阿斗"型物业,政府也借此机会以行政介入的方式进行了市场出清,弥补了业主合作不起来无法约束物业的"社会失灵"和"劣币驱逐良币"的"市场失灵"缺陷。

以上,便是宿迁基层干部和物业经理们对"创文"评价比较积极的重要原因。

"创城"的边界

各类"创城"活动最需要反思的地方,在于政府的边界问题。简单说，政府在很多方面管多了。不该管的管了，就造成了"责任转移"，或者说"责任的自我转嫁"，加剧了"全能政府"和"社会失灵"。

最集中的领域，就是居民小区。住宅小区有两重属性，它首先是居民的生活空间，具有私的属性；其次，它又是城市的一部分，构成城市景观和生活秩序的一部分，又具有一定的公的属性。特别是在"创文"和"创卫"中，居民小区环境品质和居民生活秩序是非常关键的考核内容，创建难度也非常大。从出发点来看，中央希望通过创建活动，增加群众获得感，将居民小区纳入便是抓手。这样看似乎无可厚非，但是这个出发点是自带"全能政府"基因的。小区私的属性是其第一属性，是否属于公共责任，或者哪些方面属于公共责任，以及公权力能够干预哪些方面，都涉及边界问题。边界理清权力限度，也划分了责任。但是，在所有地方的"创城"运动中，这个边界都被忽视了。

从本质上说，小区环境和秩序的管理水平，属于"俱乐部产品"，受益者是全体居民。谁受益谁负责是基本原则，小区居住品质如何，主要取决于小区居民的付出，包括其付出的物质成本和管理能力。具体而言，物质成本包括三部分：一是购房时缴纳的维修基金，二是物业费、停车费、能耗费等交费，三是租赁费等公共经营收入。管理能力则主要是组成业委会的自我管理能力和与物业公司的协作能力。这些可统称为小区的自主治理能力，自主治理能力强，小区居住品质就有保障，自主治理能力弱，小区居住品质就要差一些。在合法（尤其是城市规划）且不产生负外部性的前提下，居民有权依据生活需要决定小区空间利用方式。归根结底，小区居住品质如何，是由居民说了算的。这就决定了，小区会发生自然分化，这种分化应该由小区居民自己消化和承受。政府的责任，一是在提高居民组织能力上进行必要干预；二是在小区日常治理中，及时通过执法介入，解决那些小区自我管理解决不了的问题；三是对那些陷入"失管""失序"的"失败"小区，比如老旧小区，进行有限度的兜底管理，但前提是居民也要承担应尽的义务，"兜底"不能变成"免费午餐"。

然而，"创城"却挑战和破坏了上述原则。某市城管部门为了"创文"，搞综合执法进小区。本来是件好事，可其中一项工作竟然是去检查居民有没有在阳台晾晒被褥。中国人有晾晒被褥的习惯，某种意义上也算是利用光能的低碳环保传统。如果是在小区公共场所私自拉线晒被子，或许有管的必要。但在自家阳台晾晒，尽管被褥会搭在建筑物外墙上，似乎是占用了公共空间，但这并未产生明显的负外部性，为什么要管呢？答曰影响小区形象，"五颜六色，看上去不美观，不文明"。这跟整治路边广告牌一个逻辑，属于典型的视觉洁癖。

居民有晒被子的强烈需要，政府却不让晒，怎么办？两个办法，一是建设公共晾晒区，疏导晾晒行为。这是个好办法，做起来却不容易。一方面，小区里建设公共晾晒区要占地方，要投资，这两个条件缺一不可。为了推进工作，政府出钱解决投资问题，但有没有合适的地方，以及建多大面积才能满足需要，很难测算出来。另一方面，就算建成了，对住在高层以及距离晾晒区较远的居民来说，显然不如自家阳台方便。不便民，当然也就不受欢迎，最终可能成为政府的一厢情愿。另外一个办法，就是靠物业公司搞突击，每次得到上级来检查的消息，突击去收被子。某小区的物业公司就是这样做的，经理说他们跟居民已经达成默契，一旦上级检查，物业先在小区里广播，让家里有人的赶紧把被子收进去，没人而又晒在外面的，比如公共绿地拉线的，就由物业先把被子统一收起来存放，然后居民到物业那里去取。可是，这样做的意义是什么呢？这就属于典型的管多了，管细了。细节里面有魔鬼，细节里面出政治，正是从这些细节里，边界被突破，更加强化了群众的反感。

2017 年到绍兴调研时，我对当地"创文"工作中的越界现象感触更深。区里为推动居民小区环境卫生工作，对全区的小区进行月度检查和排名，很快发现一个现象，凡是政府兜底的老旧小区，排名都高，而很多有物业公司管理的商品房小区，反而排名很低，总是有各种各样的问题。原因很好理解，这里无须赘述。怎么办呢？街道不想让这些小区拖全街道创建工作的后腿，就把那些经常排名靠后的商品房小区接管过来，政府出钱进行小区环境整治，社区负责小区日常管理。一位城管办主任说,"居民需求其实就那样,他是认可的,觉得很好了,但政府是一个标准,考核的指挥棒进去了,社区为了什么?还不是为了考核,不想让它一个小区拖后腿"。"有的社区不想接,我街道也去做工作,否则会拖累我街道。"算下来,全街道总共有10个小区就这样被社区——其实是政府——接管了。政府接管,用公共资金去补个别小区的短板,这些小区的居民自然高兴。问题是,其他没被接管,主要靠业主交费维持运转的小区就有了意见:"不交物业费的,可以享受政府兜底,我们规规矩矩交了费的,反而不能享受,这是什么道理?"显然,这已经在扰乱社会基本规则。这跟扶贫工作中,懒汉得了好处,勤劳者认为不公平是一样的逻辑。

参与过小区治理实践的人都知道一个基本道理,小区不"烂"到一定程度,大多数人的生活不受到直接影响,就不会激发大规模居民的参与意识和责任观念。也就是说,小区自生自发形成的环境差异,既是居民自治的结果,也是居民自治的催化剂,既是"社会失灵"的表现,也是"社会修复"的契机。政府的越界介入,消解了这个可能性,不仅造成了公共资源分配上的不公平,而且产生了深远的负效应,这才是"创城"尤其需要深思之处。

文明创建中的三重替代

东部某市调研时，社区干部诉苦最多的事件之一是文明城市创建。作为一项已经持续多年，且2022年升级为"文明典范城市"创建的常规性中心工作，文明城市创建已经深深嵌入了城市基层治理中，并且在每年的特定时段内，主导了社区工作。

这些年到各地调研，无处不在"创文"。对此，肯定者有之，批评声音也很大。坦率地说，"创文"工作已成为形式主义问题的重灾区，也成为基层最主要的负担之一。何以如此呢？我认为，这与"创文"中的三个替代有关。正是这三个替代，使得"创文"走了形，变了味，甚至成了灾。

突击迎检替代常规工作

2015年起，全国文明城市从三年一次复检改为每年一次，目的是推动"创文"工作常态化，杜绝地方上把常规创建工作变成三年一次的突击迎检。可从实际情况看，国检周期变短，非但没有解决突击迎检替代常规工作的问题，反而让问题更严重了。三年一检，地方和基层至少还有两年的喘息空间，一年一检，这口气便也松不得了。

国检是期末考试，一年就一次答卷机会。正式考试前，自然要有几次模拟考，为的是提前发现问题，查漏补缺。这样重要的考试，放到个人头上，或许还有人会有裸考的勇气，可对一个城市的主官来说，在任期制下，可能其任期内只能遇到一次"创文"周期。从无到有的新创建，其压力要比保住"帽子"小很多，毕竟前任几连冠的政绩不能砸在自己手上。市里这样想，省里同样如此。文明城市数量最好只增不减，东部有些省份不是喊出了"全域文明城市"的口号吗？所以，为了迎接国检这场年度期末考试，省、市、区各级便要层层组织一轮轮的模拟考。名义上，国检是下半年才开始，实际上呢，对基层来说，其实全年都在迎检。

更何况，模拟考是对标正式考的，甚至还要超标模拟，用更高的标准来要求，更挑剔的检查来实现万无一失。超标模拟考给基层带来的巨大困扰，比国检的正式考远甚。调研中许多社区干部都说，国检不可怕，省检、市检才可怕。

超标模拟考下，基层迎检便花样百出。调研中，超标反应最集中的有两点：一是不允许出现一个烟头，二是楼道鞋柜不允许摆放其他物品。社区干部都说，零烟头不是国检要求，是该市自己制定的标准。零烟头不仅是指地面上，还包括路边绿化带、小区草坪里。市检的要求是发现一个，就要扣分。具体扣多少分，没人说得清。为了迎接检查，该市几乎全市动员捡烟头。身穿红马甲，戴着小红帽的捡烟头志愿者，简直成了小区和马路边的风景线。公园社区书记比较善于动脑筋，她觉得只靠社区工作人员根本无法捡干净，还是要动员群众。于是，她开展了一场"烟头换鸡蛋"活动，若干个烟头可以到社区兑换4个鸡蛋。动员效果还是很不错的，书记说"那些老太太可积极了"，还有不少小朋友也参与进来。不过，更多的时候志愿者们还是街道和社区工作人员。西利街道城建科科长就去捡过烟头，他说，"一个朋友调侃我，说你这个工作不错啊，拿着国家工资，跑来干环卫工人的活儿。你说这是不是巨大的浪费？国家发工资，是让我们做更重要的本职工作。我不是瞧不起捡烟头，而是说对不起这份工资"。零烟头运动效果好得惊人，以至于据说省检查组都不敢相信。府右社区书记说，"省检查组专门杀了个回马枪，你说，这不是自己给自己找事吗？"

楼道鞋柜的要求也让社区干部很苦恼。与我调研过的许多城市一刀切的要求、不允许楼道出现任何堆积物不同，该市允许每家在楼道摆放一个鞋柜。看来这也不是国检的统一标准，该市在开了一个人性化的口子的同时，又要求鞋柜上不允许放其他东西。社区干部说，这让人很难办。要么就按照消防法的要求，严格不允许摆放。现在让人摆了鞋柜，鞋柜上面放把雨伞或者其他什么小物件，又能有什么影响呢？是破坏美观还是增加消防隐患？由于实在找不到做工作的过硬理由，社区工作者便只好靠软磨硬泡。最后的撒手锏就是，"配合一下，检查组走了随便怎么摆都行……"

还有一个比较折腾、让社区无所适从的要求是宣传氛围营造。府右社区书记说，上面一天一个样，今天让做成地标，插在草丛里，营造温馨的类似烛光的氛围，明天又要整改，说宣传标语涉及意识形态问题，"落地"观感不好。还有活动计划上墙展示的问题，新时代文明实践站要求排出全年活动表，上墙公示。社区刚做完没多久，上面又通知要求社区志愿服务活动也要列入活动计划公示，但又不能增加展示板，只能在原活动表后面加括号标注属于志愿活动。实际上呢，这些展示的计划都是做给检查看的，"社区的活动提前一个月计划还差不多，搞年度计划根本不现实"。

迎检中的入户测评环节更是一次次"斗智斗勇"，基层为了确保测评通过，就要想办法让检查组"见到"可靠的居民。一方面，社区会提前通知平时关系好的党员和居民代表，将房门开着，做好迎检准备。另一方面，万一检查组抽到了没有打招呼的居民，就会面临被拒访或测评丢分的风险，随行的社区工作人员就会以"这家在居家隔离""家里有病人"等搪塞过去，利用其与检查组信息不对称的优势尽可能将风险最小化。有一次，府右社区被抽到检查组要晚上入户，社区要在最短的时间内将小区环境清理好，其中最重要的就是将路面停放的车辆清走，劝说居民将车辆暂时停放在外面马路上，待检查组离开再开回来。那次正好遇到一位居民不理解，社区全体工作人员便集体向他拱手作揖赔笑，反复恳求"拜托了拜托了"，搞得居民实在不好意思只好把车开走。

检查本应是对一年工作成果的评估，实际上，很多工作靠临时突击更容易见效。根本原因在于标准严重脱离实际，不可能常态化落实。一年365天，天天零烟头？天天去检查鞋柜？这是完全不可能的。于是，日常"文明"便成了迎检的"闪光"。

政府管理对社会文明的替代

文明城市，说到底是社会文明。一个城市是否够得上文明城市，最有发言权的自然是生活在这个城市的市民。但文明城市创建就不一样了，创建是政府的责任，创建水平体现的是城市管理水平。文明城市创建的考评，严格来说，评的也应该是城市管理水平。其结果，要么授予文明城市创建先进城市，要么就针对城市管理另授一称号。创建水平高，便授予文明城市，其实是存在一定程度的张冠李戴问题的。当然，城市管理水平与社会文明水平也不是说完全无关，管理确实会提升社会文明程度，比如公共场所不准吸烟，不准随地吐痰，文明养犬等，都要靠政府管理来引导市民行为，形成社会规则、秩序，养成社会公德。但是，从管理到文明养成毕竟不是短线的，帽子却是三年一考评，一年一复审，长线工作也就短线化了，其结果便是政府管理替代了社会文明。

以烟头不落地为例，不随地扔烟头，的确应该是每个人遵守的公德。不污染环境，也不影响他人健康。如果仅从社会文明程度来要求，达到零烟头的目标是很难的。莫说这种常住人口 900 多万的特大城市，就是一村一社一小区，也不是人人都能做到的。社会文明可及的目标，是大多数人遵守，却不得不接受仍有少数人不遵守的现实。文明洁癖是要不得的，也正因为这是基本现实，才需要有另外一些人来负责应对少数人不文明现象的存在，否则还要保洁公司做什么呢？但是，即使有专人来处理少数人的不文明，我们仍然不可能全天候地消灭不文明现象的存在。除非付出超乎想象的巨大成本：每一段马路，每一块草坪，每一寸公共空间都安排专人 24 小时值守。这是值得的吗？

现在的情况是，靠社会文明水平，消灭不了烟头，靠日常环卫保洁，也消灭不了烟头。但文明城市创建要消灭烟头，怎么办？只好动员社区和基层工作人员利用上班时间，假装成文明志愿者去捡烟头。最后，或许烟头在某个时间段被消灭了，这一项得分也保住了。但谁都知道，这一项考评出来，既不代表社会文明水平，甚至也不能代表城市环卫工作水平。

西利街道辖区内有一个号称全市最好的大型农贸市场，据说在其他市场买不到的东西这里都能买到，这个市场还是各大海鲜酒店的主要供货地。众所周知，菜市场是文明城市检查的重点场所。有趣的是，这个市场在21世纪初的改制浪潮中被低价承包给了私人，承包期长达70年。于是矛盾来了，作为经营方，只要合法经营，食品安全和环境卫生达标即可，但达标只是底线，文明是高线。这两者之间存在的差距谁来负责呢？经营方没这个动力，因为这意味着更高的投入，但并不会带来额外收益。靠市场内的几百户摊主？每个摊主都希望把货品摆放在最显眼的位置，而不是最规范的位置；水产区难免会有积水，经营者不可能做到随时保持干爽，保洁人员也只是完成每天固定时间的清扫。问题是，检查组随时会来，恰好赶上这个时间差怎么办？而且大概率会赶上。既有标准差，又有时间差，这个漏洞本是社会和市场运转的正常的一部分，是社会文明的原生样态。但是，文明创建可不接受这个原生样态。于是，漏洞只能政府来堵上。西利街道每年花在这上面的资金高达500万元，结果当然是好的，这么多年从没掉过链子，可又有谁会认为这代表了社会文明水平的提升呢？

这些毕竟发生在公共的空间，牵强附会，勉强可以算得上政府责任，或可为巨量资源投入稍增一点合理性。可有一个地方的合理性，便很值得商榷了。

这个地方就是住宅小区。小区是市民居住和生活的基本单元，尽管小区也有水电气和地下管网等市政公用设施介入，但其仍同城市道路、公园、市场等公共空间不同。从产权上来说，小区是业主共有的。它是一个介于个人私有空间与公共空间的共有空间，借用经济学公共物品理论，这是个俱乐部空间：它对内部成员是开放的，但对外部人员则是有一定排他性的。业主交物业费，享受小区绿化、治安、休闲等服务，外部成员想要使用小区内部资源，严格来说是应该支付费用的，比如临时停车、摆放快递柜等。当然，政府公益用途除外。社区居委会挂个横幅，做场活动，是公共事务，自然是不同的。这里说句题外话，2015年在南京调研时，一位社区居委会主任说，业委会要求居委会在小区内开展活动，占用场地要向业委会申请。这是明显对共有权的误解了，居委会如果是市场组织，那这样要求是合理的。但居委会是具有政权性质的服务居民的公共事业组织，在其所做事务明显是公益性质的前提下，这样的要求是不正当的。

住宅小区是文明创建中的又一个重点区域，社区的文明创建氛围要在小区落地，居民的一些日常生活行为也要被规约，文明城市中特别重要的满意度测评要入户开展，小区的环境卫生、秩序更是检查重点，其中很多要求与小区物业管理重合。于是，一个明显不合理的事情出现了：居民自费获得小区物业服务且服务水平还要接受政府文明城市创建的检查。矛盾之处在于，文明的标准对所有小区是一致的，可小区物业费标准是不同的。正常情况下，物业管理水平遵循质价相符原则，一分钱一分服务，自然会出现不同小区物业管理情况的差异，可文明检查却强行用一套外在的标准要求所有的小区。那么问题来了，你怎么让物业费五毛钱的小区跟五块钱的小区相比较？怎么让它们达到同样的文明标准？这便又出现了标准差。

用社会文明来衡量，住宅小区出现差异是自然现象。想要获得更好的物业服务，多交钱就是了，同时再提高业主自治水平。某种意义上，小区物业管理出现问题，恰是增强居民责任意识、参与意识的契机，反而有助于提升社会文明水平，但用政府创建标准来看，差异便不可接受了。对于那些管理不好的小区怎么办？很简单，政府来管，政府投入人力物力帮助其达标。2017年到绍兴调研，城区便是这样做的，由住建部门接管问题小区，以迎接检查。

问题来了，这样的文明算得上是社会的文明吗？明明也不过是政府管理水平罢了。而更严重的是，这于社会文明的提升是有益还是有害的呢？我看是有害的。它不光让受益的小区丧失了自我觉醒的机会，助长了依赖思想，也造成了社会不公。毕竟政府是在动用公共资源去做一件并不那么公共的事情，那些规规矩矩交费和交更多费用的小区居民怎么看？有问题反而得到好处，难不成大家一起来摆烂，反正政府会兜底？好在，社会文明还没有真正滑落到这个地步。

政府对群众的替代

迎检替代了日常,管理替代了参与,造成的最终结果便是政府替代了群众、替代了市场与社会。文明城市创建,变成了政府的独角戏,变成了"干部干、群众看"。

文明城市的文明,群众不需要,标准太高。小区里出现几个烟头,能怎么样呢?鞋柜上放一把伞,又能怎么样呢?标准要能够说服人,让人接受,才能成为普通人的行为规范。太高了,圣人所不及,何况普通人?绝大多数人做不到的标准,只能靠别的方式达到,如迎检中的那些做法,但也只达到一时,长久不了,太久了,谁都受不了。这样的标准,便成了笑话,很荒诞,又很无奈。

基层最无奈。他们退无可退,只能硬着头皮去做。2021年在东部某市调研,当地宣传部门要求村社区每周上报几件身边好事,每月上报一个身边好人,市、省平台上要发多少条先进事迹,搞得宣传系统忙得要死。其他人忙着去搞环境卫生,毕竟只要迎检那段时间就可以了,西利的菜市场,迎接检查的"应包处置"也不过是街道和社区干部从7月到10月帮忙摆放电动车、打扫卫生,接管市场物业管理。宣传部门却一年到头挖空心思去"发掘"好人好事,还要写成材料,还要发表,还要有人点赞、评论。别人是体力活儿,他们是脑力活儿,丝毫不轻松,可能怎么办呢?该市从第一届开始便是全国第一个文明城市（县级），"×连冠"还要继续"连"下去啊。

群众却无感，谁会注意到烟头少了或者没了呢？谁会关心遍布小区的核心价值和各类标语呢？到菜场买鱼的，地面上有一点积水又能怎么样呢？难道就不吃鱼了？当然，这不是否定文明创建中的一切工作，但至少在前面讨论的事情上是如此的。

最要命的是，现在大家都知道"创文"这件事是"皇帝不急太监急"（这话不太妥当，但是这么个意思），便都"垂手而立"，等着、看着基层干部忙得焦头烂额，有的还不忘调侃几句，基层干部也跟着自嘲几句，"创文"迎检的现场便充满了快活的气氛。

对西利那个菜场的老板来说，政府每年花几百万元请人帮忙管理菜场，多好。用街道一位干部的话说，"官员一茬茬地换，他（老板）早摸透你的套路了"，"政府的软肋被捏得死死的"。小区物业也一样，与社区书记私人关系处得好的项目经理便多配合一下，否则谁还不乐得看那些志愿者在小区里捡垃圾呢？

府右社区书记说，她动员小区居民做志愿者，一位居民说，我当志愿者可以，但不是去当捡垃圾的志愿者。我作为业主已经交了物业费，这些活儿应该物业去干。我交着钱，还去帮物业捡垃圾，这是什么道理？

这是要不得的道理。

剩余空间

剩余空间

城市，当然不只有繁华热闹的一面。有些人更喜欢去寻找那些不为人知的角落——被冷落、被遗忘的场所。他们坚信，在这些角落里，另有一番人间真实。

我不是旅行者，也不是探秘者，做城市调研许多年，从未主动和刻意地去寻找某种角落。时间一长，却也不期然地遭遇到一些角落。不同的眼光，会看到不同的角落，或角落里不同的景象。我记得曾有社会学者做过这方面的田野调查，我所看到的，自然也只是我的研究兴趣让我看到的。

我注意到的角落，可以称为剩余空间。剩余有无意义、无效用的意思，至少对将其剩余下来的主体来说是这样的。但对另外一些主体来说，剩余空间反而是自由创造的空间。而当本来是被剩下来的空间被再创造之后，对原来的主体而言，或许便产生了新的意义。于是，便会出现对剩余空间的再定义、再争夺。这样说比较抽象，下面我换种表达方式具体地说。

我在多年的田野调查工作中发现，城市剩余空间大致可分为两类：一类是发展性的，一类是治理性的。

发展性剩余空间是指城市发展建设中，暂时被越过或搁置而尚未被正规利用的空间。最常见的是已征未用土地，包括成块的待利用土地和零碎土地。未用地中，有的是政府已征但尚未拍卖的储备地块，有的则是开发商已拍得但尚未开发的地块。这样的地块如果成片集中于待开发区域，相对来讲，对城市管理的挑战性小一些。

我这里要讲的是插花式分布于已建成区域的地块。在新城开发中，这样的未用地非常普遍。在中心城区，则多见于旧城改造的区块。发展性剩余空间是城市开发的产物，是征用与开发的时间差造成的。对于产权属于开发商的未用地，现行制度是有规定的，超过一定期限会被收回。但有很多未用地历史原因复杂，也不一定能简单处置。2020 年 11 月到宿迁调研，该市某些城区早年"卖地"比较激进，造成大量开发能力不足的外地开发商涌入，结果产生了大量烂尾工程和未用地，有的已被历史"剩余"十年之久。2021 年 11 月到高邮调研，城东新区某社区内，也有一块数十亩的土地，征用上十年未利用。还有一些边角地，往往因为自然条件等原因无法开发，便"插花"于主城区中。2020年去宜昌点军区调研，点军区作为宜昌重点打造的郊区宜居新城，便存在较多"边角地"，散布于已建成的高档住宅小区之间。所谓治理性剩余空间，是指既有管理秩序或公共服务未能覆盖的空间，实践中最典型的莫过于所谓"背街小巷"了。众所周知，在城市管理中，街面主次干道等属市政权力范围，而在居民区中，则主要通过物业管理或社区兜底方式管理。但是，总有一些空间，会变成管理和服务的盲区、死角，这些本质上是由基层治理造成的。

空间被剩余下来，其实也就是治理上的责任主体暂时忽视了，未能将自己的利益或权力覆盖过来，剩余空间也就成了事实上的"权力真空"地带。

公地悲剧

政府或开发商不用，并不意味着剩余空间没有利用价值，总有人会发现它的价值，加以利用。当然，这些利用几乎都会改变其计划用途。

发展性剩余空间最常被用来种菜。这些大多位于新城区或城郊的土地，都是从农民手中征收而来，很多原住民要么尚未拆迁完，要么拆迁后安置于附近。土地虽已被征收，但只要没有利用，没有人管，他们就会习惯性地去占一块，"恢复"其本来的农业用途，形成一块块甚至成片成规模的都市菜园景观，鳞次栉比的现代化高楼大厦与绿油油的菜地毗邻交错。地块会被不规则地分成小块，用各种方式区分着边界，菜地边上还堆放着些许农具，还有简陋却实用的窝棚、水窖。记得在武汉站附近一个安置小区调研时，临近傍晚时分，小区旁边一墙之隔的大片菜地上，许多老人在精心打理着菜园。晚霞辉映处，都市农夫忙，让人一时有置身乡野的恍惚。那堵本来用作将安置小区与储备地块分隔起来的临时墙体，也被村民砸开几个口子，方便进出。附近没有水源，许多人甚至开车从远处运水过来。这样的图景，我在调研中遇到过多次。我曾好奇地探问这些地块到底是怎么分配的，得到的答案几乎都是先占先得。自生自发，没有人管，就全凭个人能力去竞争，相互间倒也保持着默契，坚守着并无法律保障的秩序。当然，这并不是说一切都是和平的，彼此因为田界、财物发生的纠纷还是有的。但毕竟不是在合法土地上产生的，所以这些纠纷往往也全靠自己消化。

治理性剩余空间隐藏在成熟的建成区内，是真正意义上的都市角落。这些角落，有的曾经并非角落，而是因为设计、建设不合理，或人们出行和生活习惯改变，逐渐被废弃；有的则因为空间狭小、逼仄，利用价值不大，管理难度很高，也就变成了死角。这样的角落被再利用的形式多种多样，本质上都是被"占用"。最常见的是三种，一种是成为垃圾死角，加上"破窗效应"，久而久之，变成都市里藏污纳垢之所，成为影响环境卫生的隐患。这些地方多在人流量比较少、通透性比较差的地方。第二种是被附近居民用来堆放杂物，成了私人堆料场，有的还可能被附近几家共占。第三种则是被用来种菜。在高邮调研时，一处临河的开放式小区的河道边，本来是供行人散步的，但因为长期利用率不高，就被附近居民你一块我一块地开垦成了菜地，河道也成了污水沟。旁边一处空地，也就三四十平方米，则被四家人占用，一家堆放了几千块砖，一家砌了一堵矮墙，另外两家则堆放了破旧家具、瓶瓶罐罐。发展性剩余空间被再利用后，成为独特的城市景观的一部分，是公开的、可见的，但治理性剩余空间往往是不可见的，是隐秘的世界，只有长期居住在当地的人，或许才能偶尔发现它们的存在，一个外来人是很难注意到的。

剩余空间的再利用，非常类似于公地悲剧。所谓公地悲剧，即一块公共用地产权是公共的，会产生公共管理难题，被人无序占用或过度使用，难以形成秩序，无法真正发挥其最大价值。剩余空间的再利用，也是典型的被私人占用，且从法律角度讲，都是不合法的。但并非所有的剩余空间都是公地，比如有的地块其实有产权主体，只是主体缺位，才留下了被他人利用的空间。

剩余空间中发生的公地悲剧，其影响其实主要不在土地价值上，而是外溢的负外部性，这是其与典型意义上的公地悲剧的不同。对发展性剩余空间再利用而言，其可能产生的成本，是产权主体要恢复其用途、重新利用时，对附着其上的既得利益者是否要给予青苗等财产补偿。从法律角度看，这本不是一个问题，毕竟占用者违法在先，但在实践中不一定。若是遇上比较强硬的钉子户，再支付一笔赔偿也并非不可能。因此，如果是仍有意愿和能力进行再开发的开发商，一般也不会有钉子户私占问题的出现，他们自然有各种方法达成目标。

负外部性

这里所说的负外部性，主要是从基层治理角度说的。发展性剩余空间上产生的负外部性，主要是相邻权冲突，即相邻的住宅小区居民对种菜产生的环境问题的投诉。空间利用上的相邻权冲突，原因是双方对空间用途的认知差异。对相邻小区居民来说，种菜产生的环境污染是不可忍受的。我在宜昌点军调研时，碧园小区旁恰好有一处山体，已被政府征收，远期规划应该是建公园。小区居民对山体的需求是绿化，"看得见山，望得见树"，但附近安置的村民则很快把山体的一部分开垦种了菜，有的人还搭了棚子，据说部分小区居民也跑去种了菜。小区入住后，居民就陆续拨打12345热线投诉，该小区的投诉量，占到其所属社区全年接诉量的一半还多。当地人种菜喜欢用有机肥，每块菜地旁都会放几个水缸或挖个小水窖，用来存放粪水。夏天早晚浇菜的高峰期，臭味扑鼻而来，居民投诉量会陡增。在高邮调研时，一处开发商拍得的土地，也被村民种了菜，双方为此冲突不断。村民认为按照法律，未利用土地应该收回，他们要求把土地还给他们，并据此理直气壮地种菜。开发商则认为政府管理不力，要求政府履行净地出让的承诺。承担属地管理责任的社区为此头疼不已，双方多次在社区正面交锋，社区最担心的是，将来开发商重启开发时，双方很可能围绕青苗补偿问题爆发剧烈冲突。

更加具有挑战性的是，地方政府在"创城"时剩余空间会带来诸多难题。无论是创建卫生城市，还是文明城市，剩余空间都将被重点检查。如果说治理性剩余空间是因为曾经被"忽视""遗弃"而变成"角落"的话，那么"创城"则意味着"角落"被重新"注视"。"注视"之后，采取什么办法来应对这个难题呢？

一种办法是靠城管执法。按照吕德文的说法，城管是回应城市大量剩余事务出现而产生的剩余部门。另外一种则是靠社区治理。两种方法各有所长。城管执法的重点是通过集中的执法行动，清理积累下来的历史遗留问题，形成震撼与警示，但无法随时覆盖到所有空间进行常态化监管，那将耗费大量的执法力量，只能在迎检中阶段性使用。社区治理则适合进行常态管理和微治理，发现苗头问题，迅速上报，由执法部门执法。所谓微治理，是对那些规模较小的、散发的问题进行处置，特别适用于治理性剩余空间的治理，社区可通过这种方式开展"攻坚战"和"歼灭战"，将其改造为可供利用的公共空间。对于发展性剩余空间的相邻权冲突，社区没有治本之策，只能治标，通过安抚居民情绪，尽可能为双方搭建面对面沟通的机会，防止矛盾激进，为治本创造时间。

垃圾分类要有耐心

2019年,上海的垃圾分类工作引发广泛关注。"你是什么垃圾"这句居委会工作人员和志愿者的常用语,尽管在具体的生活语境中表意明确,却被有意割裂出来,成为当时新晋的网络段子,这也从一个侧面凸显出垃圾分类的复杂性。

《上海市生活垃圾管理条例》标志着在经过多年效果不彰的试点和倡导后,我国城市生活垃圾分类将正式进入强制时代。按照住建部要求,北上广深四市已率先启动,全国所有地级以上城市也于2019年内启动,其中46个重点城市2020年基本建成垃圾分类处理系统,其他地级以上城市2025年也要基本建成。

上海之所以引起如此巨大的舆论关注,首先是当地政府和媒体有意为之。作为2019年上海城市治理的中心工作之一,通过媒体宣传,制造舆论,营造氛围,本就是正常的工作方法。其次是上海"先行先试"的标杆效应。作为超大城市治理的资深典范，上海一直是重要的经验输出地。此番垃圾分类工作，上海也明确提出要发挥开路先锋、示范引领、突破攻坚的作用，更好地为全国积累经验。既是标杆，必然要被放在聚光灯下。人们有理由做出这样的推论：如果连上海都做不好垃圾分类，还有哪个城市可以？从某种意义上讲，上海的工作成效，关涉到全国的信心，其压力不可谓不大。最后则是垃圾分类的工作性质使然。垃圾分类的全流程中，源头分类是基础环节。源头分类，涉及千家万户生活习惯的改变。"定时定点投放""错投罚款"等强制规则，突然闯入并打破居民习以为常的生活，必然引发强烈反响。一些人因此发发牢骚、吐吐槽，都是正常现象。我们既要正视这些社会情绪，也无须过分紧张。

垃圾分类是一场政府主导的"生活革命"。生活领域不同于政治领域、经济领域，甚至不同于一般意义上的社会领域，生活领域是一个由人们的行为及其结果所产生的细小琐碎之事构成的日常化空间。数量巨多、细小琐碎、全时态分布，决定了政府在治理生活领域时，要面临极高的难度，最根本的是政府要与千千万万多元化的居民打交道。离开居民积极的直接的参与，仅靠政府力量实现生活领域的变革，几无可能。

居民参与，一方面取决于政府的社会动员能力，另一方面取决于居民的内在动力。很大程度上，后者决定了前者的效果。不得不承认的是，在垃圾分类这件事上，居民参与的内在动力先天不足。道理很简单，垃圾分类几乎与居民个体的生活质量没有直接关联。如果搁置垃圾分类本身的专业争议，垃圾分类属于公共利益。垃圾分类做得好，并不直接提高个体的生活质量，反而需要个体承担由此带来的部分成本。一些人不理解、有抵触，主要还是其认同公共利益带来的获得感，尚不足以抵消其支付成本所产生的损失感。过于精细甚至苛刻的分类标准、严格机械的定时定点收运制度，无疑会增加普通居民的适应难度，削弱其参与积极性。因此，在生活领域引入新规则，塑造新习惯，需要更加注重规则的严肃性、科学性同普通居民的接受性和适应性之间的平衡。特别是在规则进入的初期阶段，宜粗不宜细，兼顾灵活性和原则性，未尝不是一种现实可行的策略。在这个意义上，群众对于垃圾分类的觉悟和参与，需要足够的过程和时间。我们既要有信心，更要有耐心。

群众觉悟的提高，离不开政府的社会动员。垃圾分类是一项典型的群众工作，无异于一场新时代的爱国卫生运动，这离不开社区基层党组织和群众自治组织的作用。上海推进垃圾分类，确实表现出明显的运动式治理色彩，社区党组织和居委会身处前线，承担着最繁重的群众工作任务，也必然承受着垃圾分类可能引发的一切消极反应。同时，他们还要承受行政任务考核与问责的压力。运动式任务是一场疾风骤雨，群众工作却更需要和风细雨。二者的平衡关系，处理好了，可以实现垃圾分类短期效果与长期效果的有效达成，处理不好，则可能陷入"干部干、群众看"的治理怪圈，而仅靠基层干部和工作人员的高强度动员，必然不可持续。笔者充分理解各地推进垃圾分类工作的决心和魄力，同时希望各地也要保持足够的耐心。

垃圾分类，既是在居民生活领域掀起的一场"生活革命"，也是一次各级政府，尤其是基层组织践行群众路线、密切干群关系的基层治理转型。习近平总书记说，城市管理应该像绣花一样精细。我理解，"绣花功夫"关键不在"花"这个结果，而在于"慢工出细活"这个过程。凡是涉及群众工作的，更是如此。

全周期管理

习近平总书记在湖北武汉考察疫情防控工作时指出,"要着力完善城市治理体系和城乡基层治理体系,树立'全周期管理'意识,努力探索超大城市现代化治理新路子"。"全周期管理"是总书记继"社会治理共同体"之后,为基层治理现代化建设提出的又一重要理论指导。

"全周期管理"是一种系统管理理念,它包含科学管理的三个重要内涵:动态性、系统性和辩证性。

动态性强调管理的时间维度。作为管理对象的事物,有其发生、发展直至消亡的生命周期,管理行为自然要随着管理对象的发展变化而变化,要覆盖管理对象的全生命周期。从城市基层治理来看,一座建筑从设计、建造到使用、维保,直至老化,有其生命周期。比如,按照最新版《民用建筑设计统一标准》(GB 50352-2019)的规定,普通民用建筑的设计使用年限为50年,一般电梯使用寿命是15年。一个住宅小区自然也有其生命周期,小区内的建筑与设施设备会自然折旧,园林绿化也会自然老化,小区居民的日常使用则会加速其生命周期的自然节奏,而小区管理则是通过人为干预,延缓老化、及时更新,也就呈现出相应的周期性、动态性。"全周期管理"的动态性,要求管理者树立动态思维,既保持管理的延续性,又能及时研判,相时而动、因势利导、随机应变,使管理能够适应事物发展阶段的需要。

系统性强调管理的空间维度。管理的系统性,是因为管理对象并非存在于真空中,而是嵌入复杂系统中,特别是社会治理领域,涉及具体的人、事与物,不可能像工厂生产产品一样,在一个封闭可控的车间与流水线上展开,而必须在具体的时空情境中应对。习近平总书记指出,"城市是生命体、有机体"。城市中的各部分是紧密联系在一起的功能支持系统,比如,居住小区和社区既自成一个微型社会生态系统,又是整个城市系统的基础环节。这就要求基层治理既要从小区和社区的基层单元着手,又要从更大的城市系统着眼,不能把小区和社区同城市系统割裂开来。因此,完善城市基层治理体系,就不能只是在小区和社区层面做文章,而要推动其与整个城市治理体系的有机衔接。

辩证性是"全周期管理"动态性与系统性的必然要求。辩证性是管理的认识论,它要求管理者能够正确认识管理的计划与变化、阶段性与周期性、局部与全局、动态与静态、原则性与灵活性、主要矛盾与次要矛盾等辩证关系,在此基础上做出相应的管理措施。辩证性也是管理智慧，它要求管理者能够从实践出发，既避免教条主义，生搬硬套，忽略具体的时空条件，又避免经验主义，陷入具体琐事，不善于总结学习，更不能走极端，要善于掌握平衡。习近平总书记在浙江杭州考察时提出"收放自如，进退裕如"的管理能力，就是辩证的全周期管理能力的内在要求。

树立动态性、系统性、辩证性的"全周期管理"意识，着力补足基层治理短板，完善城市基层治理体系，是探索超大城市现代化治理新路子的重要组成部分。这项工作可以从以下几个层面展开。

第一个层面，及时总结疫情防控中暴露出的基层治理短板，梳理疫情防控中积累的治理资源与治理经验，并将其转化为完善城市基层治理的具体措施。具体来看，社区防控存在"两不足两经验"，"两不足"即社区资源不足和能力不足，资源不足表现为社区自身力量和群众支持两方面欠缺，尤其是群众参与支持不足，更是暴露出社区常规治理时期群众工作的薄弱，造成应急状态下只能靠社区自身孤军奋战。"两经验"包括行政资源下沉机制与社会自组织资源。行政资源下沉快速弥补了社区防控中的"两不足"缺陷，将来应建立并完善城市治理体系对社区的快速响应与常规支持机制。社会自组织资源表现为城市居民围绕生活物资保障而自发形成的各类自组织形式，由此产生了社区以下、家庭以上，以楼栋、小区等为单元的各类线上组织，涌现出一批以党员、积极分子、业委会成员等为主体的关键群体，要及时将这些关键群体和自组织资源沉淀下来、保留下来，转化为社区常规治理中的社会资源，推动社区网格体系下沉，建立社区基层组织同社区居民更紧密的联系，形成更完善的社区治理体系。

第二个层面，从基层治理现代化的高度，运用"全周期管理"理念，探索完善适应城市的基层治理体系。习近平总书记多次强调，疫情是对国家治理体系和治理能力的一次大考，既有经验，也有教训。树立"全周期管理"意识，就是将这次大考所积累的经验教训转化为宝贵资源。多难兴邦，抗击"非典"和汶川大地震曾有力地推动了国家公共卫生制度和应急体系的建设，本次"战疫"也必将推动治理现代化再上新台阶。其中尤其要注意三个结合："平战结合"、"上下结合"与"专群结合"。"平战结合"是要把应急能力放在更重要的位置，统筹进治理体系与治理能力现代化建设，探索建立低成本高效率的治理体系平战转换机制。既提高治理体系应对风险的应急能力，又避免防范风险推高常规治理成本。"上下结合"是要建立城市治理体系层级间的责权利动态均衡机制和有效衔接机制，重点是建立上层到基层的常态化下沉机制。不只是局限于向基层下沉人财物资源，更重要的是提高上层对基层治理需求的高效响应与支持机制，有机地实现社会治理重心下沉。"专群结合"是要建立政府和基层组织同广大群众的紧密联系机制，高强度的体制内自我动员固然有集中力量应急的优势，可缺乏真正的群众参与，片面依赖体制内动员来应急，成本就高，用于平时则更加不可持续。要更加注重常规状态下，围绕群众生活化的小事，强化对群众的动员与组织，特别是将基层党建同组织群众紧密结合起来，使基层组织既要做社会秩序的管理者，群众诉求的服务员，更要做群众生活的组织者，真正形成基层社会治理共同体。实现"三个结合"，就是打通应急状态与常规状态的治理全周期，打通治理体系的内部壁垒，打通科层组织与基层社会的末端梗阻，是建立一个适应城市化快速发展需要的现代化城市治理体系的必然要求。

基层治理现代化要树立正确用人导向

2020年,杭州市余杭区一份2018年的招聘公示引发热议。公示中,清一色的清北硕博研究生,他们中有8个人的任职单位是街道办事处。顶尖名校+硕博高学历同街道办事处放在一起,难免会被质疑大材小用。加上2020年就业形势特殊,这份公示似乎也印证了人们对就业难的朴素感知。

余杭官方很快作出回应,称此次招聘是"基于整个余杭的高速发展态势,特别是数字经济蓬勃发展、社会治理工作繁重"的需要。除了清北招聘,余杭区还曾专门面向海外世界百强高校硕士及以上毕业生招聘政府高级雇员。该区组织部门认为,从海内外顶尖名校招聘人才,使他们"从中看到了改善干部队伍结构、提升干部队伍整体素质的机会",还会继续坚持下去。

余杭的做法及其回应很有代表性。笔者和所在研究团队做基层治理研究多年,在各地调研时,明显发现发达地区在推进基层治理现代化方面更自觉、更积极,创新措施更多,当然投入成本也更多。一方面，建设高素质专业化的基层干部队伍，是基层治理现代化的重要组成部分。余杭方面舍得开出高薪招揽海内外顶尖名校高学历人才，便有此考虑。发达地区是产业集聚与人才集聚区，社会结构更加多元，社会事务更加复杂。在基层治理中，街道和社区管理与服务对象的平均学历水平会比较高，诉求更加多样，自然对基层干部和工作人员的素质与能力提出了更高要求。笔者在东部地区调研时，常听到基层干部说，现在居民维权意识高，政策和法律水平也高，以前靠讲情说理的群众工作"土"办法不管用了，要与时俱进。引进名校高学历人才，便是与时俱进的措施之一。

另一方面，发达地区的基层治理现代化还表现为先进治理技术的广泛应用。比如大数据、人工智能、电子政务等，有的地方甚至将依托现代终端设备和信息技术的网格管理体系延伸到乡村地区。2020年疫情防控期间，很多地方自主开发的健康码、体温上报小程序等，便是基层治理中运用先进技术的一次体现。先进技术确实在很多方面提升了政府治理效率，也对基层干部队伍素质提出了新要求。"技术排斥"已经成为基层干部代际更替的重要推动因素。许多街道和村居社区甚至出现了这样的分工：高学历的年轻工作人员负责写材料、报数据等信息化办公任务，主要应付上级；低学历的老同志负责处理矛盾纠纷、做群众工作。

但是，这是否意味着基层治理现代化已经到了必须大规模引进高学历人才，重构基层干部队伍的阶段呢？笔者认为还不能简单得出这个结论。

第一，基层治理仍然是以应对专业化程度低的常规事务为主。基层治理主要解决的是群众生活中的小事，回应的是群众的基本需求。社会多元化带来的主要是个性化需求增多，但这些并非都要政府回应。大多数人的基本需求，是大体稳定的。发达地区再发达，社会群体层次再高，也仍然要首先解决生活小事，回应基本需求，这仍然是对其基层治理能力的最主要考验。

第二，正因为基层治理仍然主要回应常规事务和基本需求，基层治理最主要的能力，就仍然是群众工作能力。再先进的技术也要与普通群众对接，也要有利于组织群众，否则就只是"花架子"。若因为片面追求治理技术现代化，而将那些群众工作能力突出的基层干部排斥出去，就是在舍本逐末，是在弱化基层治理能力。群众工作能力需要在长期实践中锻炼出来，与初始学历关系不大，更与是否出身名校无关。基层治理现代化不能简化成治理技术现代化，其核心还是群众工作能力，特别是组织群众的能力。基层干部队伍建设自然也要围绕这个重点展开，选人用人不光要"进得来""沉下去"，更要"留得住""能成长"。唯学历要不得，名校情结也要破除。

最后需要补充的是，衡量基层治理水平，既要看是否高效，还要看成本是否尽可能低。

治理成本包括但不限于用人成本。给予基层干部和工作人员合理的薪酬待遇,是完善激励机制的必然要求。但也要辩证看待薪酬待遇问题。既不能只讲奉献,也不宜过于依赖高薪诱惑。各地经济发展水平不同,当然不能一刀切。但政府用人毕竟不同于企业用工,要在地区差异和基本公平间尽可能保持平衡。在"孔雀东南飞"的人才流动市场规律下,不宜过分宣传发达地区政府的高薪揽才,否则可能加剧中西部地区的人才困境。

第五部分

城乡交错

城乡治理交错区

都市边缘区

在城市的边缘地带，分布着一些特殊的村庄或社区。在城与乡的社区图谱上，它们的社会结构、社会事务、经济形态等，具有更多类似城市社区的非农化特点，却又拖着农村的尾巴，在社会关联、治理结构、产权制度等方面凸显出其村庄本色。这样一类村庄或社区，往往被称为城郊村、城中村或转型社区、过渡社区。

学界对此关注很多。一方面探讨其所具有的"村落终结"的意义，从很多方面呈现了乡土社会在被城市社会裹挟后，所表现出的顽强与复杂面向。另一方面则讨论其治理转型，认为当下城乡双轨并行的过渡形态是不稳定的，终将转向纯粹的城市社区治理体制，比如村干部向专职社区工作者转型，社区服务专业化，等等。

这些研究当然呈现了问题的某些重要方面，但仍显表面。既有研究甚至没有深入考察城郊村或转型社区的治理任务究竟有哪些，更没有辨析这些治理任务对于理解城郊村的意义。尤为重要的是，城郊这样一个非常关键的要素，在既有研究中似乎更多只是一个背景，无须在学理上加以阐述，其对基层治理究竟产生了什么影响，缺少足够的关注。

近两年，因缘巧合，先后在无锡、武汉、成都和宜昌调研了十几个城郊村和村改居社区。尤其是2019年以来，在武汉和宜昌集中调研了一批城郊村，逐渐发现城郊确实是一个非常值得深入讨论的要素，而不能仅仅只是作为背景，更不能预设城郊村和村改居社区，必然就要终结或者转型。我甚至认为，包括城郊村和村改居社区在内的城郊社会，是一个非常重要的理想类型，或者说次区域类型。它不同于乡土社会，也不同于都市社会，城郊社会本身就构成了社会类型的一元，甚至可以说，在城乡社会的连续谱系上，分布着三元社会。而从基层治理的角度来看，城郊社会的治理也将长期保持城乡交错的混合样态，可以称之为城乡治理交错区。

中国式城郊社会

理解城郊社会在社会类型谱系上的位置，有两个比较关键的维度,而且某种意义上都是中国特有的。一个是土地集体所有制,一个是国土空间管制制度(主要是开发制度和管理制度)。

土地集体所有制塑造了城郊社会最基础的社会边界,并为社区治理奠定了产权基础和经济基础。建立在土地集体所有制基础上的村社成员身份,成为城郊社区最牢固的社会边界。尽管早期研究就发现了村庄边界的开放,但这些开放都不影响也不会突破村社成员边界。建立在土地集体所有制基础上的土地开发和村庄发展,村民与村社集体和社区组织的关系都与此高度相关,基层治理中的许多最重要的治理事务,也与此高度相关。这个维度,属于内生维度,即源自城郊村自身的影响因素。

国土空间管制制度属于外生维度,是源自城市政府所主导的城市发展与管理。空间管制中的空间开发,是由城市政府主导的,在中国,这既与土地制度,即城市土地国有制基础上的土地出让制度有关,也与政府在经济社会发展中的角色有关。城郊是一个相对的区位概念,随着城市空间开发的推进,城郊与城区的边界也会变动,这在很大程度上取决于政府的空间开发节奏。当然,也并不完全。城市经济和社会发展也存在自生秩序,特别是高速发展期,在政府规划与管制之外,城郊地区会形成非常活跃的自生发展秩序,比如所谓的产业转移、非正规经济等。但是,这些自主形成的空间发展秩序,仍然在很大程度上受制于城市政府的管制意愿与管制能力。从某种意义上讲,是非常脆弱的。只要政府主导的开发覆盖到相应区域,该区域原本自生的发展秩序就要被重构。只要政府的空间管制新要求覆盖到相应区域，其自主发展空间就要被抑制。

总体来看，21世纪的头20年，是我国城市化高速发展的时期，政府空间管制向城郊社区的覆盖，主要通过城市开发的形式推进，这就是所谓"土地城市化"的时期。近年来，城市化已经陆续进入内涵提升时期，空间管制更多地表现为有节制的空间开发与高标准的城市空间管理，后者的影响越来越大。随着城市管理和市域治理的精细化、现代化，政府对市域空间的高标准精细化管理要求越来越高，治理手段和治理技术也日益提高，城郊社会就日益受到政府空间管理的刚性约束，这也在很大程度上重塑着城郊社会的基层治理样态。由此塑造出一个具有中国特色的城郊社会，其独特之处，可以从与发达国家和其他发展中国家城郊社会的简单比较中，呈现一二。

发达国家在城市化进程中，普遍出现了郊区化现象，即市民从市中心向郊区迁移，一些生产性产业也向郊区迁移，市中心则成为高端服务业和弱势群体聚集场所。城市因此形成非常奇特的发展景观：郊区是社会精英聚集区，但以居住功能为主，社会活跃度有限；市中心则是弱势群体聚集的"社会塌陷区"，经济活跃，但社会秩序不稳定。大都市因此割裂成明显的二元社会，社会断裂明显。

以拉美地区为代表的发展中国家，则同时出现了郊区化和贫民窟化的社会景观。郊区既有社会精英聚集，也有大片成规模的简易居住区，聚集了大量进城的农民，也成为非正规经济聚集且社会秩序不稳定的社会空间。在这些区域，经常能够看到社会精英的居住区与贫民窟相邻而处，中间用道路或围墙进行物理隔离，社会断裂同样明显。

中国的城郊社会显然不是社会断裂的产物，而是一个充满活力的社会空间。这里居住成本低，去城市核心市场的通勤成本也比较低，是很多农民工进城务工的首选落脚之处。伴随着流动人口的增加，他们的生活需求自然会催生市场空间，于是，另外一些服务于他们的务工群体也会落脚这里，通过经营生活服务谋生。同时，城郊社会同周边城市紧密相连，其市场服务也能够辐射周边城市居民。城郊社会的本地农民，则可以就近从事服务行业，获得比较充分的就业。当然，许多发展中国家，特别是亚洲国家在城市化进程中，都出现了城郊地区非农化聚集的现象。但中国的根本不同在于，聚集在城郊地区的外来农民和本地农民，都因为土地集体所有制而享有基本保障，这使得他们"进城有希望、返乡有退路"，就不是与主流社会断裂的群体，城郊社会也不是同主流社会相割裂的"塌陷区"，而是一个为城市底层群体提供就业空间和生活空间的地方，成为他们积累体面进城资源的平台，成为梯度城市化的台阶。

治理交错

城郊社会的治理交错，经历了一个演变过程。以武汉为例，至少在2010年前，城市政府的治理半径，尚未完全覆盖到城郊地区。城郊社会基本上处于自生自发的状态。非正规经济支撑着流动人口的大量聚集，形成土客混杂的社会空间，管理主体是村组织，管理手段也比较简单粗暴。政府的管制要求是底线式的，不出大事，特别是不出安全事故，其他基本不介入。

2009年，武汉启动"六改一建"的城中村改造计划，时任市长亲自挂帅，担任市城中村和旧城改造工作领导小组组长，强力掀起城中村改造运动。位于武汉三环线附近及以内的城中村、城郊村全部纳入改造计划。基于控制改造成本的政府管制力量开始迅速覆盖，严控城郊村本地农民"种房"等投机谋利行为。自那以后，武汉城郊地区的城乡治理交错格局逐步形成，城市治理逻辑开始重塑城郊地区的治理样态，其中尤其表现在以下两个方面。

（1）空间管制。所谓空间管制，也就是政府要控制空间开发秩序。在城市政府管制权力延伸到城郊地区之前，城郊地区的空间开发行为处于自生自发状态，最主要的就是两种，一是村集体和农民违法建设，谋取更多出租利益；二是城郊社区广泛存在的非正规经济，其中包括一些灰色利益，比如与一些运输车队结成利益同盟，违法倾倒渣土或垃圾等。

政府加大空间管制力度，首要考虑就是控制后期开发成本。政府强化空间管制的主要做法，一是严控违建，甚至暂停全部村庄内部私人和公共建设活动。一刀切效果显著，基本控制住了违建增量产生，但同时也因为限制了合理的私人建房和村内公共建设，造成村民居住条件被锁定，村庄基础设施无法得到改善。对一些迟迟无法开发改造的村庄，这样的状况可能持续很久。二是干预产业调整。主要就是通过抓安全生产和消防达标等方式，倒逼一些低端加工制造业和服务业移出。空间管制权力的延伸，则主要通过执法力量下沉来实现。武汉城管革命实施以来，城管部门已将城郊地区纳入重点执法范围，村级也被要求配置了专门的城管协管员，也就是原来的村庄联防队员，从主要管治安，扩大到城市管理。城管部门常态化巡逻，加上村庄和社区的自我管理，空间管制大大强化了政府对城郊社会内生开发秩序的管制能力。

（2）市容管理。城郊地区和城中村一样，向来被视为"脏乱差"的代名词，环境状况非常糟糕。主要原因还是在于个体化的空间利用行为产生了大量负外部性后果，而村社集体又缺乏足够的约束能力和消化能力，造成问题不断累积。随着武汉创建全国卫生城市、全国文明城市等重大创建活动的展开，城郊地区作为市域空间的重要组成部分，市容管理自然也覆盖过来。上文所述的城管下沉，除了承担空间开发管制责任外，还有一项重要工作，就是市容环境与秩序管理，也就是将中心城区的城市市容管理标准,延伸到城郊地区,彻底替代原来地方化的管理方式。市容管理的两大工作,一是环境卫生,二是规范经营活动,这几乎是目前城郊社区和村庄最主要的日常工作。

市容管理的下沉,同城郊社会内生的空间利用活动发生了明显的冲突。一方面,城郊居民有改善环境卫生状况的内在需要;另一方面,达到市容管理标准,就必然要约束原有空间利用行为。这些行为中,一部分属于不当行为,比如占道经营、乱倒垃圾等,主要涉及的是外来群体,面临的主要困难是,人员流动性大,社区认同感低,普遍存在对个体行为负外部性的公共责任意识淡漠。还有一部分则是本地村民残余的一些乡土性生产生活行为,比如种菜、养鸡。农业生产活动有其自身特性,比如施有机肥、焚烧秸秆等,这些原本正常的农事活动都要受到限制,这当中也会存在较大的矛盾。

城乡治理交错,给城郊社区的治理带来巨大挑战。空间管制是要限制城郊农民的逐利行为,而市容管理则可能同其正常生产生活需要相矛盾。当然,这样的交错状况,具有典型的阶段性特征,是村庄待开发阶段的产物。对于这个阶段的城郊村庄和社区,无论是城市政府,还是村社集体,其治理预期都是维持性的。只不过,这个阶段的时间长短存在太多不确定性,时间越长,维持基本秩序的难度就越高,对于将来的开发改造,也就会造成越多的隐性成本。

郊区新城

新城开发

宜昌市有5个市辖区，点军区是其中比较特殊的一个。1986年，点军从宜昌市郊区析出，成立点军区，算起来已经是有30多年"区龄"的"老"城区了。以"区"为名，一般来说，应该是以城市为主的发展格局和管理体制，然而，设区后，点军一直是一个农业为主的区，城区规模仅限于现在的点军街道朱市街社区一带，在546平方千米的版图面积中，小到几乎可以忽略不计。此外，江边有一些企业及其生活区，但比较零散，没有连成一片。可以说，这是一个名为"区"，实际上更是"县"的行政区域。

不过，正因为是市辖区，点军也就不能像一般的县那样，拥有发展自主权。当地人的说法是，市里在没有拿出足够成熟的规划方案前，不会轻易开发点军。

2012年，宜昌市启动点军城区开发。这一年，宜昌市宣布建设宜昌新城，点军被确立为主要片区之一，定位是江南生态宜居新城。从此，点军开始了大规模的城市建设。随之而来的，一方面是城市建成区面积迅速拓展，另一方面则是规划区内乡土风貌的迅速消失。

短短8年时间，一座新城从无到有，初具风貌。规划区范围内的三十多个村庄被拆迁，数万农民洗脚上楼，十余个集中安置小区陆续建成。同时，碧园、江南URD、亚湾等商品房小区开始入住，一批宜昌市民跨江而来。城市的物理空间形态，从原来的自然村落散布于山川河谷，蜕变为集中连片的高层小区。

这是一座在行政力量主导下迅速崛起的新城，不同于一般的城市渐进式发展规律，点军区经历的是一场突变式的城市化。

双向城市化与空间重构

新城突变，社会也要转型。点军新城区的社会转型是农民城市化与市民郊区化双重驱动的过程。

农民城市化的特点是突变式、在地化的。农民在短短几年时间内，迅速由农村生产生活形式"突然"转变为城市化的生产生活形式。这不同于农民一般的渐进式城市化方式，渐进式城市化的转变是渐变的，是农民在积累足够资源，且具备体面生存能力的情况下实现的城市化。这种城市化较为稳健，且由于仍然保留农业农村作为退路，渐进式城市化就是可控有序的。突变式城市化的两个重要后果，一是农民被斩断退路，只能依附于城市经济体系，而且是劳动密集型的低端二、三产业行业，生存机会依赖于区域市场活跃度，生计方式相对脆弱；二是农民整建制集中安置，从社会管理角度看，利弊并存。

市民郊区化是欧美城市化历程中普遍出现的一个阶段，目前在我国许多城市也已经出现。郊区化表现为，市民基于改善居住质量、提升生活品质的需要，从相对成熟但较为拥挤的中心城区，向更为宜居的城市近郊区迁移。郊区化的过程，也是城市近郊空间"绅士化"的过程，即近郊空间被市民中的优势阶层占据，这是房地产市场化的必然结果。点军区定位于生态宜居新城，政府发展策略与市民内生需求高度契合，不仅吸引了宜昌中心城区精英市民，还对周边县市产生虹吸效应。市民郊区化必然伴随居住群体阶层分化，"绅士化"成为点军社会结构变化的重要表现。

一方面是城市化的农民阶层，一方面是郊区化的优势市民阶层，这使得点军新城区呈现出不同于一般城区的社会阶层结构，构成了社区治理的社会基础。

作为新城区，点军正在由乡土社会向城市社会快速转型。以生命周期划分，城市社会尚处于成长期，将在未来5~10年进入成型期，然后转入成熟期。成长期是基层社会的城市性不断增加，乡土性逐渐减少的阶段，其主要特点可归结为以下两点。

一是社会空间形态重组。从社区治理来说，社会空间特指人们因共同居住生活形成的、具有一定物理边界的空间形态。空间形态重组，即住宅小区取代自然村落的过程。从居住形式看，自然村落是独立式居住，住宅小区是集合式居住；从居住密度看，自然村落是低密度居住，住宅小区是高密度居住。目前，点军城区社会空间形态呈现自然村落、安置房小区、商品房小区并存的格局，其中自然村落正在迅速消失，其存在时间取决于地方开发与征迁节奏。安置房小区数量、区位、规模基本定型，空间形态将随着建设进度逐步定型。相比之下，商品房小区是变数最大的空间形态，距离成熟定型还比较远，既取决于开发建设进度，也取决于房地产市场状况，更取决于市民郊区化生活转型节奏。

由于正处于成长期，加上自然地理环境造成的块状开发格局，点军城区的社会空间形态，还存在较为典型的"残余空间"，即已征或未征的待利用空间。残余空间被附近居民进行灰色化利用，与已开发空间——主要是商品房小区——发生空间权利冲突，是新城区非常特殊的治理问题。

二是治理单元重构。社会空间重组，必然带来治理单元重构。住宅小区取代自然村落成为新城区最基本的社会治理单元。作为新生的社会空间，其内生的治理需求，主要是满足居民休闲生活需要和形成物业管理秩序；政府的治理需求，则是实现与居民的有效对接，包括掌握社会信息、居民诉求，将基层组织体系延伸到小区，将公共服务和公共管理要求覆盖到小区。

治理挑战与重点任务

基于上述分析，点军的社区治理面临的主要挑战有以下几点。

（1）利益快速调整带来的社会稳定压力。城市快速开发，村庄征迁产生大量利益，征迁过程即利益博弈过程，征迁结束也仍然存在一些历史遗留问题，其中不乏一些在现行规则下无法化解而只能拖延的问题。这就要求村庄治理向社区治理转型过程中，必须保持一定的连续性，特别是保持基层干部、村民领袖等乡土性治理精英的连续性。

（2）居民需求多样化带来的社区服务压力。农民生产生活方式转变后，休闲需求大量增加，加上人员聚集，文体活动的组织化需要尤其明显。老年人群体最为典型，社区养老服务面临考验。商品房小区中，退休机关企事业单位人员众多，高品质、个性化、多样化的休闲需求非常旺盛。同时，随着入住率提升，青少年的社区活动与社区教育需要也将日益增加。居民群体多元化，需求多样化，对社区服务能力带来挑战。

（3）安置小区物业管理模式的不可持续性。政府兜底财政压力巨大，难以持续。安置小区虽然成立了业委会，但业主自治并未实质展开，自治组织形同虚设。随着安置小区满负荷运转，设施设备使用率陡增，耗损加大，小区管理成本将日趋提高。伴随着房屋出租出让等市场交易，安置房小区居住群体必然复杂化，需要建立适应这一趋势的使用者分担管理责任与管理成本的长效机制。

（4）商品房小区业主维权运动的不可控性。商品房小区居住群体多为优势阶层，权利意识和维权能力远较普通市民高。截至调研当时，维权行动已初步显现，比如碧园、溪谷、亚湾等小区成立业委会的呼声开始出现，部分活跃分子已经现身。再比如，空间权利冲突引发的投诉事件越来越多，且大多涉及残余空间利用问题，难以短时根除，极有可能成为促成少数活跃分子组织起来的催化剂。还比如，尽管点军物业服务市场主体多为品牌公司，且小区仍处于黄金期，但业主同物业的矛盾一开始就出现并积累。伴随着更多商品房小区的交付使用，特别是伴随着入住率的不断提升，预计未来2~3年，首批开发入住的小区可能出现一定规模的业主维权运动，包括业主自治运动。这将对其他商品房小区产生极强的示范效应，引起连锁反应。由于业主群体多为优势市民阶层，不乏各界精英，其组织起来的不可控性是比较高的，其所带来的治理挑战，或许远比安置房小区更为严峻。

综上，点军正处于高速城市化发展阶段。新城建设区域内，农村征迁、农民安置与商住开发，速度快、范围广、影响深。城乡物理空间与社会空间快速重组,基层治理单元快速重构,基层社会治理需求快速增加。相比之下,现有城乡社区治理体系相对滞后,治理能力仍待提高。

社区是基层基础。作为市域社会治理现代化建设的基础组成部分,城市社区治理现代化的最终目标,是实现"城乡二元、村庄为主"向"城乡融合、社区为主"的转型,建成适应点军"农民城市化+市民郊区化"城乡融合型大都市新城区的社区治理体系。

点军区正处于成长期,距新城成熟定型还需要若干年时间。当下社区治理改革应定位为服务于成长期的新城建设与城市管理,并为构建成熟的社区治理体系展开探索和做好准备。基于此,点军区社区治理改革的阶段性目标,可以定位于构建党建引领的过渡型社区治理体系,即新老干部队伍结合、城乡居民自治融合、村居管理制度耦合,为高速城市化过程中的基层社会稳定提供基础保障,为实现社区治理现代化长远目标积累组织资源与治理经验。

实现社区治理改革的阶段性目标,可以围绕两项重点任务展开。一是建立集体经济发展与安置小区长效管理的联动机制,二是通过基层党建为商品房小区业主自治进行组织准备和干部准备。

第一项重点任务,旨在构建"集体支持+居民自付"相结合的安置小区管理成本分担机制,"集体经济组织经营+业委会自治+物业公司服务"的长效管理模式。建立安置小区的资源内循环，即小区集体资产统一经营，并将小区管理经费作为除分红、积累外的主要支出项目。同时，建立集体经济组织成员义务履行与福利分配之间的关联机制，从而实现产权与治权统一。

第二项重点任务，旨在构建业主维权的有序参与机制。通过社区和小区的党组织建设，激活党员群体，通过他们带动和建立文体活动组织，组成楼栋长体系，使其成为社区联系小区业主的关键媒介，成为业主维权的主导力量，从而确保将来的业主维权和自治组织运行始终可控、有序。这就是做好组织准备和干部准备的意义所在。

城郊青年的阶层突围

城郊村的后备干部

2020年，小别30岁，做关村的后备干部已经三年了。这个城郊村的村干部队伍里，像小别这样的"80后""90后"年轻人，占了一半以上。

这是小别大学毕业后的第四份工作。他在武汉上了一所职业学院，到底是哪所大学，他没有明说。21岁大学毕业后，他到点军区国土局工作，属于聘用人员。这份工作很轻松，他说区直单位是养老性质的，每年年底搞检查，忙上两个月，其余时间都没什么事，"对年轻人没什么挑战性"。但工资太低，到手不足2000元。为了做点挑战性的事业，他工作两年后辞职回家，办起了农家乐，搞了一年。2014年，朋友开劳务公司，喊他一起合伙。2015年，小别独立出来，成立了自己的劳务公司，一直干到现在。说是公司，刚成立时就他一个人，到现在也不过七八个人。之所以到村里来工作，他说，"当时村里征迁工作招人，作为老百姓，以为就是喝茶聊天。"他毕竟有开劳务公司做征迁工作的经验，又年轻，很顺利就被录用了。只是，他"没想到村里工作这么忙"，"每个周六周日，至少有一天要加班"，"晚上做工作调解矛盾，有时候搞到七八点，甚至12点都有"。顺便介绍一下，所谓劳务公司，其实就是拆迁公司，是伴随点军城市开发涌现出来的。政府把若干农户的拆迁工作外包给劳务公司，劳务公司的员工负责做工作，让农户签协议。目前的费用是，每户1万元，劳务公司跟员工35∶65分成。小别的劳务公司，每年可以有10万元的收入。

小别是我们在关村调研时，访谈到的第一位40岁以下的年轻人，或者说"80后"年轻人。按说，作为中西部地区的农村，年轻人应该很少在村的。关村却完全不是这样，按小别的估计，村里二三十岁的年轻人中，60%~80%在本地就业。他说，原因很简单，离城市近。

这个解释是有道理的。关村是个城郊村，不过，城郊的含金量只是在最近七八年才显现出来。在其所属的点军区真正开启城市化开发之前，关村与宜昌主城区虽然仅一江之隔，却是再普通不过的农村。现在，关村坐享城郊之便，继续享受着未开发的山水田园风景，还能在十分钟之内，驾车直达宜昌中心城区，便捷地享受宜昌市最先进的公共服务和城市休闲生活。宜昌市民很羡慕点军农民的生活,他们争相购买点军新开发的商品房,为的就是这种兼得城乡两利的郊区生活。在村里居住生活,环境美,空气好,房子又大又宽敞,还有自种的新鲜农产品,又能跟父母在一起,伙食成本基本上不用负担了。农村基础设施条件也好,网络也发达,生活也很便利,确实不失为一个好的生活选择。

更重要的是,距离城市近,上班方便。关村的年轻人普遍都有车,车一般都是十来万的价位,上班通勤用的。宜昌尽管在全国来看只是个三四线城市,但在湖北省内,是省域副中心,城市体量还是有一定的容纳能力的。关村农民说,宜昌在十年前经济并不好,在本地打工的还是少数,多数去武汉以及沿海。近些年宜昌发展起来了,本地就业就开始多了。

本地就业,吸引了一大批像小别这样的城郊农村青年返乡。

一个城郊青年的"职业折腾"

8组组长老林的儿子,可以作为城郊农村青年返乡的典型代表。2020年,林组长33岁的儿子小林在武汉某学院大专毕业后,就开始了他长达数年的"职业折腾"。他的第一份工作是去北上广深逐梦,选择的是北京,做教育培训。工作两年后,北京的逐梦之旅被现实击碎了,老林说,"北京不好结婚,没房子，3个人租房子每月都要2200，消费高，可是他收入只有3000多，扣掉房租只能剩下700多，所以自己也想要回宜昌"。小林的第二份工作是自己创业，做日化用品批发，但只搞了几个月。第三份工作就是合伙在电脑城搞销售，但时间也不长。第四份工作又是创业，跟另一个朋友卖服装，老林给了他8万元，在批发市场租了门面，每月房租就要4000元，结果干了两年，亏了。

小林的前四份工作，都属于创业型的，依靠的是他个人在外的社会关系，主要就是同学关系，行业除第一份工作外，基本都是销售。老林显然是个非常民主的父亲，基本没有干涉，任由儿子追逐梦想，放飞自我。那8万元还说明，老林是很支持儿子的逐梦之旅的。只是，现实有点残酷。

开服装店是小林最后一次创业。失败后，老林开始直接介入小林的职业选择。他先把小林带到自己工作的船厂工作，干了一年后，小林结婚。婚后，老林在重庆当老板的外甥——老林二姐的儿子——给了小林第六份工作，让小林一起去重庆发展。从此，小林在重庆稳定下来，目前月收入有一万多元，2018年还在重庆买了房子。

小林的故事很有代表性。第一，年龄上正属于"80后""90后"，是典型的新一代农村青年。第二，学历上，大专学历几乎是关村乃至点军农村青年一代大学学历的标配。点军农村青年上一本高校的极少，大学本科的也不多，即使有也多是二本青年，绝大多数上了大学的，都是大专学历，其余的则是高中、中专学历。第三，职业经历较多，或者说就是折腾比较多。小林这种换过六份工作的自然属于多的，一般情况下换两三份工作很普遍。第四，返乡。很多人是先在一、二线城市打拼，经过几年后返回宜昌。第五，创业多。点军农村青年喜欢创业，这是调研开始时，让我们颇为好奇的现象。几乎所有人都说，现在年轻人喜欢创业，他们返回宜昌后，首选的也是创业。第六，社会资本本地化。几乎所有返乡的青年，都要重新回归本地社会关系网，包括重新激活自己本地化的学缘关系，其实也就是小学、中学同学，还有一部分像小林这样，要重新依靠父辈的社会资本获得就业机会，这也是一种意义上的返乡。

城郊青年返乡，重新回归本地城市就业市场，重新回归本地社会关系网，或许是一个普遍现象。

曲折的阶层突围

一般认为，教育是实现阶层跃迁的主要途径。对于农村青年来说，考上大学，提升人力资本条件，在大城市谋得一份体面的工作，定居下来，成为城市中产，应该算是比较理想的阶层跃升路线了。从某种程度上说，农村青年考学、进城、就业，都是在进行阶层的突围，突破底层围困，进入优势阶层。

点军的城郊青年们，也在进行着这样的阶层突围，只不过道路走得有些踉跄。

点军城郊青年的阶层突围有这样几点共性,一是教育对自身人力资源禀赋的提升作用较弱。关村有一个光荣榜,上面挂着全村考上名牌大学的年轻人的照片。不过,对这个有着4000多人的大村来说,这份光荣榜略显寒酸。考上211及以上大学的只有几个人,另外几个则是上普通二本高校的学生。这里并没有歧视的意思,只是想表明,如果我们以学校层次作为人力资源禀赋提升的衡量指标,很显然,关村的青年人提升的幅度是非常有限的。我们统计了一下全村10个组长的下一代受教育情况,发现80%上了大学,但最好的也只是宜昌本地的大学,其余多是大专,村民组长们下一代的受教育情况尚且如此。小别说,本村跟他同龄的一代人中,90%上了高中,但只有30%上了大学。我们调研期间,恰逢高考成绩公布,宜昌本地最好的几所高中公布了一本上线学生的初中学校,竟然极少有点军本地初中的。

二是许多人经历了大城市的闯荡失败。像小林那样的,年轻人总有到外面世界闯荡的梦想,其实就是实现阶层跃升的尝试,在大城市里获得更多的就业机会,更高的收入,更优质的生活,更广阔的发展空间,等等。遗憾的是,他们中的很多人都失败了,返回了宜昌。究其原因,至少有两个因素是比较重要的,第一,他们本身的人力资源禀赋在大城市的人才竞争中没有优势;第二,他们在外面缺乏足够的社会资本支持,既无先赋性的社会资本,也没有学缘关系等最重要的后致性社会资本。

三是返回宜昌后,继续进行着阶层突围的试探,创业就是最典型的表现。创业做老板,成为经济精英,是许多人进行阶层突围的捷径。其中有太多投机的成分,赌一把的心理。不过,创业有风险,成功是少数。

四是最终多数人都在相对中低端的服务业上稳定下来,在城乡两栖的生活中安放下自己的城市中产梦,开始把精力和资源投入下一代,开始新一轮接力式的阶层突围奋斗。

宜昌毕竟只是一个中等体量的大城市,在如今日益强调规模效益的产业集聚情况下,本地高端产业相对较少,能够释放出的支撑大批中产阶层的经济空间是有限的。于是,这些返乡的农村青年,大多只能在中低端的服务业中找到自己的位置。比如,女性很多都在搞培训、做商场销售。月收入三千多,基本上只够自己的消费。可是,年轻人们都在追求中产的生活与消费。周末去万达休闲,自驾车去旅游,让孩子上辅导班,进最好的学校,等等。

城郊青年的优势在于,他们可以通过城乡两栖的生活,尽可能降低生活成本,将其转嫁给父母,而将自己有限的资源,投入支撑中产化的消费与下一代的教育。对那些远离城市的农村青年来说,他们则不得不举全家之力,到城里买房,背负着房贷的压力,同城郊青年们——当然也包括城市青年——进行着就业的竞争,消费的竞争。这一代,或许是从文化上彻底脱离乡土的一代，却又是社会层面上难以完全融入城市主流群体的一代。真正完成农民到市民的社会身份转型，实现稳定的阶层跃升，或许要到下一代了。

返乡，小镇新青年们的"价值觉醒"

有段时间，一位名叫侯翠翠的短视频 UP 主爆红网络。这位"95 后"姑娘分享着返回家乡县城的工作与生活日常，加上东北人自带的幽默属性和唠嗑技能，迅速引起很多人的共鸣。在笔者看来，"侯翠翠现象"的意义在于，它折射出近年来一个非常重要的社会趋势，那就是越来越多的年轻人在"逃离大城市，返回小地方"。在一定程度上，这已成为一种"集体选择"甚至"集体自觉"。

笔者与所在研究团队一直在关注"小镇青年"群体，发现年轻人返乡出现了明显"代际差异"。"80 后"返乡更多是生活推动，为了小孩教育和照顾父母而回到县城，是家庭生命周期演进的结果。"90 后"特别是"95 后"们则更多的是就业推动，或者主动返乡创业，或者受父母安排返乡就业。在"80 后"的价值谱系上，大城市仍然高于小县城。而在"90 后"们的观念里，二者的价值落差正在迅速减小，甚至发生逆转。某种意义上，这或许意味着一代人的"价值觉醒"。

2022年7月，笔者在浙东一个工业强镇调研时，访谈到十几名从杭州、宁波等大城市返乡的"95后"年轻人，他们没有表露出任何比待在大城市"低人一等"的意思，反倒是话里话外表达着三个字：舒服啊。一位1998年生的姑娘，大专毕业辗转杭州、宁波，换了三份工作，每次辞职都是因为职场关系令她"不舒服"。她直言自己"没有职业规划"——像侯翠翠一样，换工作便颇有些"随心所欲""率性而为"。新一代年轻人显然更在乎个人感受，网上说"'80后'被老板辞，'00后'辞老板"，虽然夸张，却也说明了"价值觉醒"的部分事实。当侯翠翠自信地说出"我就是个普通人"，并试图以此来解构贴着"985废物"标签的"摆烂"之说时，又何尝不是"价值觉醒"的表现！

"率性而为"当然需要代价，浙东的年轻人有这样的资本，因为背后有父母们强大的经济资本与社会资本的保护。"率性而为"背后也有年轻人对大城市强竞争社会的心理倦怠与逃避。"卷"不动便走人，许多人在经历了大城市的"左冲右突"——可称之为"阶层突围"——后选择返乡。或许有人将这视为年轻人的消极应对，但在笔者看来，这其实是"战略进取"前提下的"战术退却"，是"阶层突围"暂时受挫后的赛道切换。

须知中国人是以绵延性的家庭为单位，以代际接力的方式参与到城市化与阶层流动的社会发展之中的，笔者称之为"接力式城市化"。返乡之后，年轻人重新回归家庭关系与地方性的社会支持网，可以实现更紧密的家庭合作。在父母的经济支持与社会支持下，更从容地规划个人生活，更好地平衡工作与家庭的关系、教养子女与个人职业和生活质量的关系，获得绝对收入不高但相对收入可观的体面生活，从而积聚资源，支持下一代接受更高质量的教育，实现更高质量的阶层跃升。或许可以说，小县城正治愈着大城市带来的婚育焦虑与社交倦怠。

年轻人的返乡，也在悄然推动着社会的转型。他们带着外部世界的知识、信息、观念与生活方式而来，润物无声地推动着"小地方"的更加开放。他们善于运用新技术新媒介，让"小地方"的迷人魅力被看见、被发现、被向往，慢慢重塑着城与乡的价值序列。笔者还发现，甚至在浓厚的地方熟人社会中，他们也正在塑造着迥异于父辈"深社交"的"浅社交"方式，这显然是一种更加城市化而非乡土化的"社交革命"。因此可以说，返乡青年是城乡融合的"社会催化师"。

以县城为代表的广大中小城市和广袤乡村，为年轻人提供了"战术退却"的广阔空间。在大部分人逐梦大城市的时候，小地方的经济机会与发展空间，便足以承接另外一部分人的留守与返回。巨型单一市场是中国的优势，这种优势使得深嵌于大市场的小地方，同样可以成为奋斗的大舞台。家庭则是"战术退却"的微观支持与保护机制，经济资本与社会资本正是通过代际传递发生了集聚与放大效应,支撑着接力式的社会流动稳健实现。

我们应该为年轻人创造更友好的舆论环境,为这个紧绷绷、硬邦邦的竞争时代保留一些缓冲空间,大城市不应成为社会评价体系中标识"成功"的单一符号。我们还要为年轻人创造更完善的制度环境,剔除可能诱导他们投机取巧、透支消费的因素,强化有助于他们体面安居、埋头苦干的因素,使更多自愿选择留守家乡和返回家乡的小镇青年们,与这个时代同频共振,创造属于自己的美好生活。

小城市的希望在于稳定

2023年1月2日晚,河南鹿邑发生一起因燃放烟花打砸执法警车事件,相关视频在网上热传,引起广泛关注。当地警方已及时发布通报,对8名涉事人员——都是年轻人——以涉嫌寻衅滋事罪立案侦查。

这起事件可以从不同角度进行解读。有一种声音认为,这起事件是深层社会情绪的释放和宣泄,社会情绪则来自年轻人蓬勃梦想与小城市有限机会的紧张与矛盾。年轻人聚集在小城市,是因为疫情影响下大城市生存不易,许多人早早返乡。然而,小城市撑不起他们的大梦想,巨大落差之下便蓄积一些情绪,借由节庆的狂欢暂时释放一下。只是,这种群体心理需求遭遇到政府部门的正常执法限制,造成了这起事件的发生。这种声音值得重视,我们需要深思的是,在这个充满不确定性的时代,小城市是否还是年轻人可靠的安身之所?

小城市是一种象征性的统称,它可以指城市分层体系中,处于四五线及以下的普通地级市和县城。认识小城市，要注意两个维度，一个维度是区位的维度。小城市按照区位大体可分为两种类型，城市群和都市圈中的小城市与相对独立发展的普通小城市。第一种类型的小城市深嵌于城市群和都市圈的产业链与社会系统中，依附于大城市发展。越是成熟的城市群和辐射能力强的中心城市，越能带动更多小城市发展，形成功能各异的卫星城。后一种类型的小城市数量更多，广泛分布于中西部地区，这类小城市产业基础相对薄弱，发展空间相对有限。

另外一个维度是城乡关系的维度。小城市要置于城乡社会系统的完整谱系中认识，而不能孤立地看，这是由中国特色的城镇化道路决定的。中国特色的城镇化道路是渐进式的，它表现为农民在城乡之间较长时期的往返流动。大城市是发动机，农村是稳定器，小城市是回旋地，构成了一个相互协调的城乡三元社会系统。大城市聚集了最密集的发展机会和最优质的公共服务资源，农村则提供了建立在土地集体所有制基础上的生存保障和生态人文福利。小城市介于二者之间，恰好提供了相对低成本的城市化的回旋空间：可以作为进城的首选站，也可以为那些逃离北上广的年轻人提供一个战术退却空间。小城市兼得城乡两利，既可以提供一定的发展机会和相对农村更优质但逊色于大城市的公共服务资源，也可以便利地获得来自农村父辈紧密的社会支持。回旋的意义在于，年轻人可以暂时选择对大城市战术性退却或战术性放弃，在小城市里积蓄力量，通过家庭内部的代际接力，实现将来或者下一代更高质量的阶层跃升。战略进取前提下的战术退却，或许正在成为很多年轻人自觉的城市化策略。

对年轻人而言，广大中西部地区的普通小城市，其主要功能便是为城市化提供稳定的回旋空间。深嵌于城市群和都市圈中的小城市则不同，对本地农民来说，它们或许也是城市化的回旋地，但对中西部地区农民来说，它们则同样是城市化的发动机，是捕捉发展机会、积累经济资源、实现进城梦的阵地。鹿邑便属于普通小城市，也是我们应该重点关注的小城市。有些年轻人选择在普通小城市安家，但仍然到大城市去打拼，有些年轻人则选择返乡创业就业。无论是哪种选择，普通小城市吸引年轻人的最大魅力，是区别于大城市的稳定感。

中老年农民的稳定感来自农村，农村还能退回去，农村有他们的生存保障，有他们熟悉的生活方式。小城市则可以为年轻人提供稳定感，稳定感来自小城市特有的低成本的城市生活方式，也来自农村父辈的家庭支持。在稳定的基础上，年轻人便可以更从容地安排家庭分工，最大化地积累经济资源，相对低成本地享受小城市的公共服务资源，尤其是教育资源，使下一代获得更高质量的人力资源储备，进而实现整个家庭更高质量的阶层跃升。

前述那种声音认为，小城市难以为年轻人提供希望。从提供高质量发展机会来看，这种说法是有一定道理的。从为年轻人提供城市化的回旋空间来看，普通小城市所特有的稳定感才是其为年轻人提供的最大希望。在这个意义上，普通小城市应慎重通过政策激励的方式，盲目吸引年轻人返乡创业就业，尤其要注意实施稳健的城市化和经济发展政策，发挥小城市和农村的稳定器功能。

第六部分

对话『新社群时代』

都市新邻里

活跃的邻里社交

在宁波鄞州区调研时,从几位年轻的访谈对象那里得到了一个非常意外的发现:年轻人开始重建邻里关系了!

"90后"的陈女士是一名退伍女兵,在一家当地知名企业做出纳。陈女士家住新苑小区,这是一个在鄞州颇为知名的"豪宅"小区。陈女士2015年购房时,房价是2.5万元/平方米,此后房价最高达到7万元/平方米,调研当年二手房价格仍在每平方米5~6万元。当地人公认住在新苑小区的都是"非富即贵"的城市优势阶层。小区物业费是每月4.2元/平方米,陈女士很不在乎地说,"这不高,现在都七八块钱起步了,还有14块钱的呢"。

我以为像陈女士这样的城市优势阶层或许生活独立性、个体化程度更高，更加注重个人隐私，邻里关系应该更加疏远和淡漠。毕竟社区工作人员都说这个小区"门不好进"，居民"有点优越感"。可是，当我同陈女士聊起邻里关系时，她却连说"非常好"。具体好在哪里呢？从她的讲述里，大致可以总结为以下三个方面。

一是邻里交往大多缘起于新房装修。陈女士说她装修时主动去对门和楼上楼下参观，相互切磋装修心得，还会互相推荐装修材料、交流设计思路等。往往是在这个时候，彼此之间会添加微信，慢慢会相互介绍同楼栋其他邻居，引荐加入热心业主自建的微信群——以楼栋为单元的社群组织开始形成。

二是日常互助比较多。哪家缺了调味料或者什么东西，在楼栋业主群里发个消息，便会有邻居主动提供帮助。刚听到陈女士举这个例子时，我都有点不敢相信自己的耳朵，这个似乎跟村落和单位大院筒子楼更适配的场景，竟然会出现在这个都市"豪宅"小区里。不仅是借，还会有很多的主动分享。有人自制了甜品或者什么美食，会在群里邀请邻居去品尝；旅游、购物等各类信息更是经常性地在群里分享。分享成了社群活动的基础或者催化剂。

三是社群活动丰富。陈女士的楼栋经常自发组织一些活动，比如他们有一个不定期的但频率还可以的聚餐活动，类似于百步亭"万家宴"那种，每家出几个菜，一起聚餐，地点就在楼栋架空层。架空层的公共性被完全激活了，不仅是作为日常的休闲空间，而且还成了具有整合功能的社群活动空间。

不过，我当时还是认为新苑的情况太特殊了。或许，只是因为恰好有几个热心而又有闲的积极分子才形成的。毕竟这些优势阶层大多不是工薪阶层，是有财务自由和时间自由的。我甚至私心揣度，或许这种邻里社交背后有着深层的功利考量，就是对彼此社会资本的期待，他们更有动力在同阶层群体中扩大社交圈子，其实也是在增加社会资本。这样的邻里社交是能够产生社会资本增量的。可是，两天后，在另外一个普通小区的调研，很快便动摇了我的推测，因为在那个工薪阶层构成的小区里，同样出现了活跃的邻里社交。

这个小区名为中际花园，由 5 期构成，居住着 6000 多户、2 万多人，属于超大型小区，也是宁波市最大的住宅小区。中际花园是典型的"刚需者乐园"，2014 年首期开盘时房价约 1.4 万元/平方米，明显低于当时鄞州城区的房价。调研当年二手房价格约在 3.4 万元/平方米，考虑到周边交通出行和生活服务设施基本完善，这个价格在同等小区中对刚需置业群体仍然是比较友好的。小区毗邻高架路，驾车前往宁波东部新城和南部商务区这两个年轻人就业集中区域都比较方便，分别为二十分钟和十分钟车程。因此，吸引了大批年轻人购房，"80 后"群体占比超过 80%，且一半以上属于新宁波人，仅未成年人就达 4000 多，每年新生儿都在百人以上。

"刚需者乐园"的特点是流动性大。首次置业群体选择在这里解决落脚问题，很多人经过几年打拼后，逐渐站稳脚跟，家庭积累了更多的经济资源后，便会选择离开，改善居住条件。这个时间点大致会在下一代进入学龄期时，年轻的父母会选择到城区优质学区范围内购房。当然，一部分改善型群体搬走，也会有新一批刚需者搬进。据社区统计，当时平均每月进行户口迁移的就有三四十户，一年下来就有大几百户搬进搬出，流动性可见一斑。

流动性是关系建构的天敌。邻里关系是地缘关系，只有相当长时间的稳定社交才会形成稳固的关系。实际情况确实如此，这个流动性极大的超大型小区里，同样出现了活跃的邻里社交。中际花园所属的中创社区居委会副主任张女士是首批入住的居民，作为一名"80后"，她从社区志愿者做起，后来考入社区成为社工，对小区情况非常熟悉。她所在的便是邻里社交非常活跃的楼栋之一。

张主任是在到税务部门办理房屋契税时，偶然结识了自己的邻居，当场互加了微信。谈及此事，张主任至今还感叹两人缘分的"不可思议"。后面的故事就跟新苑类似了，房屋装修、互帮互助、分享物品和信息等。他们之间尤其令人惊叹的是亲子互动特别多，互相接送和照看小孩非常普遍。张主任曾经因为疫情防控连续加班，把小孩托付给邻居家"蹭吃蹭喝"达一个月之久！双方甚至连经济账都不计算，"其实就是买点东西送给她，这也是很正常的往来，不算特别的回报"。他们的微信群至今仍保持着"纯民间"性质,全部是楼栋居民,没有物业公司和社区社工加入。有的邻居房子卖掉搬走多年,但仍然会留在群里。地缘社群具有了超地缘关系的属性。

这样活跃的邻里社交是否普遍呢?恐怕也不是非常普遍。在中创社区调研时,社区其他社工都说,全社区邻里关系像张主任所在的楼栋那样的并不多见。但张主任说小区里还有很多,到底有多少呢?社区并不掌握,我们也很难精确统计。

都市邻里转型

不管有多大普遍性,至少这个现象的存在是非常有趣又非常值得讨论的。

我们习惯用"陌生人社会"来指称都市社会。都市社会被认为是原子化的,个体孤独而又自由,社会成员之间距离疏远,相互保持着比较安全的社交距离。当然,这是个比较宏观的概括。具体到小区邻里关系这样的微观层面,我们的一般认知似乎也是"对门相见不相识","民至老死不相往来",有社会学者称这种关系是"互不相关的邻里",我也一直持这样的观点。新冠疫情发生以来,住宅小区里普遍出现了自发的邻里互助,但我也觉得这只是暂时现象,待生活回归常态,社交关系也会回归常态。

都市邻里的解体似乎已是学术共识,现实中也有大量事实支撑,我们每个生活在大城市的人的生活体验莫不如是。人类学家项飙称这种现象是"附近的消失",当然,项飙说的"附近"并不仅仅指邻里关系。对中国的城市来说,邻里解体被认为是单位制向社区制转型带来的一个社会后果。单位制时期,住宅小区大多是附属于单位的家属院,居住者基本来自同一个单位,同事关系是第一关系,工作上的紧密联系与互动自然会延伸到生活当中。过去的住宅设计中,房屋功能不完整,很多功能被安排在公共部位,如共用厨房、卫生间、走廊,房屋仅满足居住等有限需求。日常生活中的很大部分要在公共空间里实现,客观上增加了人们的互动机会。北方城市冬日楼道里堆积如山的蜂窝煤,还有炉膛里飘散出来的弥漫在小区里的煤烟味儿,刻在了不止一代人的记忆里。有温情,也有争吵,但都反映了邻里关系的强关联。

现在的住宅小区确实不适合维持以前的邻里关系。一方面,邻里关系从附属于同事关系,变成购房的纯偶然遭遇,邻里之间确实是陌生的,缺乏在小区之外的社交机会。另一方面,居住单元的功能完整性和私密性远超过去,小区内的公共空间里发生的也主要是个体化的休闲活动,偶有互动也往往比较表面和短暂,缺乏过去那种日常的、频繁的互动。强关联的邻里关系自然难以维系。

当然,在一些老小区里,老年人仍保持着比中青年人高得多的邻里社交意愿。有些是单位老同事,有的也不是。近些年受到较高关注的"老漂族"群体,便是在陌生人小区里仍能创造出邻里社交的典型。我就在一个单位型的老小区买了房子，住了四五年了，跟对门邻居都没说过什么话，对小区几乎一无所知。岳父岳母来帮我们带小孩，他们才来了没多久，便跟很多邻居熟悉起来，短短几个月内收集到的情报令人惊叹，至少我所在单元几乎每家的情况都搞得一清二楚了。正是在这个意义上，我一直认为不必对邻里关系的衰落过于忧虑，或许这只是个周期性现象，将来退休后每个人都经历一次邻里关系的重建也说不定。

问题是中青年人。我曾提出一个"都市社交三角"的概念来解释都市中青年人的社交生活形态，工作空间属于强社交，其带来的意外后果就是中青年人在职场产生严重的社交倦怠，迫切需要在其他空间里实现社交补偿和心理修复，就是更加自由的舒适的放松和自我满足，而不像职场社交那样附着太多的规则与压力。因此，居住空间（也就是小区）的主要功能就是休养身心、安静生活，恢复体能和精力，社交需求更多放在自由的可选择性更强、个人自主权更高的公共空间里完成。这是都市中青年人普遍的生活方式和生活状态，建立在地缘基础上的邻里社交需求是下降的，他们更希望在小区里维持私密性以获得休息和生活的不被注视、不被议论、不被打扰的自由，社交关系则集中在趣缘、业缘关系中。

鄞州的调研似乎对"都市社交三角"的解释提出了挑战。至少对一些年轻人来说，他们不但不排斥邻里社交，甚至会主动去创造邻里社交机会。我一度推测这是不是疫情带来的改变，尽管我以前更愿意相信随着疫情的结束，特殊时期发展出来的互助关系也会淡化。但调研时，访谈对象提供的经验表明，他们的社交是在疫情前便开始了。张主任解释说，中际小区外地人多，大家在宁波有更强的寻求互助关系的渴望。这确实也是一个解释，但显然也不尽然。新苑的经验表明，本地人还是外地人，并非关键所在。

总之，这让我看到了年轻人身上一种新型社交心态的出现。在这种比较积极的社交心态下，邻里关系也会被塑造成不同于以往的新形态，都市新邻里正在形成。

浅社交与都市新邻里

这种社交心态我称之为"浅社交"。"浅"是指社交围绕某一个或若干个复合的特定功能需求展开，而不在特定功能之外投入更多深度的情感、价值、意义。"浅浅地互动，浅浅的关系"，社交不是没有，但并不是很深，点到为止。能玩到一起，玩得痛快舒适，便可以一直一起玩，但并不在玩的时候带入太多其他东西，否则"玩"就变得不那么纯粹，不那么轻松，不那么随意了，也就可能玩不下去了，关系也就可以终止了。分享也好，互助也罢，都是一样的逻辑。分享物品和兴趣爱好，除了分享本身带来的乐趣，还可以通过分享找到志同道合的人，找到兴趣结合点。你分享了某种口味的美食，发现了与你有共同口味偏好的人，下次便可以约着一同去品尝。相比之下，互助有着更强一些的关系色彩。玩是一种社群化的生活方式，互助则更突显两两之间的互惠，对双方的关系稳定性有着更高的要求。费孝通先生说，不流动的乡土社会里，人与人之间"互相拖欠着未了的人情"，流动是拖欠的大敌，因为互惠会因流动而中断、解体。但是，年轻人似乎对互惠中的平衡有些降低了要求，并不追求物资匮乏年代里那样有来有往的量的绝对平衡。在物资丰裕的年代，量上的平衡或许真的不那么重要了，哪怕可能会搬走，但互相帮助可以解决当下之需，施助者也能体验到帮助他人、被他人信任的乐趣，互助行为便也会发生了。

浅社交是人作为社会动物，面对高度流动化、竞争性的现代社会发展出的一种新社交方式。乡土社会的社交附着了太多社会规则、价值和意义，"互相拖欠着未了的人情"充分体现了这种关系的厚重性。浅社交则试图在满足基本社交需求的同时，保留个体的自由与自主，不把关系搞得那么沉重，社交最重要的是开心。

也正因为如此，邻里关系便也并不一定被排斥了。既然是浅浅的交往，这样的关系便不构成对居住空间私密、自由、安静的主导性需求的破坏，而是补充，它在本质上同公共空间里的休闲化社交是一致的。浅社交主要发生在年轻人之间，同代人有着相近的社交偏好和需求，进而形成了更加不言自明的社交默契。

其实，很多老年人也在主动接受这样的社交方式，我在调研中反复发现，类似于广场舞队这样的老年人趣缘群体，其中发生的社交活动也是比较浅的。大家有意识地将社交停留在一起玩的限度内，而不主动将关系复杂化，不主动问东问西、说长道短。

浅社交形成的邻里关系，也就不同于单位大院和村落熟人社会的传统邻里关系。传统邻里关系是社会化的，新型邻里关系是社群化的。

社会化的邻里关系，是指它形成了一种外在于个体的社会，会形成公共的舆论与规范，会对个体的行为产生约束作用。一个人在邻里社会中的表现，会受到他人的议论、品评，个人也会在乎这些议论与品评，邻里便成为一种社会评价和社会控制系统，对个体也就具有了做人的价值意义。"你去街坊邻居那里打听打听，我是个什么样的人？"这便使得邻里关系具有了一定的强制性，因而是厚重的，甚至是沉重的。它会凝结一代人，甚至几代人的恩怨情仇，形成集体记忆。

社群化的邻里关系是去社会化的，它剥离了，也不会发展出强社会评价与社会控制功能，而仅仅将自己局限于社会支持层面。它不存在一个外在于个体的社会系统，只是由一个个个体自愿结成的社群，而非集体，它本质上是现代人社交圈子化的一种地缘化形态而已。

社群化，或者去社会化，是都市新邻里的最主要特征。它代表了一种现实，也代表了一种可能。在陌生人组成的住宅小区内，地缘关系有可能在浅社交的互动中被再造，但它不会更深一步、更进一步发展成为同村落和单位大院熟人社会那样的邻里社会，它不是一种具有总体性社会意义的共同体实体。

社区团购与社区生活[①]

灵活与弹性，
城市抵御风险的能力

GQ 报道：社区团购从 2016 年起小有发展，在 2020 年发展很快，你接触过买菜团购吗？

王德福：说实话，在疫情发生之前，第一我不了解，第二我在武汉社区没有参与过，在我们社区也没听说过有。后来了解到社区团购之前就有了，但疫情发生大大加速了其普及。就武汉而言，社区团购大概是在 2020 年 1 月底 2 月初开始出现。

以我从武汉了解的经验来说，一开始没有大资本的身影。2020 年，这种最初自发的团购买菜的模式慢慢出现了商家和平

[①] 本篇专访于 2021 年 1 月 18 日发表于微信公众号 "GQ 报道"，有删改。

台,后来阿里、京东、美团、腾讯、拼多多等互联网大资本也介入了这一领域。

就像以前的共享单车,最让人担心的就是大资本跑马圈地,一开始给大家很多低价菜,占下市场后,再提价,或提高平台收取的佣金比例等。政府出手干预也和最近提出的警惕资本垄断、防止无序扩张有关系(注:2020年12月22日,社区团购"九不得"新规出台,"低价倾销""掠夺性定价"被列为打击的重点)。

GQ 报道:为什么社区团购会成为大资本争夺的战场,现在的竞争已经到了什么阶段?

王德福:随着人们经济收入水平的提升,中等收入群体不断扩大,生活服务领域蕴藏的市场潜力之大,超乎想象,近年来的市场竞争日益激烈。社区团购不过是这个大背景下因疫情催生的新形态,这个形式已被广大市民接受,团购内容以生鲜等生活快消品为主,属于刚性需求,需求量巨大。团购形式的终端成本较低,主要是人力成本,节省了场地租金等,这些都是吸引大资本竞相进入的具体原因。

目前来看,一些头部资本都已进入这个领域。以我所在小区的社区团购为例,早期很长时间内,都是美家买菜这个渠道,团长也只做单一渠道。2020年下半年以来,团长陆续开始兼顾其他渠道,最开始是橙心优选,也就是滴滴旗下的团购平台,就在最近,美家已经不见身影,团购平台也增加到京喜(京东旗下）、盒马（阿里旗下）、驿发购（阿里旗下）等数个，尽管小区居民还是习惯将这个团购群称为"美家群"。可见目前社区团购市场竞争之激烈。

GQ 报道： 社区团购的线上采购模式，对消费者个人的影响是什么？社区团购是否有可能形成垄断，而一旦形成垄断，可能造成的影响是什么？

王德福：（社区团购）同外卖买菜的最大区别，可能是选购和取货更加便捷。团购依托微信群发布消息，通过微信小程序下单，更便于商家投送消息，消费者无须再去不同平台自行搜寻信息，操作更方便，节省了很多信息成本。由于有团长在，很大程度上就解决了商家固定统一配送与消费者灵活取货的矛盾，商家节省成本，消费者也更放心更方便。团长本就属于小区居民或商家，加上疫情防控期间积累的声誉资本，更容易获得居民的认可与接受。这也是为什么社区团购平台经常变换，但团长很稳定。

现在，团长已成为平台竞争的焦点资源。社区团购多了，消费者自然就会减少其他消费渠道，对依托实体店的社区级零售商、菜场、超市等，都造成了冲击，毕竟市场蛋糕就那么大。目前市场还处于竞争之中，但疫情防控期间的中小型团购平台基本上已经被挤出或收购，现在就是几家熟悉的头部资本在竞争，而且明显向三、四线城市下沉，可以预见，这些城市原本的那些地方性的中小型平台必将受到剧烈的市场冲击。大资本拥有各方面优势，任由市场自由竞争的话，最终必然会成为少数几家大资本的舞台。

大资本的介入，必然会瓦解原本具有很强草根性、地方性的市场生态，这当然有利有弊。好处在于，大资本依托全国性市场，供给能力更强；弊端在于，可能会消解市场本身的灵活性，大资本掌握定价权以后，供给端便会为了追逐更高利润，去主动重塑需求端（消费者）。也就是说，原本比较多元灵活的地方性市场，很大程度上是依附于消费者市场的，但是大资本具有更高的消费塑造技巧和能力，有可能改变这个格局。

某种意义上，城市体量越小，就越容易形成垄断，这就意味着消费者的消费自主权会在不知不觉中被削弱。从城市系统应对重大风险的角度考量，我个人认为，丰富和多元的市场，能够提供更多的选择，可能要比绑在一两家大资本的战车上更好。

GQ报道：那微观一点，从你们社区来看，目前团购买菜对社区生活产生了什么影响？以后可能对社区生态产生什么样的影响？

王德福：我家在武汉一个老单位小区，小区的工薪族都是直接去超市买菜，或社区团购买菜，线上购买后，下班后去提货点顺手提回家，考虑的是干净、方便。但我们小区有个小摊贩固定每天上午来小区卖菜，每次来小区都像赶集一样，十分热闹，老人们一边在他的小摊上买菜一边坐在那儿聊天，确实也成了社区生活的一部分。

走访各个城市社区的时候，发现经常逛菜市场的往往是老人，很多城市老人有免费搭公交车去很远的批发市场买菜的习惯。2018年，我去浙江绍兴的上虞区调研，那是个远城区，城区不大，但很多老人还是不愿去邻近的大超市里买菜，他们早上坐半个多小时的公交车去大批发市场，逛一上午，买点东西，再坐公交车回来。一来一回，时间过去了，对他们来说这不只是买菜，而是日常生活很重要的一部分。

GQ报道：随着大资本进入社区团购这一领域，也在市场监管总局释放将推动反垄断法加快修订信号的这个大背景下，从社区生态来说，社区团购领域的垄断可能带来什么影响？

王德福：结合疫情中的经验或教训来看，那些围绕社区形成的小零售点，第一给居民提供了多元化选择，第二解决了部分就业，容纳了一部分人群，比如农民和城郊居民到小区周边摆摊卖菜卖小商品。虽然从城市管理角度来看，社区周边的小零售点是有点问题，但毕竟长期存在，本身就已经是城市灵活性与弹性的一部分了。不能大资本一来，就寸草不生了。

如果大资本以物流规模优势先通过低价菜来抢占市场，导致这些实体零售搞不下去，最后只能依附于大资本物流，那会失去城市社会本身的灵活性和弹性。当整个城市社会老百姓的吃饭住用都维持在一两个大资本的身上，这是很危险的事情。

从这个意义上讲，一个启示就是我们要保留这些比较零散的多种渠道。尤其是整个社会进入风险社会后，如果渠道过于单一，那风险就大了，这部分应该有一个不规范的甚至某种意义上"相对混乱"的市场秩序，这才是城市社会的生态系统本身的灵活性，某种意义上也有安全的考量。

特殊时期的社区"亲密"并非常态

GQ 报道： 2020 年，全国各地都进入了疫情常态化防控，社区内部的联系也即时加强了，这对社区关系有什么持续影响吗？

王德福： 我在 2020 年走访了武汉武昌区、蔡甸区、东湖风景区，还去了湖北宜昌和江苏宿迁，重点关注了社区常态化防控工作。疫情防控期间，社区的干群关系确实密切了很多，武汉乃至整个湖北的社区工作者体会尤其深。很多社区工作者干了很多年，但之前都跟居民不熟悉，居民也不知道他们是干吗的。许多人说，社区工作很多年，都没有疫情防控两个月带来的职业成就感高。在最艰难的两个月，社区工作者和居民双方增加了很多对彼此的认同和理解。

遗憾的是，疫情最艰难的时期过去，恢复常态以后，社区和居民的关系又恢复到了原来的样子。其实这也是很正常的事，市民生活本来就是比较自足、自由、不希望被打扰的状态。

GQ 报道： 但遇到突发性的公共卫生事件，社区的很多问题就会冒出来。从基层自治的层面来看，为什么城市社区很难像农村那样快速连接、反应?

王德福：城市社区中，地缘关系难以给城市居民提供社会支持，人的个体化需求主要是靠私人（如亲友同事）来满足的。人们的个体化功能需要不足，大家参与的动力就弱。这也是建立在地缘关系基础上的社区一级很难内生出自治力量的社会原因。

而农村是在血缘基础上形成的地缘社会整合，也就是费孝通先生说的"地缘只是血缘的投影"。农民不可能完全依靠自己应付生产生活中的所有事务，对村庄社会支持网络的功能依赖比较强，一部分是血缘关系和姻缘关系，另一部分则是村庄地缘关系。

中国式小区动辄成百上千户，甚至还有数万人的巨型小区，这就造成小区公共事务合作中的集体行动难以达成。社区里的日常化合作要通过关键群体，这种关键群体在农村的熟人社会里可以获得社会性激励从而继续，但在城市陌生人社会很难继续。疫情发生后，很多社区里的志愿者主动站出来，但那是应急情况，属于特殊、短期、单次的参与。

GQ 报道：在陌生人社会，如果只是依靠个体自觉来建立紧密的地缘联系是很难的。在各地社区走访中，你看到有哪些社区建设活动起效果了吗？

王德福：社区建设都希望让居民内部产生联系，也对社区产生认同，追求把社区里原子化的陌生人凝聚起来，整合为现代社会的共同体。各个地方的社区建设花样百出，主要还是两大类：一是节日活动，像端午节包粽子、元宵节包元宵、重阳节包饺子；二是常态活动，引入社会组织来小区教居民做手工艺品、办书法绘画培训班等。

但是，社区花了很多钱，效果非常一般。活动很难达到广泛动员的效果，工薪族很少参加，退休老人是社区活动中最活跃的群体，却难以扩大。对参与的人来说，享受权利并不一定能催生出他们关心社区公共事务的意识，活动福利与参与社区公共事务这两件事是割裂的。这也是为什么服务越来越多，但社区治理能力没有同步提升。

GQ 报道：你在你的书《治城：中国城市及社区治理探微》里说"还是放下共同体的执念比较好"？

王德福：因为在社区这块，政府现在把太多资源都投入去做这些活动了，如果把这些资源投在居民最需要的事情上的话，其实可以起到更好的效果，比如现阶段就是小区物业管理。只有共同利益才能激发大家共同体的意识，社区建设应该抓关键事件。

即使社区出现了共同体意识，城市小区也不可能像村庄一样那么紧密。我以为，紧密和亲密本身是违反城市生活客观规律的。城市生活的主要魅力之一就是自由，过于亲密的关系里很难有自由，大家应该都有这个体会。只有在陌生关系里，才会比较自由，才会有你的隐私，各种个人趣味和偏好等才可能存在，城市本来就要提供这方面的空间。在这个前提下，大家在有需要时能够及时合作就可以了。

地缘连接在城市已不可能？

GQ 报道：疫情以来，大家对周边社区的关注和讨论很多。而这几年以来，人们对周邻关系的讨论也比较多，但从现在的城市来讲，建立一个强有力的地缘关系连接是否不太可能？

王德福：我觉得没有必要刻意去建立地缘关系，它是一个自然的过程。对年轻人来讲地缘关系的重要性不那么强，因为城市年轻人的社交主要围绕着工作和兴趣，就是围绕业缘和趣缘关系展开，这些都可以跟居住地剥离开。但人与周边社区环境的关系也随着人的生命周期的演变而变化，比如生育或退休之后，地缘关系的重要性会增加。随着年龄的增加，人对地缘生活的依赖会进一步提高。

在城市，地缘交往往往发生在老年人这个特殊群体。老年人的行动能力有限，行动半径比较小，不像年轻人可以到处跑，还可以通过网络交往。人年老时就必然会走出家门在楼道下面晒个太阳、聊个天。如果是一堆年轻人在小区里面凑在一起聊天说话，你看了也会觉得奇怪。我觉得这是一个自然的过程，我们要有一点耐心。

GQ 报道：如果要理解现在的城市社区内部关系，熟人社会到陌生人社会的转变，不可绕开的是住房改革，但住房改革是怎么影响城市生活关系的？

王德福：1998年，我国实行了近40年的住房实物分配制度宣告终结。2003年，国家提出让多数家庭购买或承租普通商品住房，大多数家庭的住房被推向了市场。住房改革塑造了现在中国城市的空间格局和社会格局，关键在于住房改革之后我们居住的建筑形态采取了跟全世界都不一样的高层、超高层的集合式建筑所形成的这种封闭式小区，这在全世界只有中国的城市是最多的，它成了普通人生活的一部分居住形式。

在福利分房时代，相同的住宅来源途径促成了大量单位小区的形成，而获取住房的依附性又将人们的迁移能力降到最低，小区很容易形成熟人社会。在住房市场化后，家庭购买力几乎成为决定小区居住群体的唯一因素，在此基础上形成的居住小区彻底成为陌生人社会，职业、地域、年龄等身份属性则高度异质化了。不过现在即使在老旧小区，随着住房交易和社会流动，居民的熟悉程度也大大下降了。

GQ报道：但目前的这种住房形式是否有改变的可能呢？2016年2月国务院出台文件提到"新建住宅要推广街区制，原则上不再建设封闭住宅小区，已建成的住宅小区和单位大院要逐步打开"。

王德福：在住房制度改革后采取封闭式小区的选择，主要考虑的是土地的集约化利用，容积率相对较高。在这样的空间里，所有事情、所有治理要以小区的边界为单位来展开，这也是2016年中央推广街区制的文件引起很大争议，后面又不了了之的原因，追求西方老城市那种开放式的街区，从打通城市的毛细血管这种交通意义上来讲是好的。但是从中国人的习惯、城市管理方便的程度来讲，是行不通的。封闭的围合式小区有它的问题，但还是有它的合理性的，且已经成为基本现实。

我们现在就是要在这样一个空间基础上来讨论、探索中国城市的基层治理到底要往哪里走，它带来的影响就是封闭式小区里居住的群体特别多，陌生人们要合作解决小区里的事情。

自20世纪90年代末启动住房制度改革，房地产市场从2003年前后进入高速发展期，一大批封闭式的商品房小区兴起到现在，伴随着建筑自然折旧和使用损耗，这批封闭式商品房小区正好进入居住质量下降、小区维修高峰期。同时，物业服务市场也进入深度重组期。两大宏观因素叠加，加剧了小区治理的复杂性，对基层治理带来的挑战是巨大的。小区层面的业主自治发展还很不成熟，更会放大这种挑战。

GQ报道：住建部在2019年年末提出要打造"完整社区"，你觉得城市社区建设的未来方向是什么样的？

王德福：在疫情后，住建部更坚定了打造"完整社区"的态度，就是社区最好提供比较完整的功能，像一些小零售终端、小卫生室，最好还有幼儿园，尽可能提供一个功能比较完整的社区，让大家能够比较便利地满足这些生活需要。这些年上海提出打造15分钟生活圈，一些小城市提出10分钟生活圈，生活圈的概念在城市规划上也是潮流，也在变成住建部门工作的一个导向。

总体来看，都是想在小区之外形成一个功能支撑体系比较完整的地域空间。在单位制时期，单位大院相当于一个功能比较完整的小社区，住房、学校、医院等都有，像我所在的武大，它的内部就是一个完整社区，住房、医院、学校等，武大的子弟从幼儿园直到大学的学业都可以不离开武大校园地完成。

但我们没必要刻意追求小区本身的完整性。小区里要的是一种安静的生活，别搞得业态太丰富了，这与居住功能是有矛盾的，应该把它跟整个城市作为一个地域空间系统来整体考虑。一个生活半径范围内的地域生活系统当然越完整越好，社区的丰富程度越高，大家在小地域空间里的生活安排就会越多，居民之间就可以经常打照面，社会生活也会更有烟火气。

社区应在联结与私密之间寻找平衡[1]

《新京报》：你经常提到中国社区的"特殊性",即由于国情不同,居民自治、业主自治等模式在中国的社区里常常有很多先天的缺陷。在《治城:中国城市及社区治理探微》中,你认为这和我们国家高密度居住、社区的高混杂性有关。这是影响我国社区自治的最关键因素吗?除此之外,还有什么其他的原因?

王德福：我们首先需要做一个概念上的区分。社区有两个维度,一是建制社区,即居民委员会辖区范围内的社会空间。建制社区是国家治理单元,是城市政府社会管理与公共服务的末端单元。二是自然社区,即居民基本生活单元,在城市里其主要形态是住宅小区。法理意义上的社区自治是指建制社区层面的基层群众自治(居民自治),实践中社区自治的主要表现形式是自然社区的业主自治。两者既有关联又有所区别,社区自治

---

[1] 本篇专访于 2022 年 5 月发表于《新京报·书评周刊》,有删减,此为原文。

的一大挑战就是理顺二者关系，使其更适应现实需要。

认识社区自治实践的起点是"中国式小区"，其空间特点是高密度的建筑群和相对封闭的空间合围，其社会特性是高度异质化的"陌生人社群"。社区自治特别是业主自治，本质上是一种社会合作，"陌生人社群"密度高、规模大，自发的社会合作面临先天困境。当然，这不是否定合作的可能性，不同小区的业主自治也受业主结构、小区基础条件等具体因素影响，但总体来看，我认为业主自治面临的最主要挑战，是能否形成有效的选择性激励，让那些真正的业主积极分子能够作为关键群体站出来，成为业主合作的催化者与组织者。准确识别、动员和支持、保护积极分子，从而构建有效的选择性激励机制，是建制社区层面的居民自治组织与自然社区层面的业主自治组织理顺关系的关键突破口。

《新京报》：正如你所说，业主中的积极分子在一个小区的自治中扮演着很重要的作用。你还曾在文章中提到，积极分子最重要的就是要具有一种日常性权威，能获得邻居们发自内心的信任。但这里的悖论就是，现在的小区如果已经是一种"陌生人社群"，那这样的"日常性权威"如何可能建立？大多数邻居可能都是相互戒备，乃至老死不相往来的。

王德福："陌生人社群"确实存在你说的悖论。那么积极分子的"日常性权威"从何而来呢？从我的调研经验来看，小区事件可能是比较重要的机会，比如业主维权事件，许多小区会经历这样一个阶段,在业主陆续入住之后,出现一些与物业公司、开发商或者现任业委会之间的争议,业主中会自发地涌现一些权利意识比较强、问题意识较为敏感同时也比较愿意发声的人,他们会在这个权益争取的过程中凭借其言行表现,获得大家的认同。另外,在小区日常管理中,围绕一些大家关心的问题,业主群等舆论平台上会出现一些讨论,甚至出现一些活跃的意见领袖,有心的业主也能从彼此对问题的谈论中形成判断,这个人考虑这个问题是从私利的角度出发,还是从公共的角度出发,这也是一种对值得信赖的积极分子的隐性筛选。

当然,小区事件中的活跃分子究竟是不是真正有公心的积极分子,还需要甄别。仅靠业主来甄别,由于信息不对称,比较难,社区基层组织就可以发挥一些作用。比如我在江苏调研的一些社区,就在召开业主大会选举业委会的时候,进行很严格的候选人资格审查,尽可能保证他们确实能够有效地代表业主的利益发声。

《新京报》:在《治城:中国城市及社区治理探微》中,你提到调研中的很多社区会引入专业化的社会组织来给居民提供养老、娱乐等服务,但常常存在一个供给和需求的错位:社区提供的,不是居民想要的,甚至反而增加了居民的不便。结合具体案例来看的话,这主要是什么原因?

王德福:错位问题确实非常普遍,不管服务供给主体是社会组织,还是政府基层组织,都存在。我觉得这和目前社区服务的供给方式与服务边界有很大关系。现在，社区服务供给方式往往是自上而下的，尽管会做一些居民需求调研，但是调研往往并不能决定服务供给的全部内容。这使得社区服务供给存在明显泛化现象，在基础性服务之外，很多服务已经过于个性化了，特别是通过购买方式由社会组织提供的服务，比如面向部分群体的烘焙、手工培训，面向青少年的才艺培训等，这些服务没有普惠性，居民完全可以通过市场方式自己解决。再比如针对老人的一些服务，我多年前在绍兴调研时发现，当地政府每年给70岁以上老人发放100元服务券，可选单次20元的上门理发或30元的上门保洁服务，也可以去定点理发店享受单次10元的理发服务。有老人跟我说，第一，老人本来都有自己喜欢的理发师傅，每次只要几块钱，服务券既抬高了价格，选择权也小；第二，绝大多数老人都不缺这个钱，政府不应该撒胡椒面，应该把钱集中起来办大事，解决老人最关心的公共活动场所不足的问题。

当然，有些服务还是具有专业性的，比如面向特殊群体的服务，像对残疾人的康复照料、高龄失能老人的陪护等，这些是真正的弱势群体，单靠家庭的力量难以自行解决，可以引入外力辅助。

《新京报》：在中国社区的基层组织中，居委会是极为重要的一环。你曾梳理了中国居委会工作人员的"三代"变迁，从"居委会大妈"到高学历、专业化的工作人员，这个变迁的过程也影响了居委会与居民之间的连接感。这两年的新闻中，能频频见到北大、哈佛等精英高校的毕业生争相去街道、社区就职，你怎么评价这种现象？

王德福：宏观上这当然跟就业难有关，这里暂且不谈。从基层治理角度来看，一方面，现在基层会大量采用一些新的治理技术（尤其是信息技术），社区居民的整体文化素质也在提升，街道、社区工作人员的高学历化有一定的合理性。

但从另外一个角度来看，我认为社区治理本质上还是做群众工作，最重要的职业素养还是和居民打交道的能力。在这方面，从学校毕业直接到基层工作的初次就业群体是存在短板的。他们的优势是学习能力强，或许可以很快掌握行政技能，但还不大擅长和各个年龄段、不同职业的居民打交道。这需要一个成长过程，但这个群体往往存在职业不稳定现象。社区工作者目前只是政府聘用人员，没有体制性的编制身份，物质待遇也相对一般，与迫切需要积累资源、完成成家立业任务的初次就业群体其实是存在较大张力的。现实中，社区工作很可能成为所谓精英大学毕业生的一个职业跳板，利用社区工作环境相对宽松的机会考公、考编离开。这种情况非常普遍，我在调研中经常听到社区书记感慨"社区留不住人"，留不住的其实主要就是这个群体。记得有一个社区五年内新招聘的大学生全部考走，导致社区许多工作衔接不上，很被动。

从社区工作实际需要看，我觉得有一个群体其实更值得被重视，这个群体即职业转型群体。比如，很多女性在有了小孩后会选择职业上的转型，工作时间和生活时间需要重新分配，投入更多时间精力照顾孩子和家庭。社区工作尽管这些年越来越忙，但相对企业和机关，社区工作者的时间自主权还是要大一些，工作强度要小一些。所以说，两者之间存在天然的亲和性。社区完全可以向这个群体开放更多机会，让她们在照顾孩子之外，依然进行工作、提升技能并参与公共生活。相较于初次就业群体，她们学习能力并不差，社会阅历更丰富，甚至女性的性别优势也更容易适应群众工作的需要，而且职业稳定性普遍更高。

《新京报》：我也注意到你在谈论社区工作者的问题时，提到很多社区中的积极分子以女性居多。如你所述，这种现象确实和现在的家庭性别分工是有关系的，比如女性会因为孩子的出生，更多地留在社区里。

王德福：当然与家庭分工有关。一方面，我们需要反思既有的家庭分工中的问题，但另一方面，我们也不能忽视很多人真切的考量。我采访的一些女性社区工作者，确实会从内心里感觉喜欢做这份工作，走出家门和居民们打交道的过程本身能给予很多人生活的乐趣和成就感。对许多人来说，职业转型后的物质待遇是绝对下降的，但其他职业收益是显著上升的。我曾经访谈过一位武汉的社区网格员，她的经历和体验让我印象深刻。这位网格员以前在医药公司做统计工作，收入很高，36岁时接连遭遇来自家庭的挑战：女儿长期由爷爷奶奶带，学习习惯不好，考上中学后成绩不理想，需要陪读；母亲突遭车祸，被迫截肢，需要几个儿女轮流陪护。她原来的工作虽然待遇非常好，但经常加班，且离家很远。经过考虑后，她选择到社区工作，待遇直线降低，但好处是离家近，工作节奏不紧张，能够更好地兼顾家庭。工作几年后，这位网格员就深深爱上了这份职业，原本只是权宜之计、无奈之举，但她越来越从中收获到价值和意义，特别是来自居民对她的认可，这是之前的工作不曾带给她的。当然，也有一些人干过之后觉得不合适而离开，这很正常。总之，我觉得还是需要具体到个人自身的情况来谈的，要尊重个人的选择。

《新京报》：你指出，在中国讨论社区，不能"言必称滕尼斯"，换言之，我们不应该期待当代的社区成为一种滕尼斯意义上的共同体，那么问题是，我们应该期待当代的社区成为什么？什么是当下中国理想的社区关系？

王德福：现在很多社区喜欢搞活动，以为居民多参与活动，就能促成社会共同体的形成，以至于搞活动成了一种工作惯性，活动变成了目的本身，却很少去想，为什么一定要让居民参与社区活动呢？如果不想清楚这个问题，很多时候这种活动、动员都会沦为一种应付自上而下的考核要求，不仅达不到预想的效果，还会令居民生厌。

我个人认为，都市生活里，个体对自然社区中地缘性社交的需求是在下降的。丰富多彩的城市生活，有足够多替代地缘社交的交往方式，比如趣缘社交。特别是对中青年人来说，其核心社交生活其实都在地缘关系之外。我觉得都市人的社交生活存在一个"三角关系"：职场的紧张、居住空间的清净与公共空间的松弛，三者构成一个整体。工作压力大，人们在居住空间会产生补偿心理，尽可能让地缘关系简单化、私密化，少被打扰。公共空间的自主权比较高，人们更希望在那里完成轻松愉悦的社交生活。对于老年群体来说，他们已经脱离了职场的紧张关系，生活半径也会随着生理老化而收缩，对地缘关系的依赖度自然会上升，而且他们会非常熟练地重建和修复地缘关系。从这个意义上讲，我倒觉得不必因为中青年人对邻里关系的冷漠，就过于担心自然社区的衰落。

生活有常态和非常态，我们从新冠疫情也能看到，一旦遭遇非常态，其实社区居民还是很容易激活邻里关系，守望相助的。回归常态后，邻里交往也会恢复旧态，但至少这样的经历会强化大家的共识，认识到邻里关系的重要性。在常态时期，大多数人能够恪守本分，遵守社区公共规则，按时交物业费、遵守停车规定、不高空抛物等，其实就已经算是比较合格的社区参与了。

《新京报》：牛津大学人类学者项飙提的"附近"一词曾非常火，他更多是用这个词进行一种批判式的观察，认为"附近"正在消失，并进一步导致了人的原子化。社区很显然是一个地理意义上的"附近"，如果我们都不再期待"共同体"意义上的社区，你会怎么看待"附近"的消失带来的问题？

王德福："附近"消失的说法很形象，也确实是事实。不过，我可能对此更多地持一种自然主义态度。我总觉得，现代社会总体上太紧张了，中青年人尤其被"卷"在里面，有太多的"不得不"。自然社区至少提供了一个"逃避"的物理空间，在这里，清净、自由地"宅着"，或许就是压倒性需求。如果这里也保持一种人际关系的强连接，生活似乎便无处可逃了，这可能并不适合现代社会大众的心理需要。不是说很多男性喜欢待在地下车库和卫生间吗？就是这个道理。

我们如何能够在保留这份清静的同时，不至于让人和人之间的连接那么原子化呢？我觉得，或许可以更多地在丰富城市多样性上下功夫，为都市人提供更多可以自由进出的公共空间。我们完全可以在地缘关系之外，为趣缘群体创造更多线下面对面相聚的机会。我个人就很喜欢东湖绿道，很多武汉人肯定跟我一样喜欢这里，正是在这个敞开式的半都市半自然的公共空间里，大家在互不干扰、自由放松的同时，仍能切身地体会到那种在一起的社群感。

《新京报》：2016年国务院发布《关于进一步加强城市规划建设管理工作的若干意见》，提出要推进街区制改革、小区的开放化，当然这个改革后来不了了之。后来由于上海疫情，又有人提起这个改革，认为疫情的影响下，我国社区的开放可能性越来越低。你会怎么看这个问题？疫情可能对我们的社区生态整体产生怎样的影响？

王德福：塑造"中国式小区"的因素有很多，支持小区封闭的理由恐怕并不比支持其开放的理由少，疫情无疑给前者又增加了一枚分量很重的砝码。

疫情对于人们更深入地认知社区是有一定作用的。在这种应急状态下，平日里为我们所忽视的很多人和关系突然变得重要。比如你突然意识到邻居不只是完全意义上的陌生人，关键时候可以救命。又比如现在很多年轻人甚至不知道自己小区的居委会门在哪里，疫情中跟居委会打了很多交道，至少会更加意识到这个组织的存在价值。当然，我们的基层工作也暴露了很多问题，平时可能被掩盖，但疫情让我们发现并思考解决的办法。

2020年4月，我到武汉几个社区做调研，一位社区书记不无忧虑地跟我说："我最怕的，就是社区工作很快又变回老样子。"那几年，许多城市的社区都经历了疫情的锤炼，我尤其希望，我们的社区治理可以真正返璞归真，变得更好。

中国式社区是什么[1]

"社区",或许对中国人比较陌生

《如此城市》:王老师写过一本书叫作《治城:中国城市及社区治理探微》,这本书构成我们讨论的基础,书里谈到究竟该怎么样从中国式的社区去理解城市治理与中国人的日常生活。"社区"这个概念本身不是一个本土的汉语词,当我们说"社区"的时候,我们在说什么?

王德福:"社区"这个概念最早是一个德语词,是"共同体"的概念,社会学家费孝通翻译的时候,把它翻译成了"社区"。20世纪80年代,民政部在全国开展社区服务时,引用了这个概

---

[1] 本文是2022年11月18日澎湃研究所·试说新语工作室"如此城市 City Tells"第三期所做专访的文字摘选。

念。到了2000年，全国开始推进社区建设时，才将这个社会学概念作为新的基层治理单元的名称。所以，从国家、政府层面来说，2000年是"社区"这个概念开始普及的元年。

对于中国普通老百姓来讲，"社区"这个说法以前确实是比较陌生的。如果从学术上来划分，我们的社区，可以区分成自然社区和建制社区。所谓自然社区，就是农村的村庄或者城市的居住小区。对于城市人来讲，作为自然社区的小区具有一定的身份标识意义，因为小区往往意味着开发商、房价、区位以及周边公共服务设施配套的不同等。小区房价还在一定程度上体现着居住者的经济社会分层地位。

所谓建制社区，就是国家进行社会管理和公共服务，基于社会治理的目的所建构出来的基层单元，它具有基层政权的意义。建制社区与自然社区（比如城市小区）的物理边界并不一定重合，名称也不尽一致。对市民来说，建制社区基本没有身份标识作用。

在新冠疫情发生之前，人们对于建制社区其实是不熟悉的，大家更熟悉的是自己所在的居住小区。经过疫情，我相信更多的人对建制社区有了一些认知，我们都知道自己的小区是属于哪个居委会的了。居委会干部、社区工作者以及网格员开始直接面向大众，进行疫情防控工作，大家通过这些人也了解了建制社区，了解了居委会，建制社区也才获得了前所未有的社会认同度。

居委会，在自治与行政之间

《如此城市》：在建制社区中，居委会与街道办事处扮演着重要的角色，但其性质其实十分不同。在非常时期，作为中国基层治理的基本单元，它们往往承担了许多特殊的角色。

王德福：从法律上来讲，街道办事处是政府的派出机构，而居委会则是一个群众自治组织，但是在事实上，居委会其实承担了很多政府行政事务。这些行政事务包括政府的公共服务（比如社会保障、计划生育），还有民政服务（比如社会救助、社会福利、退休人员管理等），这些事务属于政府公共服务的一部分，但是国家需要通过一个末端组织，将这些公共服务传递到每一个人的身边，所以事实上居委会的公共服务职能，扮演了行政的直接触手。

作为群众自治组织的居委会，行政化色彩是比较严重的。一方面当然是因为政府公共服务一直在不断增加，国家想为人们提供更好更多的服务。

但另外一方面，大量的行政性任务是政府管理性的，如大家熟悉的文明城市创建、卫生城市创建，包括社会治安等，这些政府管理的事务要通过居委会向下传递。最典型的就是疫情防控，它是居委会花费精力与时间最多的一项工作了。

新型邻里社群生活方式

《如此城市》：以现阶段中国的城市化特点来说，未来社区治理的着力点会是什么？

王德福：我们的城市化确实发展到了一个新阶段，以城市开发为标志的空间扩张阶段已宣告结束，进入了高质量发展阶段。人们对生活品质的追求越来越高，对所居住小区的生活秩序的要求也在提高。与此同时，中国的第一批商品房小区又到了一个全面老化衰退的阶段。

这二者之间存在明显的矛盾，因此建立在居民合作基础上的小区管理水平就变得尤为重要。

因此，在未来，城市社区治理的重心是怎么适应城市的这些变化，以及人们内在需要的变化，从而更好地实现以居住小区为基本单元的自然社区的生活秩序的达成，这是国家与社会面临的共同挑战。

在应对这个挑战的过程中，我希望我们可以逐步探索出一种新的既有个人隐私和自由，又能达成有效合作的新型邻里社群生活方式。在此基础上，我们通过小区公共事务的合作，形成一种新的邻里共同体。

这种共同体肯定不同于过去的单位，也不同于过去的村庄，它不会很亲密，也不会很熟悉，但是当人们遇到一些困难的时候,社区里的人能够互助合作起来,形成良好的社群生活秩序。

我认为,生活治理共同体或许是一种更适应现代都市的社会共同体的实现形式。

城市物业矛盾正在集中爆发[①]

物业矛盾大爆发

《南风窗》："我国正在进入物业纠纷的爆发式增长期"这个判断是如何来的？

王德福：这主要是一个基于经验的定性判断，是我在调研了 18 个城市、89 个社区、100 多个小区之后得出来的。

我所调研的城市，既有北上广深这样的一线城市，也有一些中小城市和县城，覆盖了不同的城市层次，我认为这个判断是站得住脚的。至于面上数据，主要来自三个渠道，一个是近年来各地法院公布的物业纠纷案件数量，中国裁判文书网有详

---

① 本文为《南风窗》专访，以《应对物业纠纷增长期——专访青年学者王德福》为题，刊发于该刊 2023 年第 8 期。

细数据;第二个是一些协会,比如物业管理协会、消费者协会,有时候会发布一些相关报告;第三个是一些市场咨询机构发布的有关分析报告,它们都可以从不同侧面印证这个判断。

《南风窗》:当下我国物业纠纷为什么会集中爆发?

王德福:中国物业矛盾爆发式增长,从宏观来看,我想有三个重要的因素。

一是房地产业的发展阶段和住宅小区的生命周期。中国住房制度从2000年左右实行市场化以来,狂飙突进了大概20年,不同城市房地产市场发展阶段略有时间差。一般来说,住宅小区大概会在10年左右进入老化期。20年时间,已经有大量小区进入老化阶段,小区设施设备和公共环境方面的问题显著增加。小区在老化甚至衰败,物业管理面临的压力越来越大。从我的调研来看,一个小区大概有10年的黄金期,头10年问题少,或者说问题还在积累,业主和物业你好我好;10年后,问题爆发,业主和物业关系开始恶化。从某种意义上讲,这甚至已经成为中国式小区衰败的铁律。

二是业主群体结构与权利意识的变化。20年城市化重构了城市的社会结构,接受过高等教育的新市民已成为社会结构的主体,他们的权利意识和行动能力都是非常强的。小区在老化,业主对居住品质的要求却是在提高的。这样一来,业主对物业公司服务质量的负面体验自然会越来越多。

还有一个不容忽视的因素,就是物业行业正在进行深刻的行业重组,"百强物业企业"的行业占比已超百分之五十。行业重组搅动利益重组,必然带来大量因物业更替引发的矛盾冲突。

《南风窗》:物业纠纷在我国不同城市有什么样的分布特征?

王德福:物业纠纷的主要类型正在经历一个变化。

10年前,从一、二线大城市来讲,主要是业主和开发商之间的冲突比较严重,集中在交易合同、房屋质量等方面,以及小区内部共有产权、公共收益的明晰化问题。比方说小区经营性用房和地下车位的权属,停车服务费、电梯广告收入的分配等,这些问题往往会引发比较严重的维权事件。

现在,大城市里的物业纠纷主要是日常管理的问题,这一阶段主要应对的是日常化的小区物业管理事务。经过集中的维权行动,小区里面的产权边界基本划清了,公共收益的分配也明白了,现在最主要的就是车怎么停,狗怎么养,大家能不能按时交物业费等自治层面的问题。当然,这两个阶段不是截然分开、非此即彼的。

在一些中小城市和县城,房地产起步晚,所以它的物业纠纷中,维权类的占比可能仍然比较多。

《南风窗》:疫情三年,人们突然发现了社区的重要性,同样是在疫情三年,我们听到了非常多对于小区物业的负面言论。疫情对我国的物业纠纷爆发有一个激化的作用吗?

王德福:倒没有明确的数据显示疫情之后物业纠纷变得更多了。

因为疫情，业主与物业之间的矛盾被激化的案例是有的。但同样也有一些物业公司，借助疫情，有了一个改善双方关系的机会。因为封控了之后，社区内很多事情都要由物业来做，特殊事件中的负重前行，反而成了修复物业和业主关系的一个很好的机会。

如何解决

《南风窗》：对于物业纠纷的解决，您调研过那么多小区，有没有一些总结性的经验分享？

王德福：现在通行的做法是由社区党组织和居委会牵头，搭建一个居委会、业委会、物业三方协商的平台，有的地方称为"三驾马车"。

在物业纠纷中，识别真实诉求是一件很重要的事。因为社区是复杂的，很多人表面上不满的是A，其实他担心的是B，会将真实的诉求隐藏起来。搭建平台，就是让相关方坐下来，聊个几轮，让真实的诉求充分表达出来，发现各方诉求的"公约数"。

不过，沟通协商平台的具体效果如何，仅靠完善的制度是不够的，想要一次性解决物业纠纷问题，很难。协商议事的平台搭建好了之后，效果好坏主要取决于社区书记主任、业委会主任、物业项目经理这几个核心人物的工作能力，很难真的找到一个一劳永逸的工具包。比如，一个好的社区书记他可能跟你聊两句，就知道你的真实诉求是什么，一个经验不足的社区书记，可能聊20次，他也听不出别人的话里话、弦外音。

在这个意义上讲，社区治理的人格化程度是很高的，事在人为。

《南风窗》：对于物业的怨气在互联网逐渐积累，"取消物业"的呼声很大，您怎么看待？

王德福："取消物业"是一种非常普遍也非常真实的社会情绪。大家对物业的不满，来自每个人在小区的一些真实体验，发泄怨气的人不一定就是对的，但它确实是社会真实的一种呈现。另外，社会舆论中与物业有关的，大多是负面信息，这也会强化公众的认知。

它有真实性所在，但它的真实就只能局限于它作为一种情绪的宣泄，个人的体验毕竟有其主观性和片面性。

从实践来看，取消物业肯定是不现实的，也是不应该的。小区事务有它的复杂性和专业性，现代社会分工愈细，普通人精力有限，这些复杂、专业的事务，应该交给专业的人去做。一些体量不大、事务简单的微型小区，尚有自治的可能性，对于绝大多数小区来说，永久性地炒掉物业，不是一个现实的选择。

我觉得，我们在城市里生活，首先就要正视物业的存在，学会与物业相处。

《南风窗》：一个相对健康的物业，它的未来发展方向是什么样的？

王德福：选择更贵的物业公司，是一些人想象中解决问题的办法，但在实践中，绝大多数人对物业费的接受是有上限的，如果业主自己完全没有自治意识，只寻求一家更贵的公司，未必就能得到理想的服务。

其实从物业行业来说，每一个想要长远发展的物业公司，都不会涸泽而渔。物业行业发展到当前阶段，"捞一把就走"的物业公司，正在慢慢地被市场出清。

前十年，房地产迅猛发展，物业行业也鱼龙混杂。当时的物业公司存在采取流氓手段催交物业费、打击业委会的成立等恶劣行为，这些都是真实的。现在，整个物业行业也在重组，百强物业、品牌物业在行业内的占比不断提高，目前已经超过一半，这也在推动整个行业的规范化健康发展。

明星社区，其实很难

《南风窗》：国内许多城市都在推行多元治理的理念，鼓励业主、业委会、物业公司同时参与，您认为现在的社区能做到多元治理吗？

王德福：这已经不仅是理念了，因为城市社区的治理主体，早就已经多元化了。

只是多元主体之间，始终存在着一个明显的主辅关系。很多时候，有可能是社区中存在一些并不合理甚至本末倒置的主辅关系，打乱了社区多元治理的平衡。

《南风窗》：我们在走访当中发现，一些社区居委会可能只有十几个工作人员，却要服务上万居民，面临"以一敌千"的悬殊场面。而且这些居委会工作人员，往往还要承担繁重的行政工作。这种状态下的社区治理，可以达到一个健康的状态吗？

王德福：我觉得是可以的，前提是在居委会和业主自治之间找到一个好的结合点。这个结合点找到了，就能起到四两拨千斤的作用，居委会现有力量足以应对来自居民生活事务治理的需求。

现在的迫切问题，一是要真正实现自上而下的行政事务的精简，不是去行政化，而是行政简化；另一个是自下而上的业主自治的达成。

两点平衡之后，就可以在小区范围内形成以业主自治为基础，社区党组织和居委会为核心的格局。居委会不仅缓解了人员匮乏问题，工作也会有做得更好的可能。

《南风窗》：现在许多城市都在强调党建引领之下的社区治理，如何处理好党建引领和业主自治之间的关系呢？似乎二者之间存在某种"何为主，何为辅"的张力？有一个在社区营造、自治方面都做得很好的社区，但领导视察时，看到如此活跃的景象，还是会问："你们社区党群服务中心是姓党，还是姓社？"

王德福：不能为了党建而党建，基层党建的目标，是提高党组织对群众的组织能力，使群众能够更好地办好生活小事。

基层党建的效果,不能只看阵地建得多漂亮,组织体系多完善,选了多少楼栋长,开展了多少活动。这些都是手段,不是目的,要服务于能否提高群众组织能力。我们要务实地去理解党建引领下的社区治理的宗旨,不能把基层党建工作理解得太狭隘了,否则就是舍本逐末,必然产生形式主义。

社区党组织的群众组织力如何提高呢?我觉得关键是找到合适的人格化载体,也就是把真正的积极分子动员起来。现在很多地方在搞党组织下沉,小区建党支部,楼栋建党小组。实际效果如何,终究还是取决于人。

《南风窗》:近些年,多地政府在社区投入了大量资金和人力,甚至全国范围内都在彼此学习社区治理的经验,比较突出的就是不同城市相互"抄作业"。一个地方搞城市花园,另一个地方也搞,有人搞睦邻食堂,另一个社区也搞,热火朝天,但是具体效果是怎么样的呢?

王德福:现在的社区创新普遍陷入"内卷",大家都在拼创意,拼策划能力、包装水平,还要外包给专业第三方来总结提炼。这样的创新都是伪创新,再多也不能真正提高解决群众真实问题的能力,创新也就成了负担。

因为这种创新多而被关注到的明星社区,社区书记的压力是很大的,我在《治城:中国城市及社区治理探微》中便写过杭州一位明星书记的哭诉。

明星社区的书记,或许会获得更多的职业发展机会,但也面临巨大的压力，不但日常参观接待任务重，而且再创新的压力也更大。更重要的是，与一般的社区书记相比，明星书记在日常工作中的"撕裂感"会更重。这种"撕裂感"是什么呢？就是创新所宣示的那些好，与现实工作一地鸡毛的难，存在巨大的张力。居民那些急难愁盼的生活问题，并不会因为社区拿了很多牌子，得了很多表彰，就不存在了。如果那些外在的荣誉对解决这些现实问题没什么作用，那作为社区干部，特别是社区书记，肯定会特别"撕裂"。

《南风窗》：如何评价一个社区活动的效果呢，什么样的活动是好的社区活动？

王德福：我个人认为，评价一个社区活动好不好，最重要的是看它到底能不能生产出公共性。

现实中，有的居民或许是参与很多社区活动的活跃分子，可一转身，就成了不交物业费的"搭便车的人"，其实本质上都不过是占便宜罢了。所以，好的社区活动应该有一个向公共性的转化。

毕竟，活动搞得再热闹，没有办法提高社区治理效能的话，它就仅仅只是一项活动而已，解决的是参与者个体化的需求，而不能促进当下最迫切的公共事务问题的解决。

调研中，我甚至看到一些因为社区活动搞得太多而带来弊端的案例。一旦老百姓认为"反正都是花政府的钱"，这个活动就失败了，它对培育负责任的公民意识反而有负作用。

《南风窗》：城市的魅力或许正在于它的彼此陌生化，但同时城市的陌生化也有许多弊端，所以学者们也在不断地强调"附近"的重要性。社区作为地缘上每一个人的"附近"，在社区内的人与人、人与团体间的互动，需要达到何种程度，才算是及格了呢？

王德福：小区生活的第一功能是休息，修复职场工作带来的身体与精神的疲惫、倦怠。小区里的邻里社交，自然服务和服从于这个功能。人们会自觉地把社交深度和强度保持在合理限度，不影响其休息的需要，不能产生类似职场那种社会化程度很高的束缚性关系。结果就是，邻里社交大多表现为一种浅社交。

我个人认为，邻里交往的及格线，在于能否维系住社区内的一些必要的公共事务的探讨。许多人希望通过发展出紧密的邻里社交，增加小区的社会资本，从而提高社会合作水平。我倒觉得，可能二者的关系需要颠倒过来，小区里有事发生的时候，便是邻里社交的最佳机会，一次次公共事件的解决，也就慢慢积累了一些社会资本。除此之外的日常社交，或许只会维持在浅社交的层次上。

业委会主任，下场总不好

《南风窗》：我们在采访中发现，业委会主任的结局通常都不太好。您也碰到过这样的情况吗，是为什么呢？对业委会成员的监督和保护机制，应该怎么建立？

王德福：现实中业委会主任一腔热血上任，最后心灰意冷退出的例子很多。相应地，小区治理也随着业委会主任的上台下台，展现出一个"乱"与"治"不断交替的周期。其根本原因，是小区这个陌生人社群很难内生出选择性激励，让为众抱薪者，冻毙在了风雪中。

好在，周期交替中，业主们关于社区治理的经验、共识是在不断累积的。

实践中要想达成对业委会成员的有效监督和保护，有两个重要机制。一个是信息公开机制，业委会通过主动及时地公开有关信息，尽可能减少因为信息不对称造成的误解与不信任。身正不怕影子斜，业委会主动及时的信息公开，本身就是面向全体业主的纯洁性宣示。

另一个是组织化的保护机制。如果在业主自治过程中，有业委会成员（甚至是另外两方——物业、业主）受到了打击和污蔑，社区基层组织应当主动出来搭建平台，促使问题获得民主、公开、透明的解决，必要时还可以引入外部专业资源，来帮助问题解决。

《南风窗》：但是我们在采访当中发现一位社区书记，他说自己会刻意跟业委会保持一定的距离，因为曾经就有人在一次"站出来"后，被抨击说是"保护伞"的。

王德福：我很理解这位书记的顾虑。从普通人的角度讲，谁愿意给自己惹麻烦呢？不过话又说回来，作为一名社区干部，还是要有一定的承受能力的，这是基层干部作为一方居民的主心骨，应该承受的那一面。

更重要的是，社区干部要有站出来的底气。要知道，你在介入的时候，并不是以私人身份介入，而是以组织身份介入。这并不是个人行为，而是组织行为。

基层组织对于业主自治的保护机制，是一种制度化的机制。书记本人的意愿和能力，可能会影响机制发挥的效果，但机制本身是稳定的，是提高业主自治应对各种不确定性的一种保障。

《南风窗》：业委会是一个居民自治组织，它在社区中到底是一个什么样的身份？很现实的问题，业委会能不能开一个自己的银行账户，有没有权利为业主代管公共资产，业委会怎么报税？

王德福：目前，法律层面还没有对业委会的法人地位给出明确的说法。承认还是不承认法人地位，似乎都有一定的现实合理性，所以这个问题还在争议之中。

实践中，有的地方允许业委会去银行开设独立账户，有的地方是把业委会的账户放在物业公司名下，但是账上资金的调用必须有业委会主任签字。从这个细节上看，我们现行的法律，是滞后于业主自治的实践需求的。

《南风窗》：我们应该怎么培养业主自治的能力？业主自治

需要什么样的能力？

王德福：业主自治能力大致包括五个方面。首先是完整的权利认知与行使能力，这是针对普通业主的。我们每个人都应该认识到，权利是包含义务的，权利的行使是以不损害其他人的利益为前提的。我们要学会在一个陌生人组成的社群里实现自己的权利，这是业主自治的基础。

另外四个能力是决策和执行能力，组织和监督能力，激励和约束能力，以及与其他主体的协作能力。这里就不详细展开了。

《南风窗》：有人说业主自治是一个民主的训练场，您怎么看待这个问题？

王德福：我觉得业主自治是中国城市里最具烟火气的民主实践形式。要注意，业主自治是一种生活民主、社会民主。它发生在社会领域，解决的是生活小事。不要把它与国家政治领域里的政治民主做简单化、浪漫化的想象，不然就会对业主自治产生误解，甚至造成伤害。

生活民主，本质上还是一种社会合作。借用毛主席当年的一句话：社会者，我们的社会。我们不说，谁说？我们不干，谁干？

老人中的弱势群体

《南风窗》：我们的社区工作，要为老龄化社会做什么样的准备？

王德福：老年人生活半径收缩，与社区黏度最高，既是社区服务的重要对象，也是社区治理的重要参与主体。老有所养、老有所乐，完全可以与老有所为结合起来。面对老年人，社区可以做三个方面的工作。

一是为老年人重建社群生活。与中青年不同，退休后的中低龄老人有着旺盛的邻里社交需要。社区应该根据老年人的身心特点和需求，创造丰富的社群活动，将他们组织在形式多样的社群组织中。

二是创造社区参与机会。社区中不乏有闲暇、有精力、有能力的老人，特别是退休的公职人员，他们是宝贵的人力资源。社区治理体系应该向他们开放更多的机会，比方说成为居民委员，参与业主自治等。

三是为特殊群体提供兜底服务。对于社区老年人中的特殊群体，比如高龄空巢老人，还有失能、半失能老人，他们有着迫切的养老需要，是大国养老最应该关注的对象。坦率地说，从我的调研经验来看，我们在这方面所做的工作才刚刚开始，尽管国家已经投入了太多资源。

《南风窗》：但是我在实际采访当中，发现老人的社区参与不是太少，而是太多。我见到的一个小区，年轻业主反映，社区自治工作已经被老年人"垄断"了。这里面也有一些利益不均的纷争，比如社区有一些钱、资源，到底应该怎么用？

王德福：社区资源倾向老年人群体，倒不是多么大的问题，因为从整个社会群体来看，他们是弱势群体，但是资源到底投入老年人群体当中的哪个群体，是一个可以讨论的问题。

现实调研结果中，老年人当中一些比较健康的、活动能力比较强的，获取了太多资源。实际上，我们应该把资源集中起来，投放到老年人当中的那些弱势群体。

我们作为一个发展中国家，在养老上面应该坚持以兜底为主，去瞄准那些真正有迫切需求的弱势老人，而不是把宝贵的资源变成人人都想占点便宜的福利。

《南风窗》：这个发现非常好，我们年轻人看老年人，其实是很不细致的，总把他们当作一个整体来看，很少想到在老年人内部也有弱势群体。但是，要怎么切实服务到老年人当中的弱势群体呢？

王德福：先要识别，知道老年人当中的弱势群体是谁，在哪里，然后再做精准的服务。

基层组织在社区养老上，要发挥一个非常重要的组织者角色，一个是把政府的公共服务资金，特别是养老方面的公共服务资金，精准对接到社区里真正需要的老年人身上，第二个就是在社区层面组织一些互助养老之类的探索。

《南风窗》：未来一个什么样的社区，是您认为的理想社区？

王德福：我们每个人都应该想一想这个问题。就我个人而言，从建制社区层面来讲，我希望未来的社区基层组织能够从繁重的行政事务当中解脱出来，真正成为小区居民自治的主心骨和坚强后盾。

对于自然社区来讲，我觉得，我们需要去创造一种新型邻里社群生活，一种适应现代社会的生活。就是在尊重现代人对隐私与自由的集体偏好的前提下，形成一种松弛的、舒适的邻里关系。这样的一种生活，是能够让疲惫的现代人，获得尽可能充分的身心休养，又能达成底线合作的生活。如果说要把社区建设成家园的话，或许它就是这样一种家园。

后记

前不久，武汉一街道办事处举办社区工作者培训班。街道分管领导邀我去做交流，主题是"群众动员"。目前，湖北正在开展"美好环境与幸福生活共同缔造"活动，去年试点，今年全面推开。共同缔造的核心是群众参与，实现"五共"：共谋、共建、共管、共评、共享。可是这个位于老城区的街道，社区书记们推动共同缔造的积极性不太高，动员群众动力不足，领导有点头痛，压力有点大。

群众参与的重要性和必要性，早就成为共识，社区书记们也都很认同，只是"非不为也，乃不能也"。长期以来，日益增多的行政任务早已让社区不堪重负，哪个书记不希望群众负起责任，管好自己的事。问题是，动员群众参与太难了。尤其是老城区，老旧小区多，老人多，流动人口多，基础条件差，管理难度高。这些年，我跑了不少大城市，调研过几十个街道近百个社区，发现基层真是想了不少办法，比如想方设法搞活动，让居民走出家门,走进社区,以至于不少活动都明显有些福利化了。许多宣传报道和经验总结喜欢用活动数量来说明群众参与度,这也就糊弄糊弄外行,搞实际工作的人,谁不知道这里面的水分。参与活动跟参与治理,不能说毫不相关,至少不能画等号。

所以,问题在于搞清楚,为什么动员群众这么难?然后才是如何动员?

为什么这么难?我在交流时举了一个例子,就是这本书"公厕风波"那篇的故事。那位社区书记不是没有做群众工作的意识,座谈会的形式也不是不好,只是她没有预料到"居民"到"业主"这个深刻的社会变化,她的适用于"居民"的传统工作方法,遭到了"业主"来自民法典的合法性拷问。更能说明问题的是,这几年强调党建引领基层治理,许多地方搞"红色业委会",甚至发文规定业委会中的党员比例要达到多少。在我看来,业主自治本来是实现基层群众工作方法创新转型的历史契机,可类似这样的硬性要求反而是在延续老传统、老办法,社区实操起来并不容易。越是业主权利意识强、行动能力强的地方,社区就越容易遭到业主的合法性拷问。社区夹在群众(业主)和上级党委政府中间,左右为难。

在我看来,并不是群众没有参与,是政府和群众对参与事项和参与形式的认知不一致:业主积极行动起来搞小区自治,至今仍被有些地方看作"添乱""惹麻烦";政府搞活动,搞小区改造，大多数群众冷眼旁观，"与我无关"。湖北的"共同缔造"如今就面临这样的问题。按说，美好环境和幸福生活都是居民自己的事，可政府一来推动，责任主体就"偷换"了。基层干部也很困惑，本来是去推动居民参与来解决问题，实际上却成了上级在推动基层去解决问题。群众参与怎么考核呢？实际上是被问题解决效果替代了。所以，基层干部很着急。基层干部越着急，居民就越不着急。这也说明，用运动的方式来解决群众参与问题，反而会适得其反。本书讨论的文明城市创建，存在同样的问题。

群众参与不足，既有社会变迁的因素，也有基层治理中政府参与度的因素。这两方面因素，我在书中都做了讨论。社会变迁是内因，政府干预是外因。有一种比较有代表性的观点，将二者置于对立关系，认为政府干预造成了以群众参与为代表的社会发育不足，解决办法就是政府从社会退出。这种"强政府/弱社会"的框架太过简化，在我看来，现实并非如此。美国学者帕特南提出的"独自打保龄球"命题，揭示了社会变迁带来的大众社区参与衰落。缺乏社会资本的陌生人社会应对高度复杂化的社区性公共事务，这或许是所有现代社会必然要面临的基本挑战。

实现参与的基本前提，是居民形成参与意识。参与意识来自哪里呢？来自内部激发，且主要来自问题或危机的激发。跟长期从事业主自治的实践者交流，大家有个共识，"不乱到一定程度，业主是不会关心小区事务的"。居民只有为自己的漠不关心付出实实在在的代价，日常生活受到参与不足的反噬，大多数人的参与意识才有可能被激发出来。现在的问题是，问题或危机激发效应尚未显现时，政府便在"创文""创卫"的压力下先急了，不惜动员公共资源和体制力量，去解决实际上属于各小区私事的问题和危机。有时，这还造成了社会公平感的紊乱，多年前在绍兴调研时，一位社区书记说，"创文"时，政府把所有"问题小区"都给兜起来了，居民就有意见了，因为"问题小区"大多是居民不交物业费的，他们得了好处，那些居民按时交物业费、平时管理好的小区反而什么都得不到，"这公平吗？"缺乏内生的问题和危机激发，外部力量再怎么动员，恐怕都会徒劳无功。从这个意义上讲，厘清社区性事务中政府与社会的责任边界非常重要。目前存在的问题，与其说是权力越界，倒不如说是责任越界更准确。

具备了基本的参与意识，接下来就是产生有效的参与行动，这就涉及陌生人社会合作的集体行动。中国式小区的基本特点，就是居住群体规模较大，集体行动组织成本高，更加依赖关键群体，这里就涉及政府与社会关系中比较微妙的部分了。完全对立起来，是不符合现实的，因为大规模陌生人群体难以靠自身力量形成可持续的集体行动。管得过多，甚至以体制力量替代社会自身力量也不可取。我愿意将二者的关系称为"催化合作"，即政府承担集体行动中关键群体的识别、动员、保护和激励作用，并在后者力所不能及之处提供外部支持，此外并不介入具体的公共事务治理过程中，类似于发挥催化剂作用，促成社会合作的发生。我在书中涉及业主自治的很多内容中，都对此进行了比较详细的讨论。

以上，便是我想通过这本书向读者传递的最主要观点。本书汇集的主要是 2020 年以来，我在部分城市做田野调研期间写作的一些学术随笔。与我的第一本城市领域研究作品《治城：中国城市及社区治理探微》相比，这本书所探讨的议题，既有很多自然的延续，也有更多我自认为深化的认识。两本书表明了一种经验研究的积累性，这正是我所在研究团队所探索的"饱和经验法"的鲜明特点。"饱和"意指研究者开放性地进入田野场域，需要有足够长时间、足够丰富和复杂经验的浸泡，不断积累，便会不断地自然地析出认识、思考、发现，这些认识、思考、发现又会不断被研究者带回田野中检验、深化、推进，认识与实践就这样不断往复穿梭，逐渐形成更加有解释力的概念体系，也就产生了所谓的理论。单独看每一篇几千字的小随笔，似乎只是灵光乍现的碎片，但我们坚信，这些来自经验的灵光乍现，终究会汇集成理论光谱。正是在这个意义上，《群众的时代：社会转型期的城市基层治理》与《治城：中国城市及社区治理探微》一样，都远远谈不上成熟，它们都是成长中的作品。我希望，自己研究的成长能够跟得上社会巨变的脚步，而在这个过程中奉献给大家的作品，也能够为大家更好地理解我们所身处的这个巨变时代，提供一些启发。

我自认为不擅长取书名，我初拟的书名，在呈现给诸位读者的版本里，很难再找到什么痕迹。《群众的时代：社会转型期的城市基层治理》的主书名来自学友桂华教授的建议，他的深刻和睿智几乎立刻就说服了我。在我看来，其中难以言说的默契，其实正来自我们同处一个学术团队。在这个被学界称为"华中乡土派"的学术共同体中，虽然大家在具体研究领域上各有侧重，但我们有着非常多深层的共享和共识。我在本书中主要从城市基层社会和基层治理角度探讨的问题，与整个团队在包括农村在内的其他研究领域探讨的问题，在很多方面有着高度的共识。这当然不是相互复制或者照搬，而是在深入经验内部深层逻辑之后，所发现的某些共同规律。

书中大部分内容的行文风格，仍然是"华中乡土派"学人偏爱的学术随笔形式，篇幅长短不一，我们希望通过"直白的文风"，将经过"野性的思维"捕捉到的"田野的灵感"表达出来，贡献给读者，以求获得热情的切磋和讨论，共同推进对实践的深刻认知。部分内容曾经在武汉大学中国乡村治理研究中心微信公众号"新乡土"上发布。部分内容是这几年我在《环球时报》《半月谈》等媒体上发表的评论。部分内容是接受专访时，与媒体朋友交流碰撞出来的，他们是GQ报道的欧阳诗蕾、《新京报·书评周刊》的刘亚光、澎湃研究所的郝汉、《南风窗》的何焰，感谢他们。还有很多内容没有公开发表过。当然，所有内容都离不开田野调查，那些直接或间接接受过访谈的实践者，都用他们的智慧启迪了我对真实世界的认知。如果说这些内容能够给读者以启发的话，要首先归功于他们。同时，我还要感谢与我一同调研和讨论的学友，所有"华中乡土派"的学人，都"沉迷"于田野现场学术讨论的魅力。

最后，要特别感谢东方出版社的编辑老师们为本书付出的智慧和辛劳。与她们的合作，让我更加觉得出书是一件特别愉快和有意义的事情。

2023 年 9 月 26 日
于武汉大学碧玉楼